Langzeittherapie neuropsychiatrischer Erkrankungen

Herausgegeben von H. H. Wieck, Erlangen

Ordentlicher Professor der Neurologie und Psychiatrie. Direktor der Universitäts-Nervenklinik mit Poliklinik Erlangen

unter Mitwirkung von:
H. J. Bauer, U. Besinger, F. Böcker, H. Geißler, G. Harrer, D. Hohmann, G. Huber, G. Huffmann, J. Kugler, H. Lechner, H. G. Mertens, E. Mutschler, E. Ott, H. Penin, H. Pillau, E. Radmayr, H. Reisner, A. Ross, W. Schiefer, J. Schoenemeyer, A. Schrader, O. Schrappe, D. Soyka, W. Steinbrecher, A. Struppler

peri med

Verlag Dr. med. D. Straube, D-8520 Erlangen, 1978

ISBN: 3-921222-49-4

Satz: Lichtsatz Vogt, Gönnerstraße 34, 8600 Bamberg
Druck: Bresler, Tennenloher Str. 49, 8520 Erlangen

Vorwort

Der Langzeitbehandlung neurologischer und psychiatrischer Patienten kommt in der täglichen Sprechstunde des Allgemeinarztes eine große Bedeutung zu. Die Besucher des Fortbildungskongresses 1976 haben sich deswegen für die diesjährige Veranstaltung dieses Thema ausgewählt.
Der ungewöhnlich starke Besuch aus allen Teilen der Bundesrepublik Deutschland und der große Widerhall, den diese Veranstaltung fand, haben den Veranstalter und den Verlag ermutigt, die einzelnen Referate wiederum in einer Monographie herauszugeben. Hinzukommen wichtige Diskussionsbemerkungen.
Mein Dank gilt allen Referenten, die trotz ihrer mannigfachen Verpflichtungen ein ausführliches Referat zu Verfügung gestellt haben. In die einzelnen Beiträge wurden die neuesten Erkenntnisse eingebracht, so daß der Fortschritt auf dem Gebiet der Neurologie und Psychiatrie unmittelbar vermittelt wird.
Frau Brigitte Heerklotz hat mit großer Umsicht die Veranstaltung organisiert und in unermüdlichem Einsatz am Zustandekommen dieser Schrift mitgewirkt; ihr gilt besonderer Dank.
Die Firma Heinrich Mack hat durch ihre großzügige Unterstützung wesentlichen Anteil an der Herausgabe dieser Schrift. Hierfür gebührt den verantwortlichen Herren mein Dank.
Herrn Dr. D. Straube danke ich für seine Bemühungen als Verleger um die vorliegende Monographie.

Erlangen, August 1977 Hans Heinrich Wieck

Grußworte des I. Vizepräsidenten der Universität, Herrn Professor Dr. Kößler, an die Kongreßteilnehmer

Meine Damen und Herren,

zur 5. Fortbildungstagung der Erlanger Universitäts-Nervenklinik darf ich Sie namens der Friedrich-Alexander-Universität herzlich in Erlangen begrüßen. Es ist keine ganz alltägliche, „normale" Fortbildungsveranstaltung zu der Sie gekommen sind. Das Konzept einer praxisnahen Fortbildung für niedergelassene Ärzte auf dem Gebiet der Neurologie *und* der Psychiatrie, unmittelbar getragen von einer Universitäts-Nervenklinik und offen für die ganze Bundesrepublik - das gibt es in der Tat nur einmal: hier in Erlangen. Die Universität hält es deshalb für ein nobile officium, den Willkommensgruß an Sie zu verbinden mit dem Dank an den Organisator und wissenschaftlichen Leiter dieser Tagungen, Professor Wieck. Herr Wieck, der Dank ist keine Routinesache. Die Universität lebt von dem Ansehen ihrer Fachbereiche und Professoren. Und wenn es nötig ist, für eine von Ihnen geleitete Fortbildungsveranstaltung das Kongreßzentrum in Anspruch zu nehmen, dann zeigt das das Ansehen, das diese Ihre Veranstaltungen gewonnen haben.
Damit, meine Damen und Herren, wäre meine Aufgabe als offizieller Begrüßungs- und Eröffnungsredner eigentlich beendet. Indessen ist es ein wohlerworbenes Gewohnheitsrecht solcher Redner, ihre Meinung zu Dingen zu äußern, von denen sie in der Regel nichts verstehen. Jedenfalls möchte ich die Gelegenheit dazu nicht ungenutzt lassen und möchte anknüpfen an das Thema, das Sie hier nach Erlangen geführt hat: „Langzeitbehandlung neurologischer und psychiatrischer Patienten in der täglichen Sprechstunde". „Langzeitbehandlung" - das klingt gar nicht gut in den Ohren unserer Politiker. Zwar schreibt Ihr Präsident, Herr Sewering, zum Geleit dieser Veranstaltung, der ambulanten Langzeitbetreuung komme im Hinblick auf die Kostenminderung wesentliche Bedeutung zu. Aber „Langzeitbehandlung" - das klingt noch immer nach vielen ärztlichen Leistungen und vielen kostspieligen Medikamenten, kurz: Das klingt teuer, zu teuer jedenfalls für die öffentliche Debatte, die unter dem Stichwort der „Kostendämpfung" im Gesundheitswesen seit Monaten geführt wird, den Gesetzgeber beschäftigt und nach den Professoren nun augenscheinlich die Mediziner, die „Halbgötter in Weiß", einen tiefen

Fall in der Gunst der öffentlichen Wertschätzung tun läßt. Besonders hart dran sind da diejenigen, die das Pech haben, beides zugleich zu sein: Mediziner *und* Professoren.
Jedoch möchte ich mich nicht dem Verdacht aussetzen, mit dem Schlagwort „Kostendämpfung im Gesundheitswesen" am Ende ärztliche Standespolitik zu betreiben und dies noch dazu als Nicht-Mediziner. Ich möchte vielmehr die Gelegenheit nutzen, an einigen wenigen Beispielen einmal deutlich werden zu lassen, wie die Universität staatliche Maßnahmen zur Kostendämpfung im Gesundheitswesen zu spüren bekommt, und das keineswegs erst seit heute.
Der Bereich der Kliniken ist der einzige in der Universität, der nicht nur Ausgaben verursacht, sondern auch Einnahmen bringt. Nicht, daß sich die Kliniken selber tragen könnten. Zwar sind die Klinikausgaben insgesamt (ohne Investitionen) von 87 Mio DM im Jahr 1972 auf 147 Mio DM im Jahre 1976 beängstigend hochgeschnellt. Aber 1972 schoß der Staat noch fast 50 % zum Betrieb der Kliniken zu, nämlich 42 Mio DM, 1976 waren es dagegen nurmehr rd. 22 %, nämlich 32 Mio DM. Nicht nur prozentual, auch absolut hat also der Staat seine Kosten für unseren Klinikbereich drastisch „gedämpft": nämlich innerhalb von 4 Jahren um 10 Mio DM. Nimmt man die Teuerungsrate aus diesen Jahren hinzu, sind es natürlich noch weit mehr.
Die Folgen dieser Kostendämpfung bekommt jeder Klinikdirektor vor allem im Personalbereich tagtäglich zu spüren. Übrigens nicht nur der Klinikdirektor. Unsere Universitätskliniken haben innerhalb der medizinischen Versorgung der gesamten Region besondere Aufgaben zu erfüllen. Sie sind sog. Schwerpunktkrankenhäuser. Das gilt auch für die berühmte Erlanger Herzchirurgie. Von der Schlange der auf eine Operationsmöglichkeit in Erlangen wartenden Herzpatienten her müßten wir unsere Kapazität in diesem Bereich dringend erweitern. Wir können es nicht, weil wir keine Personalstellen dafür haben. Wir sind mit einem nicht abdeckbaren Defizit von 2 Mio aus dem Klinikhaushalt in das neue Haushaltsjahr gegangen und das hängt uns nach. Hätte die Universität an dem Einnahmenzuwachs, den sie im Klinikbereich erwirtschaftet hat, gleichmäßig Anteil gehabt -, anders gesagt: hätte der Staat diesen Zuwachs nicht mehr als abgeschöpft, wäre die Universität in diese prekäre Situation nie geraten. Die Rationalisierung, die dazu geführt hat, daß sich die durchschnittliche Verweildauer in unseren Kliniken von 14 Tagen im Jahr 1970 auf 11,8 Tage 1976 verkürzt und die stationären Behandlungsfälle von 30.000 auf 43.000 erhöht haben, ist nicht den Patienten der Region, sondern vornehmlich dem Staatssäckel zugute gekommen.

Mit noch einem weiteren, jüngsten Beispiel kostendämpfender staatlicher Maßnahmen im Klinikbereich möchte ich Sie behelligen. Es bereitet uns nicht mindere Sorgen: Seit kurzem dürfen Überstunden im Klinikbereich nur mehr im Umfang von 75 % des Vorjahres angeordnet werden. Für das restliche Viertel stehen Mittel nicht mehr zur Verfügung. Wohlgemerkt: es handelt sich hier nicht - von einem verschwindend geringen Bruchteil abgesehen - um Überstunden von Verwaltungspersonal, sondern von Ärzten und Pflegepersonal in der Krankenversorgung, um Überstunden, deren Anordnung nur deshalb in diesem Umfang erforderlich war, weil es an regulärem Personal, sprich: an Planstellen im Haushalt fehlt. Wer hier am Ende die Zeche der Kostendämpfung zahlt, liegt auf der Hand: der Patient. Er zahlt sie mit einer schlechteren Versorgung.

Meine Damen und Herren, ich möchte nicht mißverstanden werden: die Universität hat nichts gegen eine Kostendämpfung im Gesundheitswesen. Jeder Vernünftige kann nur etwas für sie haben. Aber die staatlichen Maßnahmen, mit denen sie in dieser Hinsicht konfrontiert wird, bereiten ihr schwere Sorgen. Die Universität sorgt sich ernstlich darum, ob ihre Kliniken ihre besonderen Aufgaben in der medizinischen Versorgung der Region langfristig noch werden erfüllen können, wenn es nicht gelingt, andere, differenziertere Maßnahmen der Kostendämpfung zu finden.

Ich hoffe, daß es für Sie vielleicht interessant war, ein Ihnen wohlbekanntes Problem einmal aus anderer Perspektive beleuchtet zu sehen. Ich danke Ihnen, daß Sie mir zugehört haben und wünsche Ihnen, daß der Ertrag dieser Tage die Reise nach Erlangen gelohnt hat.

Erlangen, 26. März 1977 Prof. Kößler

Inhaltsverzeichnis

Zerebrale Anfallsleiden

Aus der Neurologischen Universitätsklinik Wien
(Direktor: Prof. Dr. H. Reisner)

Typen zerebraler Anfälle im Erwachsenenalter

H. Reisner

Will man über Typen epileptischer Anfälle abhandeln, so ist es vorerst notwendig, einige Begriffe zu erörtern bzw. zu definieren und darauf hinzuweisen, daß auch ein Referat über zerebrale Anfälle im Erwachsenenalter, die bei Kindern nicht ganz vernachlässigen kann. *Primär ist jeder epileptische Anfall als Symptom zu werten,* dessen Auftreten den Arzt verpflichtet, nach seiner Ursache zu suchen und das dafür verantwortliche Grundleiden womöglich aufzudekken. Diese Untersuchungen gehen oft über das Gebiet der Neurologie hinaus und erfordern die Mitarbeit von Ärzten anderer medizinischer Disziplinen, wie der inneren Medizin, der Psychiatrie und im speziellen Fall auch der Pädiatrie. Durch Fortschritte und Verfeinerung der diagnostischen Untersuchungsverfahren gelingt es immer häufiger die Ätiologie der einzelnen Anfallsleiden aufzudecken. In diesen Fällen wird man von einer *symptomatischen Epilepsie* sprechen. Es bleibt aber immer noch eine große Anzahl von Kranken mit epileptischen Anfällen übrig, bei denen es trotz Einsatz aller Möglichkeiten der neurologischen, psychiatrischen und internistischen Diagnostik nicht gelingt, die Ursache des Leidens zu finden. Hier sind die Ausdrücke *idiopathische, genuine, zentrenzephale* oder *kryptogenetische Epilepsien* gebräuchlich. Derzeit ist mancherorts die Unterteilung der einzelnen generalisierten Epilepsieformen in *generalisierte primäre und generalisierte sekundäre Anfälle* beliebt. Diese Unterteilung deckt sich im wesentlichen mit den Begriffen der genuinen bzw. symptomatischen Epilepsie, wobei aber unter die sekundären nicht alle symptomatischen Anfälle subsumiert werden, wie z.B. die posttraumatische oder Tumorepilepsie, sondern nur solche, die bis vor kurzem z.T. noch als kryptogenetisch gegolten haben. Dazu gehören die unspezifischen epileptogenen Enzephalopathien, deren wichtigste das West- und das Lennox-Syndrom sind, aber auch die spezifischen, wie etwa das Unverricht-Lundborg-Syndrom oder die amaurotische Idiotie (GASTAUT, 90).

Die *Einteilung der Anfälle* selbst erfolgt einerseits *nach dem klinischen Bild* und andererseits nach dem *EEG-Muster* (JANZ,

131). Es gibt nun Anfallstypen, die an bestimmte Lebensabschnitte gebunden sind, vom Reifungszustand des Gehirns abhängen, z.B. nur bei Säuglingen oder bei Kleinkindern vorkommen und eine besondere Prognose haben. Das kindliche Gehirn neigt bekanntlich viel mehr zum Auftreten epileptischer Anfälle als das eines alten Menschen. Den einzelnen Anfallstypen sind meist charakteristische EEG-Muster zugeordnet. Deswegen orientiert sich die Nomenklatur eben nach klinischem Bild und EEG-Muster. Diese Einteilung ist nicht nur im Hinblick auf die Systematik von Bedeutung, sondern noch mehr deshalb, weil die einzelnen Anfallsmanifestationen prognostisch verschieden zu beurteilen sind und verschiedene medikamentöse Therapien verlangen.
Besonders betont sei, daß unabhängig vom klinischen Bild der epileptischen Manifestationen auch jedes anfallskranke Kind internistisch und neurologisch genau untersucht und in jedem Fall ein EEG geschrieben werden muß. Beim Erwachsenen sind zusätzlich diagnostische Maßnahmen, wie Röntgen des Schädels, Hirnszintigraphie, neuroradiologische Explorationen einschließlich der Computer-Tomographie, Untersuchungen des Liquor cerebrospinalis, des Stoffwechsels und des Herzens neben Forschen nach Intoxikationen, besonders mit Alkohol vonnöten. Als Beispiel seien hier die fokalen epileptischen Anfälle herausgegriffen; beim erwachsenen Jugendlichen und bei Menschen in höherem Lebensalter erfordern sie immer den Einsatz aller eben angeführten diagnostischen Methoden, während dies bei Kindern meist nur dann angezeigt ist, wenn in Verbindung mit den Anfällen zerebrale Herdsymptome persistieren. Sicher ist es aber besser, auch bei Kindern eine Untersuchung zu viel durchzuführen, als aus falscher Rücksichtnahme einen raumfordernden Prozeß innerhalb des Schädels als Ursache epileptischer Anfälle zu übersehen.
In den Tabellen 1 bis 3 (REISNER, 222) sind die einzelnen Anfallsformen aufgezählt. Man unterscheidet prinzipiell zwischen *generalisierten und partiellen Anfällen,* wobei die ersteren als *Grands maux* und als *Petits-maux* in Erscheinung treten können. Der *große epileptische Anfall* kann primär generalisiert sein oder fokal beginnen. Bei ersterem werden mehr oder minder symmetrische tonisch-klonische Krämpfe mit allen Kriterien des großen epileptischen Anfalls auftreten, während letzterer etwa mit einer immer wiederkehrenden gleichartigen Aura, einer Deviation des Kopfes und der Augen bzw. lokalisierten einseitigen Krämpfen oder sensiblen Sensationen nach Art von Jacksonanfällen einhergeht. Aus der großen Gruppe der vorwiegend bei Kindern vorkommenden generalisierten Petit mal-Epilepsie lassen sich klinische Bilder herausgreifen, die in ihrem Ablauf voneinander abweichen und

Generalisierte Anfälle

Grand Mal

Primär generalisiert oder fokal beginnend

Petit Mal

Absencen (Pyknolepsie, Retropulsiv-PM)
Myoklonisches PM (Impulsiv-PM)
Akinetische (astatische) Anfälle
Myoklonisch-astatisches PM (Lennox-Syndrom)
BNS-Anfälle (Hypsarrhythmie, Propulsiv-PM, West-Syndrom)

Status epilepticus

Tab. 1

dementsprechend mit eigenen Namen belegbar sind. Die *Absencen (Pyknolepsie oder Retropulsiv-Petit mal)* sind kurzdauernde Bewußtseinstrübungen mit nur geringen motorischen Entäußerungen, wobei der Ausdruck Retropulsiv-Petit mal besagen will, daß es hierbei häufig zu kurzdauernden ruckartigen Bewegungen des Kopfes nach rückwärts kommt. Beim *myoklonischen Petit mal,* das auch als *Impulsiv-Petit mal* bezeichnet wird und sich vor allem bei Jugendlichen manifestiert, kommt es zu Myoklonien besonders der oberen Extremitäten, wobei unter Umständen in den Händen gehaltene Gegenstände, etwa die Zahnbürste in der Früh beim Zähneputzen oder die Teetasse beim Frühstück weggeschleudert werden. Während Absencen in Form der Pyknolepsie mehrere Hundertmale im Tag auftreten können, ist die Frequenz des Impulsiv-Petit mal viel niedriger. Bei den *akinetischen (astatischen)* Anfällen handelt es sich auch um kurzdauernde Bewußtseinstrübungen, bei denen das Kind plötzlich zu Boden stürzt, gleich aber wieder aufsteht und weiterläuft. Sie werden oft nicht als Anfälle erkannt, sondern auf einen schlampigen Gang oder Unaufmerksamkeit des Kindes zurückgeführt. Das *myoklonisch-astatische Petit mal (Lennox-Syndrom)* besteht aus einer Kombination von Myoklonismen an verschiedenen Körperabschnitten und akinetischen Anfällen. Die *BNS-Krämpfe* wieder *(Hypsarrhythmie, Propulsiv-Petit mal, West-Syndrom)* die im Säuglings- und Kleinkindesalter auftreten, sind durch Bewegungsabläufe charakterisiert, die in Beugung des Kopfes und Rumpfes nach vorn, häufig mit Anheben der Arme bestehen und deswegen als Blitz-, Nick- und Salaamanfälle bezeichnet werden.

Partielle Anfälle

Fokale (Herd-)Anfälle

Motorische, sensible Jackson-Anfälle,
Sensorische Herd-Anfälle, Adversiv-Krämpfe
alle auch mit Generalisierung

Temporallappen-Anfälle

Psychomotorische Anfälle (Bewegungsautomatismen
Dämmerzustände, epileptisches Delir)
Psychosensorische Anfälle
Psychovegetative, dienzephale Anfälle?

Tab. 2

Ein *Status epilepticus* liegt dann vor, wenn ein Patient gehäuft epileptische Anfälle, gleichgültig ob generalisiert oder lokalisiert, vom Typ des Grand mal oder Petit mal erleidet und zwischen diesen das Bewußtsein nicht wiedererlangt. Derartige Zustände können sich über viele Stunden, ja sogar einige Tage hinziehen und sind immer ein lebensbedrohlicher Zustand. Kranke mit einem Status epilepticus müssen in eine neurologische oder psychiatrische Klinik eingewiesen werden.
Die *partiellen Anfälle* sind entweder *fokale (Herd-) oder Temporallappen-Anfälle.* Die ersteren manifestieren sich in Form von motorischen oder sensiblen *Jackson-Anfällen,* als *sensorische Herdanfälle,* etwa in Form von anfallsartig auftretenden kortikalen Reizerscheinungen mit anderen sensorischen Qualitäten wie Geruchs- und Geschmackssensationen, Schwindelgefühlen, optischen und akustischen Halluzinationen. Auch *Adversivkrämpfe* mit Deviation des Kopfes und der Bulbi nach einer Seite treten isoliert auf. Sie alle können, wie schon betont, in Generalisierung übergehen und in einen großen epileptischen Anfall münden.
Temporallappenanfälle laufen psychomotorisch oder psychosensorisch ab. Die mildeste Form der ersteren sind *Bewegungsautomatismen,* eventuell mit Kau- und Schmatzbewegungen einhergehend. Während *Dämmerzustände* auch als poriomane oder dipsomane Attakken auftreten, ist das *epileptische Delirium* ein Zustand, der sich als fantastisches Delir über viele Tage hinziehen kann. Die beiden letzten Anfallstypen können auch als Psychosen vom akuten exogenen Reaktionstyp aufgefaßt werden. Hierher gehört auch noch der *pathologische Rausch* als Sonderform eines epileptischen Dämmerzustandes. Bei den psychosensorischen Anfällen stehen die

Symptomatische Anfälle

bei primären Hirnerkrankungen

Tumor, Enzephalitis, Gefäßprozesse, Traumen, Mißbildungen u. a.

bei sekundärer Affektion des Gehirns

Stoffwechsel-, Herzrhythmusstörungen, Intoxikationen etc.

„Genuine, idiopathische, kryptogenetische
epileptische Anfälle"

Genetische Faktoren

Tab. 3

motorischen Äußerungen im Hintergrund, während sensorische Erlebnisse wie etwa *Dreamy-states, Déjà-vu Erlebnisse oder psychotische Episoden,* die an eine Schizophrenie erinnern, vorherrschen. Schließlich sei noch auf die *psychovegetativen und dienzephalen Anfälle* vom Typ Penfield oder Cushing hingewiesen, bei denen aber nach wie vor die Frage offen ist, ob es sich um Anfälle handelt, die zum Formenkreis der Epilepsie gehören.

Schließlich sind in Tabelle 3 Krankheitsbilder herausgegriffen, bei denen *symptomatische epileptische Anfälle* auftreten können. Es ist dies einerseits bei primären Hirnerkrankungen möglich, etwa bei einem Tumor, bei einer Enzephalitis oder Mißbildungen des Gehirns und andererseits bei sekundären Affektionen des Gehirns. Hier sind es vor allem Stoffwechselstörungen: man denke an Hypoglykämien, die Urämie, an Lebererkrankungen, Herzrhythmusstörungen und Intoxikationen, wie etwa bei der Alkoholepilepsie. Es sei darauf hingewiesen, daß vor allem bei fokalen oder fokal beginnenden großen Anfällen im Jugend- und Erwachsenenalter bei einmaligen negativen technischen Untersuchungsbefunden der betreffende Patient auch weiterhin unter dem Verdacht einer symptomatischen Epilepsie in Evidenz gehalten werden muß. Bei Verschlechterung des Leidens, besonders aber bei Auftreten persistierender zerebraler Herdsymptome sind die Untersuchungen einschließlich denen der Neuroradiologie in größeren Abständen zu wiederholen. Hier ist in den letzten Jahren durch die Hirnszintigraphie und nun durch die Computer-Tomographie neben dem EEG die Möglichkeit gegeben, ohne wesentliche Belastung des Kranken diese Kontrollen durchzuführen.

Schließlich darf nicht vergessen werden, daß für das Auftreten epileptischer Manifestationen auch *genetische Faktoren* von Bedeutung sind. So wie es falsch wäre zu behaupten, alle Formen genuiner Epilepsie seien erblich bedingt, kann nicht geleugnet werden, daß es familiär epileptische Anfälle gibt, bei denen nicht selten der psychische Verfall progredient ist. Die Bedeutung genetischer oder dispositioneller Faktoren für das Entstehen epileptischer Anfälle beweist auch die Tatsache, daß man doch so viele Patienten mit Schädel-Hirnverletzungen sieht und nur einige davon eine traumatische Epilepsie bekommen. Dasselbe gilt für die vielen Menschen im höheren Lebensalter mit zerebralen Gefäßprozessen, von denen auch nur ein ganz kleiner Prozentsatz an einer vaskulär bedingten Epilepsie erkrankt. Wenn hier auch die Lokalisation des Krankheitsprozesses im Gehirn, besonders in seiner Beziehung zur Großhirnrinde eine Rolle spielt, darf nicht vergessen werden, daß man bei gleicher Lokalisation des Krankheitsherdes Personen ohne epileptische Anfälle finden kann.

Zusammenfassung

Typen epileptischer Anfälle lassen sich phänomenologisch auf Grund ihres klinischen Bildes und elektroenzephalographisch definieren. Sie sind bei Kindern und Erwachsenen zum Teil verschieden, immer aber als Symptom einer bekannten oder unbekannten Grundkrankheit aufzufassen. Dies verpflichtet den untersuchenden Arzt soweit als möglich ihre Ursachen aufzudecken. Trotz des Fortschrittes und der Verfeinerung der Diagnostik in Neurologie, innerer Medizin und Psychiatrie bleibt aber auch heute noch ein Teil epileptischer Manifestationen ätiologisch ungeklärt. Da einerseits die verschiedenen Anfallstypen unterschiedlicher medikamentöser Therapie bedürfen und sie andererseits lokalisatorische Schlüsse auf den zugrunde liegenden zerebralen Krankheitsherd zulassen, ist ihre Kenntnis von großer Bedeutung.

Aus der Universitäts-Nervenklinik Bonn
(Komm.-Direktor: Prof. Dr. H. Penin)

Pharmakologische Langzeittherapie der Epilepsien in der Praxis

H. Penin

Anfälle als Symptom einer Erkrankung, die wir „Epilepsie" nennen, können heute erfolgreicher als jemals früher behandelt werden. Diesen Fortschritt verdanken wir der klinischen Neurophysiologie und klinischen Pharmakologie.

Die Einführung der Elektroenzephalographie war nicht nur für die Diagnostik, sondern auch für die Therapie epileptischer Anfallssyndrome ein Meilenstein. Das EEG signalisiert die Disposition zur Epilepsie und bestätigt das spezielle Anfallssyndrom. Es gibt aber auch - und das kann für die Therapie relevant werden - Aufschluß über neurologisch latente Herdbefunde, beispielsweise bei generalisierten Epilepsien, oder über Generalisierungstendenzen, beispielsweise bei partiellen (fokalen) Epilepsien. Pharmakogene Einflüsse spiegeln sich unmittelbar in Veränderungen der Hintergrundaktivität wider, denen im psychischen Bereich Verstimmungen und Psychosen, iatrogene Wesensänderung und Demenz zugeordnet sein können.

Mit Hilfe der Elektroenzephalographie lernte man auch klinisch besser zu differenzieren und Anfälle nach Art von Zielsyndromen mit einer Handvoll gut definierter antikonvulsiver Grundsubstanzen wirksam zu therapieren. Das brachte den eigentlichen Fortschritt, denn je nach Anfallsform werden heute 60 bis 80% anfallsfrei oder so weitgehend gebessert, daß nur seltene Anfälle auftreten.

Trotzdem bleiben rund ein Drittel der Patienten mit Epilepsie mehr oder minder therapieresistent, auch wenn man methodisch sehr sorgfältig vorgeht und eine Mono- oder Kombinationstherapie bis an die Toleranzgrenze ausschöpft.

Hierfür konnten individuelle Faktoren bei der Reaktion auf Antiepileptika verantwortlich sein, und man begann vor etwa zehn Jahren, sich für die im Einzelfall vorherrschenden Resorptionsverhältnisse, die Metabolisierung bzw. Biotransformation in der Leber und die Elimination von Antiepileptika zu interessieren.

Die zunächst verwandten spektrophotometrischen und kolorimetrischen Methoden erwiesen sich als wenig zuverlässig. Heute sind sie abgelöst durch die Gas- und Flüssigkeitschromatographie, mit

der man die Serumspiegel der meisten Standard-Antiepileptika spezifisch und quantitativ sehr genau bestimmen kann.
Anfängliche Skepsis ist der Überzeugung gewichen, daß eine neue hoffnungsvolle Ära der medikamentösen Behandlung von Epilepsien begonnen hat, nämlich die Zeit der durch Serumspiegel kontrollierten Langzeittherapie.
Jede Langzeittherapie ist aber risikoreich und nicht frei von Mißerfolgen. Ist die Anfallsfreiheit erklärtes Ziel der Epilepsie-Behandlung, so kann es im Einzelfall schwierig werden, die Gründe für das Versagen der medikamentösen Therapie aufzudecken. Oft fehlt es an der ausreichenden Motivierung des Patienten, jahrelang ein oder mehrere Antiepileptika in 2 bis 4 Tagesdosen regelmäßig „wie das tägliche Brot" einzunehmen. Eine dem Therapeuten nicht bekannte Unterdosierung, aber auch eine permanente Überdosierung, ohne daß immer die neurologischen Zeichen einer Intoxikation nachweisbar wären, sind nicht selten Schuld am Anfallsrezidiv. Durch Serumspiegelbestimmung der Antiepileptika lassen sich diese „Pannen" zum großen Teil auffangen. Die folgende Tabelle gibt uns Aufschluß über die Plasmahalbwertzeiten und die therapeutischen Serumspiegelbereiche für 8 Standard-Antiepileptika.
Viele ärztliche Erfahrungen z.B. in Bezug auf die Dosierungsgröße antiepileptischer Drogen, Probleme der kombinierten Behandlung, Anzahl der Einzelgaben u.a.m., konnten durch pharmakokinetische Daten inzwischen bestätigt, andere mußten relativiert werden.
Nicht wenig überrascht war man von Interaktionen der antiepileptischen Mittel untereinander und mit anderen Drogen. Die wichtigsten seien genannt: Phenobarbital und Primidon, Phenytoin und Carbamazepin induzieren Leberenzyme, die für den Arzneimittelabbau verantwortlich sind. Auf diese Weise beschleunigen sie nicht nur die Metabolisierung von Vitamin D mit dem Auftreten von rachitisähnlichen Osteopathien oder Osteoporosen, den Abbau von oralen Ovulationshemmern mit der Folge einer unerwünschten Schwangerschaft, von Kumarinen, z.B. Marcumar mit der Gefahr der Blutung und von Folsäure mit dem nicht seltenen Auftreten von Anämien, sondern sie beeinflussen sich auch gegenseitig, oder es kommt wie zum Beispiel bei Phenytoin bei einer langdauernden Behandlung mit gleichbleibender Dosierung zu Induktionen des eigenen Abbaus und damit zu einem scheinbaren Versagen der antikonvulsiven Therapie.
Dagegen wirkt Sultiam (Ospolot) hemmend auf den Abbau des Diphenylhydantoins, so daß schnell toxische Dosen erreicht werden, und Valproinat erhöht den Plasmaspiegel von Phenobarbital, so daß bei rascher Einstellung Zustände von Bewußtseinstrübung bis zum Koma beobachtet werden konnten.

Substanzen	Handelsnamen	Plasma-halb-wertzeit	Therapeutischer Serumspiegel-bereich
Phenobarbital	Luminal 0,1 Phenaemal 0,1	2-7 Tg.	10-40 (-60) µg/ml
Barbexaclon (Phenobarbital + CHP)	Maliasin 0,1	2-7 Tg.	10-40 (-60) µg/ml
Primidon	Liskantin 0,25 Mylepsinum 0,25	3-12 Std.	5-15 µg/ml
Phenytoin (Diphenylhydantion)	Epanutin 0,1 Phenhydan 0,1 Zentropil 0,1	5-120 Std.	5-10-20 µg/ml
Carbamazepin	Tegretal 0,25	7-26 Std.	4-6 (-9) µg/ml
Äthosuximid	Petnidan 0,25 Pyknolepsinum 0,25 Suxinutin 0,25	2-3 Tg.	40-80 (-100) µg/ml
Valproinat	Ergenyl 0,3 Orfiril 0,3; 0,15	7-15 Std.	60-100 µg/ml
Clonazepam	Rivotril 0,002 0,0005	8-38 Std.	30-60 µg/ml

Tab. 1 Pharmakologische Eigenschaften von acht antiepileptischen Medikamenten

Aber nicht alle Patienten reagieren in gleicher Weise, und wir sind weit davon entfernt, alle individuellen Faktoren bei der Reaktion auf Antiepileptika schon zu kennen. Zum Beispiel stellt die Anpassung an die Droge im Sinne einer interindividuell unterschiedlichen Toleranzentwicklung einen dynamischen Faktor dar, den man nur schwierig in den Griff bekommt.
Feststellen kann man allerdings heute schon, daß der Nutzen pharmakokinetischer Untersuchungen zur Kontrolle der Langzeittherapie so evident ist, daß man sich eine Behandlung von Patienten mit Epilepsie in Zukunft nicht mehr anders vorstellen kann. Die Überlegung, daß der Therapeut die für eine erfolgreiche Behand-

lung so grundlegenden klinischen Untersuchungen zugunsten quantitativer Meßdaten, eben jener Serumspiegelwerte, vernachlässigen könnte, stellt meines Erachtens kein echtes Argument dar, die Pharmakokinetik bei entsprechender Indikation nicht in den Therapieplan aufzunehmen.
Spätestens an dieser Stelle sollten wir uns fragen, wie man epileptische Anfallssyndrome mit welchen Medikamenten erfolgreich behandelt?
Die Abbildung spiegelt unsere Behandlungsstrategie wider: Die Wahl der Medikamente orientiert sich am Erscheinungsbild und der Verlaufsform der Anfälle. Der EEG-Befund - das ist aus der Tabelle nicht direkt zu erkennen - bestätigt, korrigiert oder - was viel häufiger der Fall ist - erweitert das therapeutische Konzept, hat also ebenfalls Einfluß auf Wahl und Anzahl der Medikamente.
Im einzelnen konnten auf empirischer Grundlage folgendc Indikationsbereiche für Standard-Antiepileptika ermittelt werden:
Generalisierte Anfälle vom Grand mal-Typ differenzieren wir mit D. JANZ (131) in die drei bekannten Verlaufsformen, die zumindest im Erwachsenenalter klar abgrenzbar sind und eine Behandlung mit verschiedenen antikonvulsiven Grundsubstanzen erfordern:
Das *Aufwach-Grand mal* wird mit Phenobarbital, am besten in Form des Barbexaclon (Maliasin) oder mit Primidon (Liskantin, Mylepsinum), das zu ca. 15 % als Phenobarbital verstoffwechselt wird, am erfolgreichsten behandelt. Valproinat (Ergenyl, Orfiril) vermag die Wirkung des Phenobarbitals zu steigern, das heißt es kommt zu einer Erhöhung des Phenobarbital-Plasmaspiegels, was mit einem verstärkten hypnotischen Effekt verbunden sein kann. Valproinat darf deshalb bei dieser Kombination nur behutsam und kontrolliert in der Dosis angehoben werden bzw. Phenobarbital sollte als Prämedikation niedrig dosiert sein.
Eine Verabreichung von 3 bis 4 Dragees Barbexaclon à 0,1 oder 3 Tabletten Primidon à 0,25 sind für die unkomplizierte und isoliert auftretende Aufwach-Grand mal-Epilepsie ausreichend. Primidon muß besonders langsam eingestellt werden, um Schwindel, Nausea, Brechreiz und Apathie zu vermeiden. Wir beginnen mit 1/4 Tablette, die nur alle 3 bis 5 Tage um eine weitere 1/4 Tablette gesteigert wird. Die bekannte sedativ-hypnotische Wirkung des Phenobarbitals ist bei dieser Dosierung meist vorübergehend bzw. wird mit Barbexaclon durch ein salzartig gebundenes mildes zentrales Stimulans (CHP) aufgefangen.
Beim *Schlaf-Grand mal* ist das Phenytoin (Epanutin, Phenhydan, Zentropil) nach wie vor das Mittel der ersten Wahl. Je nach Körpergewicht sind 3 bis 4 Tabletten à 100 mg pro Tag notwendig, um den optimalen Wirkspiegel von 10 bis 20 µg/ml zu

Anfalls-Syndromе	Medikamente											
	Pheno-barbital	Barb-exaclon	Primi-don	Pheny-toin	Carba-mazepin	Ätho-suximid	Meth-suximid	Val-proinat	Clona-zepam	Nitra-zepam	Dia-zepam	ACTH Corticoide
Generalisierte Anfälle												
• Aufwach-G.m.	▲	▲	△					○				
• Schlaf-G.m.			○	▲	△							
• Diffuses-G.m.	△	△	△	▲	△			○	○			
• B N S												
• Myoklon.-astat. P.m.									△	▲	○	△
• Absencen (pyknolept. P.m.)						△	○	▲	△		▲	○
• Impulsiv-P.m.		△	▲			○	○	○	○			
Partielle (fokale) Anfälle												
• mit elementarer Symptomatik	○	○	○	▲	△			○	○			
• mit komplexer Symptomatik				△	▲				○			

▲ = Mittel der 1. Wahl △ = Mittel der 2. Wahl ○ = Behandlungserfolge möglich, zur Kombination geeignet

Abb. Indikationsbereiche für Standard-Antiepileptica bei Langzeittherapie in Anlehnung an „Arbeitskreis für Epileptologie“

erreichen. Die freie Säure des Diphenylhydantoins wird besser resorbiert als das Natrium- oder Calciumsalz. Kleine Dosissteigerungen können eine relativ große Zunahme der Plasma-Konzentration und damit eine akute Vergiftung auslösen, wenn für Diphenylhydantoin ein gewisser Sättigungsgrad der mikrosomalen Enzyme in der Leber und somit eine metabolische Grenze erreicht ist. Solche Intoxikationen werden nicht selten mit psychogenem Fehlverhalten verwechselt und zu spät richtig erkannt. Hieraus resultiert bei der speziellen Kleinhirnaffinität des Diphenylhydantoins eine irreversible Schädigung der PURKINJE-Zellen und klinisch eine mehr oder minder stark ausgeprägte Ataxie.

Kein Antiepileptikum ist von allen Seiten so gut untersucht wie das bereits 1938 eingeführte Diphenylhydantoin. Es nimmt nach wie vor eine zentrale Stellung ein, wie aus der Abbildung ersichtlich ist: Dreimal ist Diphenylhydantoin das Mittel der ersten Wahl und damit das bedeutungsvollste überhaupt. Aber man muß seine Nebenwirkungen und Schädigungsmöglichkeiten genau kennen. Schon bei geringfügiger Überdosierung gibt der Patient einen oft nur intermittierenden Tremor, oder eine als „inneres Zittern" beschriebene, also äußerlich gar nicht erkennbare Verunsicherung an. Nystagmus, Ataxie und Sprachstörung sind die klassischen neurologischen Symptome einer schon deutlichen Intoxikation. Im psychischen Bereich werden Euphorie, aber auch Bewußtseinstrübung beschrieben. Nicht selten treten bei Intoxikation vermehrt Anfälle auf. Zu Beginn der Behandlung zwingt ein allergisch-toxisches Exanthem zum Absetzen des Diphenylhydantoins. Eine gefährliche Schädigung der Leukopoese, zum Beispiel eine Agranulozytose, läßt sich so gut wie immer vermeiden durch die in regelmäßigen Abständen vorzunehmende Bestimmung der Leukozyten.

Hypertrichose und Gingivahyperplasie sind für manche Patienten, weil äußerlich sichtbar, unangenehme Nebenerscheinungen, die besonders bei Jugendlichen zum Wechsel des Medikamentes Anlaß geben können.

Mittel der zweiten Wahl bei reinen Schlaf-Grand mal-Epilepsien ist das Carbamazepin (Tegretal). Dieses Medikament gehört mittlerweile zu den Standard-Antiepileptika, das allein verabreicht zur Anfallsfreiheit führen kann. Carbamazepin ist zum großen Gegenspieler des Phenytoins geworden, weil es bei etwa gleich guter antikonvulsiver Wirkung nur mit durchweg leichten, wenn auch zahlreicheren Nebenwirkungen behaftet ist.

Es muß hoch genug dosiert werden. Ein Erwachsener zwischen 60 und 70 kg benötigt 5-6 Tabletten Carbamazepin à 200 mg, damit der Blutspiegel von 4 bis 8 µg/ml erreicht wird. Dosisunabhängige allergische Exantheme zwingen zum Absetzen des Mittels. Leukopenien werden mit Vitamin B_6, täglich 300 mg, bei Resistenz 600 bis 900 mg, behoben.

Die Halbwertzeit von Carbamazepin (7 bis 26 Stunden) wird durch die zusätzliche Gabe von Phenytoin oder Phenobarbital nachweislich verkürzt, so daß 4 Einzeldosen am Tag erforderlich werden. Carbamazepin entwickelt einen günstigen psychotropen Effekt im Gegensatz zum Phenytoin, das bei manchen Patienten psychotogen wirkt.

Die Behandlung des *diffusen Grand mal* ist weitgehend eine Kombinationstherapie, die sich aus der Behandlung der beiden übrigen Grand mal-Verlaufsformen herleitet. Phenytoin oder Carbamazepin werden initial gegeben, die Phenobarbitale zugesetzt, wenn die Patienten nicht anfallsfrei werden. Valproinat und die „Prise" Clonazepam (Rivotril: 4 x 1/4 bis max. 1/2 Tabl. à 2 mg) verstärken den Effekt der Basistherapie, und mancher Patient wird auf diese Weise noch anfallsfrei oder wesentlich gebessert.

Die Behandlung der BNS-Krämpfe und des myoklonisch-astatischen *Petit mal* fällt in das Gebiet der Neuropädiatrie, und ich verweise in diesem Zusammenhang auf das Taschenbuch von A. MATTHES (180), das vor allem die genauen Dosisangaben für die ACTH- und Corticoid-Therapie enthält.

BNS-Krämpfe werden heute initial mit Benzodiazepinen, in erster Linie mit Nitrazepam (Mogadan) oder Clonazepam behandelt. Nitrazepam wird in einer Dosierung von 1/2 bis 1 mg/kg/Tag verabreicht und führt in ca. 30 bis 70 % zur Anfallsfreiheit. Die Dosierung von Clonazepam beträgt 0,1 bis 0,2 mg/kg/Tag bei einer Anfallsfreiheit von ca. 20 bis 40 %. Ist nach etwa drei Wochen kein befriedigender Erfolg erzielt, wird stationär die kurmäßige Hormonbehandlung mit Depot-ACTH (Depot-Acethropan, Synacthen Depot) und anschließend mit Corticoiden (Dexascheroson, Dexamethason, Fortecortin) durchgeführt. Als Indikator für den Behandlungserfolg gilt die Sanierung des EEG von der Hypsarrthythmie.

Die Hormonbehandlung ist nicht ohne Nebenwirkungen, vor allem bei längerer Therapiedauer. Ein Cushing-Syndrom, eine Osteochondrose oder eine Akne müssen toleriert werden. Infekte mit Fieber und hoher Senkung werden antibiotisch behandelt, ohne daß die ACTH-Therapie unterbrochen wird. Die Benzodiazepine können ohne Grand mal-Schutz gegeben werden, während die Hormontherapie gleichzeitig die Gabe von Barbituraten erfordert, die im Kleinkindesalter generell als Mittel der ersten Wahl gegen Grand mal eingesetzt werden.

Das gleiche gilt für das *myoklonisch-astatische Petit mal*, das heute mit Diazepam (Valium) am besten behandelt wird. Säuglinge erhalten täglich 5 bis 15 mg, Kleinkinder 5 bis 20 mg. Mittel der zweiten Wahl ist das Clonazepam, das wie bei BNS-Krämpfen dosiert wird, während Behandlungserfolge mit der Hormon-Therapie auf wenige Fälle begrenzt bleiben. Ein Grand mal-Schutz gelingt am besten mit Barbexaclon.
Benzodiazepine entfalten bei den Kindern anfangs einen starken sedierenden Effekt, Muskelhypotonie, Hypersekretion der Bronchialschleimhaut und nicht selten Verhaltensstörungen. Allergische Nebenwirkungen oder Einflüsse auf das blutbildende System sind nicht bekannt geworden.
Die Behandlung der *Absencen* ist oft eine dankenswerte Aufgabe und klar abgesteckt: Valproinat ist heute das Mittel der ersten Wahl bei gleich gutem antikonvulsivem Effekt des Äthosuximids. Es entfaltet im Gegensatz zu Äthosuximid auch eine leichte antikonvulsive Wirkung gegen Absencen begleitende Grand mal-Anfälle.
Valproinat erfordert eine Dosierung von 5 bis 6 Dragees à 300 mg pro Tag, die wegen der kurzen Halbwertzeit von 7 bis 15 Stunden auf möglichst 3 bis 4 Einzelgaben verteilt werden müssen. Nur so ist ein steady state von 60 µg/ml im Serum zu erreichen.
Valproinat kann eine Muskelhypotonie, Gewichtszunahme, passageren Haarausfall und als wichtigsten Nebeneffekt eine Thrombopathie (Thrombozytopenie, verlängerte Blutungszeit) verursachen. Diese Komplikation wird auf 1 bis 3% geschätzt und darf vor operativen Eingriffen nicht übersehen werden.
Die neu eingeführten Dargees sind dünndarmlöslich, so daß die früher durch Tabletten verursachten gastrischen Reizungen heute vermieden werden.
Das seit 1951 eingeführte Äthosuximid (Petnidan, Pyknolepsinum, Suxinutin) wird beim Erwachsenen in einer mittleren Dosierung von 5 bis 6 Kapseln à 250 mg verabreicht. Es wirkt mitunter leicht erregend und bei hoher Dosierung sedierend. Im Gegensatz zum Valproinat wird beim Äthosuximid eine psychotogene Wirkung beobachtet.
Die Äthosuximid-Behandlung erfordert regelmäßige Blutbildkontrollen, um eine Leukopenie als Vorläufer einer Panmyelopathie nicht zu übersehen.
In einigen Fällen läßt sich Anfallsfreiheit erst durch Kombination von Valproinat oder Äthosuximid mit Clonazepam erreichen. Bei therapieresistenten Absencen ist gar nicht selten ein temporaler EEG-Fokus mit im Spiel, und es entwickelt sich klinisch wie hirnelektrisch eine echte Intermediärform, die zweigleisig - in

Bezug auf Absencen und psychomotorische Anfälle - behandelt werden muß. Kranke mit dieser Anfallskombination sind oft auch wesensgeändert (hirnlokales Psychosyndrom) und stellen als „komplizierte Fälle“ oder „Problempatienten“ höchste Anforderungen an den Therapeuten.

Das *Impulsiv-Petit mal* wird bereits weitgehend durch die Behandlung des begleitenden Aufwach-Grand mal kontrolliert. Mittel der ersten Wahl ist Primidon (Mylepsinum), häufig in Kombination mit Barbexaclon. Suxinimide oder/und Valproinat werden erst bei Therapieresistenz des Impulsiv-Petit mal eingesetzt.

Bei den *partiellen (fokalen) Anfällen* trennen wir solche mit elementarer Symptomatik (Jackson-, motorische und sensible Herdanfälle) von denen mit komplexer Symptomatik (psychomotorische Anfälle) ab.

Es ist kein Zufall, daß sie ganz ähnlich behandelt werden wie das diffuse Grand mal, das nicht selten ein solches mit fokalem Beginn ist. Phenytoin oder Carbamazepin nehmen die dominierende Stellung ein und die Phenobarbitale, aber auch Valproinat und Clonazepam werden zur Verbesserung des Behandlungsergebnisses hinzugegeben.

Bei den isolierten *psychomotorischen Anfällen* hat das Carbamazepin dem Phenytoin den Rang abgelaufen. Erst wenn sekundär die Komplikation des Grand mal einsetzt, wird die alleinige Therapie mit Carbamazepin problematisch. Die Zugabe von Primidon oder Phenobarbital zur Praemedikation mit Carbamazepin oder Phenytoin und/oder zusätzlich die „Prise“ Clonazepam kann bei therapieresistenten psychomotorischen Epilepsien den Ausschlag geben. In verzweifelten Fällen wenden wir auch die relativ toxischen Phenuride (Trinuride, Trinuride H forte) an, um Anfallsfreiheit zu erzwingen.

Die Einstellung auf ein Antiepileptikum muß „einschleichend“, das heißt schrittweise dosiserhöhend vorgenommen werden. Dadurch können die oft nur initial auftretenden Nebenwirkungen, die gelegentlich zur Ablehnung eines wertvollen Medikamentes führen, vermieden werden.

Die beste Epilepsie-Behandlung ist aufgrund derzeitiger pharmakokinetischer Kenntnisse die Monotherapie. Man geht der Gefahr von unübersichtlichen Arzneimittel-Interaktionen aus dem Wege und kann die Nebenwirkungen eindeutig zuordnen.

Die Kombination von zwei oder mehr antikonvulsiven Substanzen wird unvermeidbar, wenn zwei oder mehr unterschiedliche Anfallssyndrome behandelt werden müssen oder wenn wir es mit therapieresistenten Epilepsien zu tun haben. In diesen Fällen kombinieren wir die reinen antikonvulsiven Substanzen frei und

benutzen nicht die fertigen Kombinationen.
Kombinationspräparate haben den großen Nachteil, daß die einzelnen Bestandteile in einem starren Mengenverhältnis zueinander stehen, so daß man bei notwendiger Dosiserhöhung eine Teilmenge, zum Beispiel Brom, überdosiert, was zu unerwünschten Nebenwirkungen führt. Kombinationspräparate werden von uns nur dann gegeben, wenn ein Patient nicht in der Lage ist, mit verschiedenen Arten von Antiepileptika umzugehen, weil er zum Beispiel wesensgeändert oder minderbegabt ist, bzw. eine Betreuung durch Angehörige nicht erfolgen kann. Jeder Patient mit Epilepsie führt einen Anfallskalender, der zur Nachuntersuchung mitgebracht wird. Am Anfallskalender erkennt man, ob Menschen mit Anfällen zuverlässig oder unzuverlässig sind. Insofern ist der Kalender ein wichtiges Dokument, das oft auch Aufschluß darüber gibt, ob die verordneten Antiepileptika regelmäßig oder unregelmäßig eingenommen wurden.
Die antikonvulsiven Mittel werden während der Pubertät (10.-16. Lebensjahr) möglichst nicht und im Erwachsenenalter erst nach 2- bis 3-jähriger Anfallsfreiheit abgesetzt. Die Reduktion der Antiepileptika muß sehr vorsichtig erfolgen, um das Behandlungsresultat nicht zu gefährden. Sie wird auf den Einzelfall abgestimmt im Verlaufe von 1/2 bis 2 Jahren unter EEG-Kontrolle durchgeführt. Auf diese Weise ist Heilung von Epilepsie möglich. Zur Epilepsie-Therapie gehört ferner die Reglementierung der Lebensgewohnheiten. Darunter verstehen wir die Regelung von Tagesablauf, Schlafdauer und Flüssigkeitseinnahme sowie Alkoholverbot, Nikotineinschränkung, die Vermeidung von übertriebener körperlicher Anstrengung und psychosensorischer Reizüberflutung.
Aber man muß den Menschen mit Epilepsie auch leben lassen, das heißt ihn nicht durch unnötige Gebote und Verbote gängeln, ihn dadurch unselbständig und somit über das Maß, das ohnehin mit dieser speziellen chronischen Erkrankung verbunden ist, abhängig machen. Er hat wie alle Menschen das Recht auf eine wesensgerechte Selbstverwirklichung.

Aus dem Nervenkrankenhaus Bayreuth
(Direktor: Prof. Dr. F. Böcker)

Soziotherapeutische Maßnahmen bei zerebralen Anfallsleiden

F. Böcker

Das manifeste hirnorganische Anfallsleiden führt fast regelmäßig zu Auswirkungen im sozialen Bereich.

Anfallskranke können verschiedene Berufe nicht ausüben, sie können sich an manchen Freizeitaktivitäten nicht beteiligen, sie müssen sich im Tagesablauf besonderen Regeln unterwerfen. Darüber hinaus stoßen sie in ihrer Umgebung auf Reaktionen, die von Ablehnung über Spott oder Gleichgültigkeit bis zu übertriebener Zuwendung und Vorsicht reichen.

Diese Reaktionen können das Selbstwerterleben des einzelnen stärker belasten, als das Anfallsleiden selbst, vor allem deshalb, weil der Kranke die dramatischen Abläufe des Anfalls nicht bewußt miterlebt. Daher schätzt er im allgemeinen die Schwere seiner Behinderung geringer ein, als seine Umgebung. (W. SCHULTE, 243). Mitunter verkennt er überhaupt, durch das Anfallsleiden behindert zu sein.

Für die erfolgreiche Lebensbewältigung aller Behinderten und auch des Anfallskranken ist es aber erforderlich, daß er Art und Umfang der Behinderung erkennt und die notwendigen Folgerungen in seine weitere Lebensplanung einbezieht. Hier stellt sich für den behandelnden Arzt eine wesentliche sozialtherapeutische Aufgabe. Er muß durch Aufklärung und Entscheidungshilfen dem Patienten ermöglichen, eigenverantwortlich abzuschätzen, welche Risiken in der Lebensplanung berücksichtigt werden müssen. Ausdrücklich sei betont, daß auch der Behinderte sein eigenes Leben eigenverantwortlich führen muß. Entscheidungen können ihm weder aufgezwungen noch abgenommen werden. Er kann und muß jedoch intensiv beraten werden, insbesondere auch über die notwendigen Maßnahmen im beruflichen und privaten Bereich.

Art und Umfang dieser Maßnahmen haben sich an dem Grundsatz zu orientieren: Soviel Hilfe wie nötig, aber nicht mehr Hilfe als nötig, um so wenig Abhängigkeit zu erzeugen wie eben möglich. Für den Patienten, bei dem keine psychischen oder geistigen Störungen bestehen, kommt es vor allem darauf an, das Maß der Gefährdung zu erkennen, die der Anfall für ihn selbst und für andere darstellt.

Die Konsequenzen sind im Bereich der Berufstätigkeit relativ übersichtlich. Anfallskranke dürfen nicht an laufenden Maschinen, an Feuerungsstellen oder auf erhöhten Plätzen - etwa Gerüsten, Leitern oder Galerien - arbeiten, sie sollten auch keine Schweiß- oder Lötgeräte bedienen und dürfen keine Kraftfahrzeuge lenken. Eine berufliche Neuorientierung ist nicht nur wegen der tatsächlichen Gefährdung erforderlich, die nach A. MATTHES (180) im allgemeinen überschätzt wird, sondern auch aus versicherungsrechtlichen Gründen. Die Unfallverhütungsvorschriften gehen von einer außergewöhnlichen Unfallgefährdung aus und verbieten den Einsatz Anfallskranker an gefährdeten Plätzen. Die Arbeitgeber sind zu arbeitsrechtlichen Konsequenzen ermächtigt, wenn die Krankheit, die eine Einsatzmöglichkeit einschränkt, verschwiegen und erst später offenkundig wird. Nach der Reichsversicherungsordnung ist der Behinderte verpflichtet, seine Erkrankung zu melden (260).

Auch auf diese Vorschriften müssen wir den Anfallskranken hinweisen, wenn er weiter an seiner Drehbank oder als Maurer auf dem Gerüst arbeiten will.

Ziel einer beruflichen Neuorientierung ist es, dem Anfallskranken nach Möglichkeit einen sozialen Abstieg und finanzielle Einbußen zu ersparen. Mit Hilfe des Arbeitsamtes und des Sozialversicherungsträgers muß ein Konzept ausgearbeitet werden, das den Interessen und Fähigkeiten des Patienten entspricht und das er annehmen kann. Sinnlos ist es beispielsweise, ihn in einen Beruf umzuschulen, den er nur in einer entfernten Großstadt ausüben kann, wenn er eine Nebenerwerbslandwirtschaft betreibt und daher nicht umziehen kann.

Die Planung des neuen Berufsweges muß also die außerberuflichen Lebensbereiche mit berücksichtigen. Manchmal muß sehr viel Ideenreichtum aufgeboten werden, um den richtigen Weg zu finden. Dennoch ist es heute medizinisch und rechtlich möglich, den überwiegenden Teil aller Anfallskranken beruflich voll einzugliedern (260). Leider scheuen Patient und Arzt immer noch viel zu häufig vor möglichen Schwierigkeiten zurück und streben die Berentung an. Damit wird den Behinderten aber keine echte Hilfe erwiesen. Viel früher als nötig, werden sie aus wesentlichen Lebensbereichen herausgenommen und in ihrer Entfaltung weit mehr eingeschränkt, als es vertretbar ist.

Die gleichen Grundsätze wie bei Erwachsenen gelten in der Beratung von Kindern und Jugendlichen, sowie deren Eltern: Soviel Hilfe und Rücksicht wie nötig, so wenig wie möglich. Anfallskranke Kinder gehören in die Schule, die ihrem Leistungsvermögen entspricht, d.h. in aller Regel in die normale Volks-,

Mittel- oder Höhere Schule. Ängstliche Eltern müssen wir darauf hinweisen, daß geistige Anforderungen das Leiden nicht verschlimmern, wenn das Kind den Anforderungen intellektuell gewachsen ist und auch darauf, daß heute gesunde Kinder und Jugendliche mit Behinderten weitgehend komplikationslos zusammenleben.
Berufsberatung jugendlicher Anfallskranker und deren Eltern muß die anfallsbedingten Gefährdungen berücksichtigen. Bei höherer Anfallsfrequenz sollten Tätigkeiten mit viel Publikumsverkehr vermieden werden, desgleichen Berufe, die Wechselschichten erforderlich machen.
Wenn das Anfallsleiden von psychischen Störungen begleitet wird, gehen wir von den gleichen Grundsätzen aus, wie bei psychisch gesunden Anfallskranken.
Der Patient soll möglichst lange auf möglichst hohem beruflichen Niveau tätig sein. Allerdings darf dieses Niveau die intellektuellen Fähigkeiten, wie die Initiative und den Antrieb des Behinderten nicht überfordern.
Die Eltern derart geschädigter Kinder müssen lernen, die tatsächliche Leistungsfähigkeit ihrer Kinder anzuerkennen. Einige Mütter und Väter werden dann ehrgeizige Pläne, die sie mit ihrem Kind hatten, aufgeben müssen, andere müssen akzeptieren, daß Sonderschulen und beschützende Werkstätten Hilfen anbieten, dem Behinderten größtmögliche Selbständigkeit zu vermitteln.
Eine besondere Rolle spielt im beruflichen wie im privaten Bereich die Frage nach dem Führerschein. Obwohl nach G. RITTER (229) eindeutige Unfallursachen-Statistiken fehlen und daher in verschiedenen Ländern ganz unterschiedliche Regelungen gelten, sind sich die meisten Autoren doch darin einig, daß von Anfallskranken am Steuer eine erhöhte Gefährdung ausgeht und Unfälle besonders folgenschwer sind.
Nach den Empfehlungen der Deutschen Sektion der Internationalen Liga gegen Epilepsie gelten bei uns folgende Regeln:
Patienten, die 3 Jahre mit oder ohne Medikamente anfallsfrei waren, keine psychischen Störungen aufweisen, und deren EEG unauffällig ist, sind kraftfahrtauglich. Ihnen kann der Führerschein befristet erteilt werden. Halbjährliche Untersuchungen mit EEG-Kontrolle entscheiden über eine Verlängerung.
Alle anderen Anfallskranken sind nicht zum Führen eines Kraftfahrzeuges geeignet. Taxifahrer, Omnibus- oder Lastwagenfahrer, Lokomotivführer, Straßenbahnwagenfahrer und Piloten müssen jedoch auf jeden Fall umgeschult werden. Sie können ihre ursprüngliche Tätigkeit auch bei günstigem Krankheitsverlauf nicht wieder aufnehmen.
Der behandelnde Arzt ist verpflichtet, den Patienten über seine

Fahruntauglichkeit aufzuklären. Er sollte sich eine Notiz über dieses Gespräch in seine Karteikarte machen. Uneinsichtige Kranke darf er zur Wahrung der allgemeinen Sicherheit bei der Zulassungsbehörde melden, verpflichtet ist er dazu aber nicht.

Da das Auto den meisten Menschen besonders wichtig erscheint, kann es nicht verwundern, daß viele Anfallskranke trotz ihres Leidens fahren, auch wenn die genannten Voraussetzungen nicht gegeben sind. Viele haben ihren Führerschein sogar erst nach Ausbruch der Erkrankung erworben. Wir müssen versuchen, immer erneut an Einsicht und Verantwortungsgefühl zu appellieren, dürfen aber nicht riskieren, daß der Patient die medikamentöse Behandlung abbricht, um solchen Mahnungen aus dem Wege zu gehen.

Das gleiche gilt im übrigen für den Umgang mit Alkohol. Bei der allgemeinen Verfügbarkeit und Beliebtheit dieses Genußmittels fällt es dem Anfallskranken ebenso schwer, wie vielen anderen, darauf zu verzichten.

Für den privaten Bereich gilt, daß man Kindern wie Erwachsenen nicht aus übertriebener Ängstlichkeit mehr Einschränkungen in den persönlichen Entfaltungsmöglichkeiten auferlegen darf, als sie zwingend erforderlich sind. Anfallskranke Kinder können spielen wie gesunde, allerdings sollten sie nicht in die Höhe klettern. Sie dürfen, außer in fließenden Gewässern, schwimmen gehen, wenn eine informierte Aufsichtsperson sie beobachtet und notfalls eingreifen kann.

Unter keinen Umständen dürfen wir es dulden, daß Anfallskranke ängstlich versteckt werden. Ebenso energisch müssen wir dem Behinderten helfen, bei aller realistischen Einschätzung seiner Behinderung, sein Selbstwerterleben zu erhalten. Dazu sind häufige Gespräche mit dem Patienten, aber auch mit seinen Angehörigen, erforderlich, um Fehlentwicklungen frühzeitig erkennen und ausgleichen zu können.

Insbesondere, wenn sich eine organische Wesensänderung entwikkelt, sind intensive Gespräche mit den Angehörigen notwendig. Ihnen müssen wir die Krankhaftigkeit überschießender Reaktionen erläutern, die mitunter schwerwiegenden Belastungen erörtern, Verhaltensmaßregeln im Umgang mit dem Patienten besprechen, Spannungen ausgleichen und erneute Konflikte vermeiden helfen. Ab und zu stehen auch die Fragen um die Ehefähigkeit des Anfallskranken zur Debatte oder die Frage, ob überhaupt und wenn, wieviele Kinder man haben sollte. Auch in diesen Gesprächen hat der Arzt keine Entscheidungsbefugnis, sondern eine Beraterfunktion. Patient und zukünftiger Ehepartner müssen sachlich über das Leiden informiert werden. Sie selbst müssen dann entscheiden, ob sie sich darauf einlassen wollen, eine mögliche - wenn auch nicht so häufige - Wesensänderung zu ertragen, oder die genannten beruflichen und privaten Einschränkungen auf sich zu nehmen. Für die Kinderzahl spielen genetische Überlegungen dann eine untergeordnete Rolle, wenn nicht beide Familien mit Anfallsleiden belastet sind. Wichtiger ist hier, wie flexibel sich die Eltern auf eine mögliche Leistungsminderung eines Partners einzustellen vermögen und wieviel Belastbarkeit sie sich dennoch zutrauen. Noch unterliegen Anfallskranke dem verbreiteten gesellschaftlichen Urteil, Epilepsie sei eine zur Verblödung führende Geisteskrankheit (180). Nur durch die Realität der vollintegrierten Behinderten wird diesem Vorurteil der Boden entzogen. Unsere ärztliche Verantwortung erstreckt sich auch auf diese Dimension.

Zusammenfassung

Art und Umfang soziotherapeutischer Maßnahmen bei Anfallskranken hängen ab vom Alter der Patienten, von der Struktur des sozialen Umfeldes, vom beruflichen Ausbildungsstand bzw. der Art der Berufstätigkeit, von der Anfallsfrequenz und von etwaigen psychischen Folgen der Erkrankung. Je nach Bedingungen des Einzelfalles stehen Fragen des Führerscheinbesitzes, der Ausbildung, der Umschulung und der Einschätzung der Erkrankung durch Angehörige und Freunde im Mittelpunkt der Bemühungen. Voraussetzung positiver Ergebnisse ist die konsequente Mitarbeit des Patienten. Die Einsicht in die Notwendigkeit müssen Arzt und Kranker gemeinsam erarbeiten.

Multiple Sklerose, Kollagenosen

Aus der Neurologischen Klinik und Poliklinik der
Technischen Universität München
(Direktor: Prof. Dr. A. Struppler)

Multiple Sklerose: Diagnostische Notwendigkeiten in der Praxis!

A. Struppler, U. Besinger

Gliederung:

I. *Das klinische Bild der Multiplen Sklerose*
   a) Häufigkeit, Weltverteilung, klinische Symptome
   b) Klinische Diagnose, Differentialdiagnose, Verlauf

II. *Ätiopathogenese der Multiplen Sklerose*
   a) Pathomorphogenese (Progression der demyelinisierenden Läsion)
   b) Ätiologie, heutige Theorien, experimentelle Befunde

III. *Diagnostische Möglichkeiten*
   a) Typische klinische Symptomkombination
   b) Labortests des neurologischen Labors
   c) Ergänzende Labortests

IV. *Schlußfolgerung*
   An die Diagnose denken, aber keine Kurzschlußdiagnose!

Die Multiple Sklerose (MS) gehört zu den demyelinisierenden Erkrankungen des ZNS. Mit einer Prävalenzrate von 30-60 auf 100.000 Einwohner (BAUER (13), DEAN (50), KURTZKE (158)) ist sie in gemäßigten Zonen eines der häufigsten neurologischen Krankheitsbilder. Die Häufigkeit der MS in subtropischen Gebieten (Mittelmeerraum) ist wesentlich geringer. In den tropischen Regionen Afrikas und Asiens zählt diese Erkrankung zu den Raritäten (ACHESON (2), Abbildung 1).
Da vorwiegend junge Erwachsene im Alter zwischen 20 und 40 Jahren erkranken, führt die MS in vielen Fällen bei einer Laufzeit von 20-25 Jahren zur Frühinvalidität der Patienten.
Die oft flüchtigen Initialsymptome wie Parästhesien, Sehstörungen und Ataxie werden häufig übersehen oder auch fehlgedeutet. Das

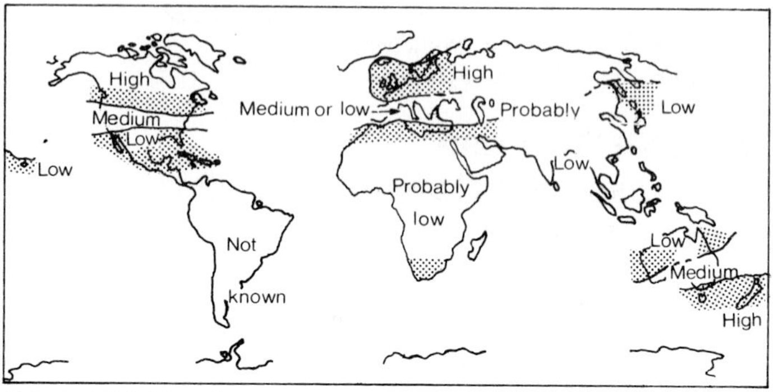

Abb. 1 Welt-Verteilung

Sensibilitätsstörungen	ca. 90%
Zentrale Paresen	ca. 85%
Zerebelläre Störungen	ca. 75%
Augenmuskelparesen	35%
Visusstörungen	30%
Blasenentleerungsstörungen	20 - 30%
Mentale Veränderungen	

Tab. 1 Klinische Symptome

Vollbild der MS mit ihren multilokulären Symptomen und dem remittierenden schubweisen Verlauf ist jedoch auch dem Nicht-Neurologen ein vertrautes Krankheitsbild.
Die häufigsten Symptome sind in Tab. 1 zusammengestellt (BAUER, pers. Mitteilung von Ergebnissen einer DFG-Studie).
Im Längsschnitt verläuft die MS sehr variabel. Nach anfänglichem schubweise-remittierendem Verlauf folgt in späteren Jahren oft eine chronische Progredienz (FOG, 77). Daneben finden sich primär chronische Verlaufsformen. Nach McALPINE (183) besteht entgegen der häufig geäußerten Auffassung keine Korrelation zwischen dem Erstmanifestationsalter und der klinischen Verlaufsform der MS.
Bei den sog. „benignen“ Formen (SCHUMACHER, 245) heilen die Erkrankungsschübe aus. Auch nach vielen Jahren der Erkran-

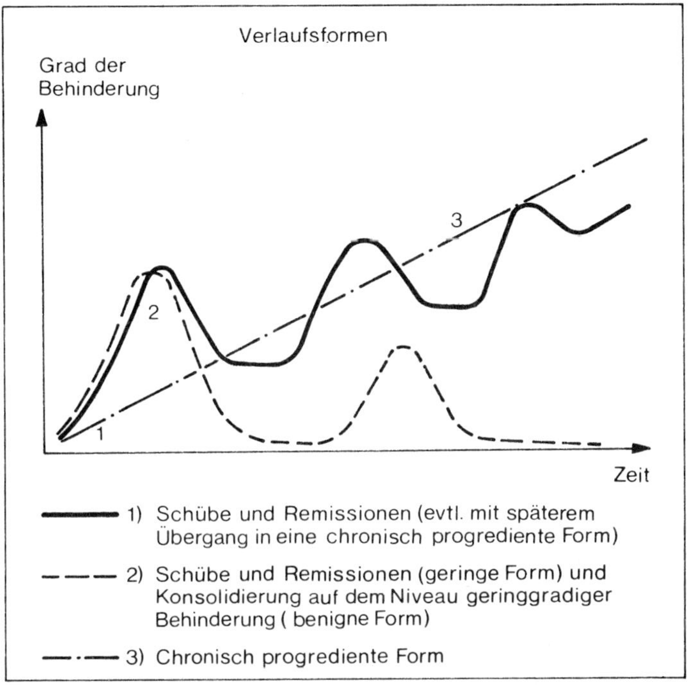

Abb. 2 Verlaufsformen

kung zeigen diese Patienten nur wenig Behinderung. (Tab. 2)
Die klinische Diagnose der MS stützt sich auf die anamnestischen Daten und den Untersuchungsbefund.
Finden sich klassisch rezidivierende Verläufe und multilokuläre Symptome bei Patienten in typischem Alter, so ist die Diagnose einer klinisch sicheren MS nicht schwer, sofern sich andere neurologische Erkrankungen ausschließen lassen.
Schwieriger sind Patienten mit chronisch-progredientem Krankheitsverlauf und spärlicher, oftmals „spinaler" Symptomatik einzuordnen.
Die differentialdiagnostisch wichtigsten Erkrankungen sind häufig erst nach Röntgenkontrastuntersuchungen auszuschließen. Mitunter muß die Diagnose auch über einen längeren Zeitraum offenbleiben und immer wieder kritisch überprüft werden (SCHIEFER, 238).

Wiederholte Krankheitsschübe
Multilokuläre Läsionsorte im ZNS
Eventuell „typische" Symptomkombinationen
Typisches Manifestationsalter
Ausschluß anderer Erkrankungen

Tab. 2 Klinische Diagnose der Multiplen Sklerose

Die vielgestaltigen Symptome der MS sind Ausdruck der gestörten neuronalen Leitungsfunktion durch zerstreute Demyelinisierungsherde im ZNS (Verteilung s. Abb. 3).
Histopathologischen Untersuchungen zufolge sind bei der MS wie auch bei der experimentell-allergischen Encephalitis (EAE) als erste faßbare Gewebsveränderung eines entstehenden Demyelinisierungsherdes perivenöse, manschettenartige Lymphozyteninfiltrate zu finden (C.W.M. ADAMS (3), Abb. 4). Um diese Infiltrate herum kommt es später zur Demyelinisierung mit perifokalem Ödem und von den Randzonen aus fortschreitender Gliaproliferation und Demyelinisierung.
Diese Infiltrate aus monozytären Elementen, Phagozyten mit ihrem perifokalem Ödem sind unspezifische Zeichen einer allergischen oder entzündlichen Reaktion. Der Untergang von Oligodendrogliazellen und der damit einhergehende Zerfall von Myelin kann unmittelbar virustoxisch verursacht aber auch durch eine Immunreaktion hervorgerufen sein. (Einzelheiten s. bei WISNIEWSKI, 288).
Nach den epidemiologischen Untersuchungsbefunden sind Umweltfaktoren für die MS-Erkrankung sehr bedeutsam (DEAN, 50). Es lag nahe, eine Virusinfektion anzunehmen (ALTER, 6), welche im Kindesalter gutartig verläuft, im späteren Verlauf nach langer Latenz, eine MS erzeugt.
Ein solcher Mechanismus ist bei den „slow-virus" Infektionen des ZNS, der Creutzfeld-Jacob'schen Erkrankungen, der Kuru und der subakut sklerosierenden Panencephalitis (SSPE) nachgewiesen worden. Als Erreger wurden Paramyxoviren isoliert (JOHNSON, 137).
Die elektronenoptischen Befunde zeigten in einigen Fällen von MS Zell- und Kerneinschlüsse (RAINE, 218), welche als Nukleocapside von Paramyxoviren aufgefaßt wurden. Jedoch bleiben diese Befunde umstritten (PRINEAS, 216). Eine Virusisolierung ist

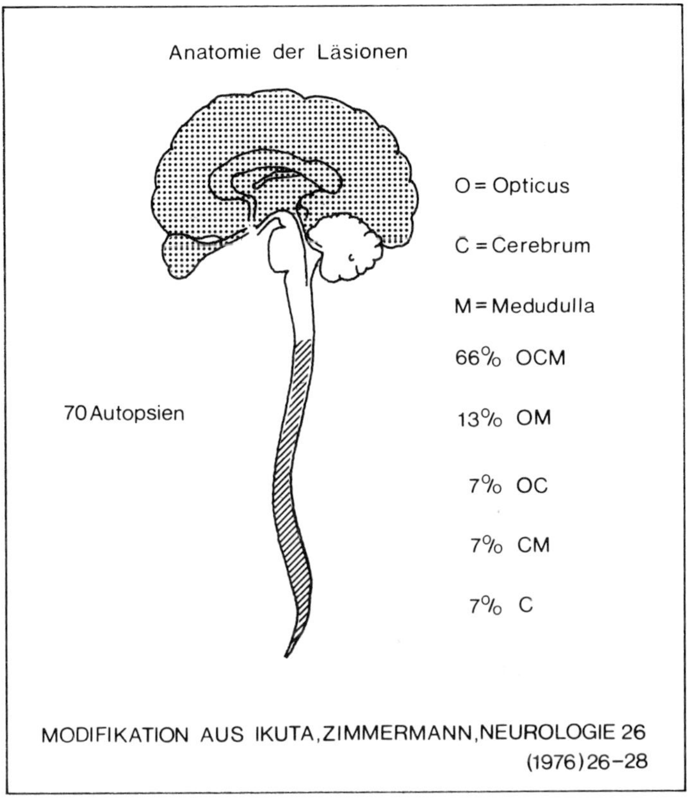

Abb. 3 Anatomie der Läsionen

bislang nicht gelungen, die Befunde von TER MEULEN (265) konnten nicht bestätigt werden.
Serologische Hinweise auf die Virusätiologie der MS ergaben sich aus dem Nachweis von Masernantikörpern (HAIRE, 107) im Serum und Liquor von MS-Patienten. Die im Serum nachgewiesenen Immunglobuline der Klasse M (IgM), welche als Ausdruck einer aktiven Infektion gelten, geben zwar Hinweis auf eine Viruspersistenz; ein Nachweis von IgM im Liquor ist nicht gelungen, die Annahme einer Produktion dieser Immunglobuline im ZNS (FRICK, 81, SCHULLER, 242) also nicht bestätigt.
Die zelluläre Abwehr gegenüber Masernviren scheint gestört; so

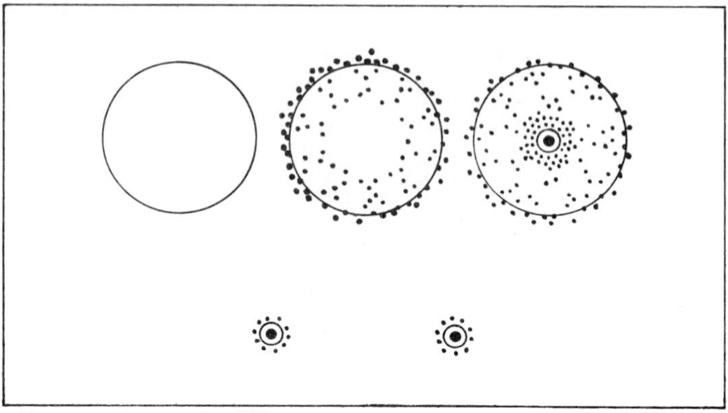

Abb. 4 Pathomorphogenese

vermögen mit Masern infizierte Lymphozyten MS-Kranker im immunologischen Test Makrophagen nur noch geringgradig zu hemmen (UTERMOHLEN, 271). Diese Abwehrschwäche immunkompetenter Lymphozyten ist möglicherweise genetisch bedingt (ZABRISKIE, 292). So finden sich bestimmte Histokompatibilitätsantigene wie HLA-3, HLA-7, HLA-10 und die Lymphozytendeterminante LD-7a bei MS-Patienten häufiger als bei Kontrollpersonen (DRACHMAN, 57, ALTER, 7, JERSILD, 134, FARLIN 1976, LEHRICH, 168).
Für eine ganze Reihe von Immunkrankheiten sind die Histokompatibilitätsantigene untersucht (DUPONT, 59). Diese genetischen Merkmale spielen wahrscheinlich eine Rolle bei der Kontrolle von Immunreaktionen (JERSILD, 135).
Für die Immunpathogenese der MS spricht der Nachweis humoraler und zellulärer Immunmechanismen (FRICK, 79, McALPINE, 183, TOURTELLOTTE, 268). In zahllosen Untersuchungen der letzten Jahrzehnte, angelehnt an das tierexperimentelle Modell der experimentell-allergischen Encephalitis (EAE), fanden sich komplementbindende, präzipitierende und hämagglutinierende Antikörper (AK) gegen Hirnsubstanz, Lipidextrakte aus dem ZNS und gegen myelinbasisches Protein (RYBERG, 234, CASPARI, 36). Diese AK gehören der IgG-Fraktion an, welche im Liquor von MS-Patienten regelmäßig erhöht gefunden wird (DELMOTTE, 53, TOURTELLOTTE, 268). Sie werden intrathekal gebildet (FRICK, 79).
Weiterhin fanden sich myelolytische Faktoren (STJERNHOLM, 257, van NOORT, 272) und ein die synaptische Übertragung

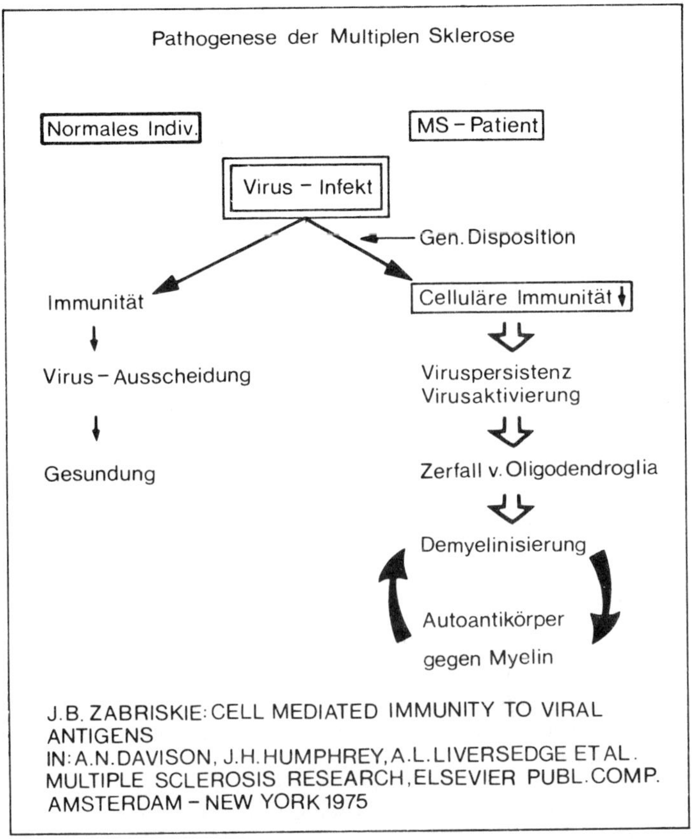

Abb. 5 Pathogenese der MS

blockierender Faktor (SEIL, 248) im Serum und Liquor MS-Kranker. Die innerhalb kürzester Zeit ablaufenden klinischen Schwankungen der MS könnten damit erklärt werden, da Strukturveränderungen im Sinne einer Remyelinisierung zeitlich häufig nicht mit der Symptombesserung korreliert.
Der Nachweis zellulärer Immunreaktionen, wie Lymphozytentransformation (FRICK, 86) und Leukozytenmigrationshemmung (UTERMOHLEN, 271, FIELD, 71, GUSEO, 102) unterstützen die Theorie einer neuroimmunologischen Erkrankung. Die Auslösung der Immunreaktion durch ein belebtes Agens, z.B. einen

„Typische“ Symptomkombination
Zentrale Paraparese der Beine und Sensibilitätsstörung der Hände
Inkompletter Querschnitt und Nystagmus
Spastisch-ataktischer Gang und Blasenentleerungsstörung
Skandierende Sprache und Visusstörung

Tab. 4 Diagnose für die Praxis

Virus, ist noch völlig offen. Möglicherweise kommt es bei einer genetisch bedingten Abwehrschwäche nach einer Virusinfektion (Masern?) zu einer persistierenden Infektion. Das Virusgenom wird in die Wirtszelle aufgenommen, repliziert sich aber nur unvollständig. Dies würde zur Bildung eines falschen Antikörpers führen, mit Hemmung zellulärer Abwehrmechanismen (T-Zellverminderung OGER, 203, REDDY, 219, ALLEN, 5). Über eine nicht bekannte Schrankenstörung müßte eine Sensibilisierung peripherer Immunmechanismen erfolgen. Nach Toleranzdurchbrechung läuft ein autoimmunologischer Prozeß weiter (ZABRISKIE, 292, MEYER-RIENECKER, 192, FRICK, 81), welcher sein morphologisches Substrat in den MS-Plaques findet.

Trotz aller Kenntnisse um mögliche ätiopathogenetische Mechanismen der MS bleibt der eigentliche Erkrankungsmechanismus weiter unklar.

Die Diagnose der MS in der Praxis wird zumeist aufgrund anamnestischer und klinischer Daten gestellt. Die MS ist also nach wie vor eine klinische Diagnose und keine Labordiagnose (McDONALD, 184 , SCHUMACHER, 245).

Da es keine MS-sepezifischen Symptome gibt, sind Abgrenzungen gegenüber den o.g. differentialdiagnostisch wichtigen ZNS-Erkrankungen gerade im Beginn der Erkrankung oft schwierig (SCHIEFER, 238). Dies trifft besonders für die zervikalen Myelopathien und B_{12} -Mangelzustände zu. Umgekehrt werden jedoch in der Praxis häufig therapierbare Erkrankungen nicht selten als MS fehlgedeutet. Bestimmte Symptomkombinationen sollten jedoch Anlaß zum Überdenken eines MS-verdächtigen Krankheitsbefundes geben.

Jedoch ist keines dieser Symptome allein oder in Kombination charakteristisch für eine MS (McDONALD, 184).

Liquoruntersuchung
Zellzahl
Eiweiß
Elektrophorese
Haitz-Test
Vestibularisprüfung

Tab. 5 Labortests (Routine)

Immunglobulinbestimmung
Agargelelektrophorese
Immunologische Verfahren
Radioimmunologische Messung von myelinbasischem Protein
Visuell evozierte Potentiale

Tab. 6 Ergänzende Labortests

Eine weitere Diagnosesicherung ist durch Laboruntersuchungen möglich.
Die gebräuchlichen Labormethoden der Neurologischen Klinik umfassen vor allem Liquoruntersuchungen nach Zellzahl, Eiweißgehalt und elektrophoretischer Fraktionierung.
Das Zellbild zeigt eine leichte Pleozytose von 10-100/3 Zellen, „typisch" sind neben lymphoidzelligen Elementen ein Gehalt an Plasmazellen über 3% (FRICK, 86).
Das Gesamtprotein ist meist normal, die Elektrophorese weist eine Erhöhung der gamma-Globuline auf (LAMOUREUX, 160, LATERRE, 161). Dieser Befund wird in etwa 60-80% der MS-Fälle erhoben (BAUER, pers. Mitt.). Die gamma-Golublin-Erhöhung korreliert mit einer Vermehrung der intrathekalen IgG-Bildung (TOURTELLOTTE, 269, FRICK, 81). Die IgG zeigen eine oligoklonale Zusammensetzung in der Agargel-Elektrophorese (CASTAIGNE, 37).
Wertvolle Hinweise auf eine gestörte Leitungsfunktion im Sinne einer retrobulbären Neuritis gibt der Haitz-Test, mit welchem noch vor dem Abblassen der Papille ein relatives Zentralskotom

Table 1/2:3 „Typical CSF Protein Profile“ in MS

IgG/Total protein 15%	(64%)
Mastix-R.	(81%)
Total protein 50 mg%	(31%)
Cell count 10-100/3	(60%)

	no. of cases	typical profile	
MS - clinically definite and probable	312	68	21·8%
Inflammatory disease CNS and PNS	507	8	1·6%
Neurosyphilis	95	4	4·2%
Polyneuropathies	156	-	
Brain and sp.c. tumors	185	1	
Cerebrovascular disease	151	-	
Intracranial haemorrhage	39	2	
Epileptic seizures	104	1	
Headache	32	-	
Nutritional, degenerative, extra-pyramidal disturbances	144	-	
Disk prolapse	151	-	
Diverse other neurol. disease	299	1	
Psychiatric disorders	77	-	
No disease of nervous system	42	-	
	1982	17	0·85%

Tab. 7 Typisches Liquorprofil

festgestellt werden kann (McDONALD, 184). Gerade bei oligosymptomatischem Verlauf einer MS kann dieser Test Hinweis auf einen multilokulären Befall geben.

Ergänzend zu diesen mittlerweile gut standardisierten Untersuchungsmethoden stehen eine Fülle neuer immunologischer Tests zur Erprobung auf ihre Verwendbarkeit in der Routinediagnostik an.

Ebensowenig wie die klinischen Symptome charakteristisch für eine MS sind, sind es auch die Laboruntersuchungen. Auch die neueren immunologischen Untersuchungsmethoden finden sich bei anderen neurologischen Erkrankungen. Ein MS-typisches Liquorprofil wurde von BAUER 1975 (13) vorgeschlagen, welches unter dem eben gemachten Vorbehalt in einem hohen Prozentsatz die Diagnose bestätigt.

Die radioimmunologische Bestimmung des myelinbasischen Proteins (COHEN, 44) läßt darüberhinaus eventuell auch die Aktivität des zugrundeliegenden Krankheitsprozesses beurteilen, was für die Therapie von großer Bedeutung wäre.

Die MS ist ein häufiges Krankheitsbild, als solches auch dem Nicht-Neurologen bekannt und von ihm diagnostiziert, mitunter zu häufig festgestellt.

Die Gefahr, einen fortschreitenden konsumierenden Prozeß, als auch eine oligosymptomatische, progrediente MS falsch zu interpretieren, wird umso geringer, je weiter die zu erreichende und in die diagnostischen Überlegungen einzubeziehende Information aufgefächert ist.

Die Anamnese und der klinisch-bunte Symptomenbefund sollten jeden Arzt an eine MS denken lassen. Jedoch sollte diese Diagnose immer wieder kritisch angezweifelt werden, bis der Verlauf und weiterführende Laboruntersuchungen jede andere Möglichkeit ausgeschlossen haben, oder aber mit dem Befund eines „typischen“ Krankheits- und Laborprofils die Diagnose gesichert erscheint. Wichtig ist, daran zu denken - ohne dabei Gefahr zu laufen, neurologische Symptome zu schnell als Ausdruck einer multilokulären demyelinisierenden Erkrankung zu deuten.

Die Sicherung klinisch erhobener Daten durch entsprechende Liquorbefunde sollte immer angestrebt werden.

Aus der Neurologischen Universitätsklinik Würzburg
(Direktor: Prof. Dr. H. G. Mertens)

Therapie der Multiplen Sklerose

H. G. Mertens

Die Behandlung der Multiplen Sklerose (MS) ist ein Eldorado für Entdecker. Eine junge Frau beginnt im frischen Krankheitsschub eine neuartige Kur und fühlt sich nach wenigen Wochen wieder gesund. Ihr Therapeut macht noch weitere derartige Erfahrungen und ist daraufhin überzeugt, eine Spur zu verfolgen, auf der es ihm gelingen wird, die häufigste Nervenerkrankung junger Menschen zu bezwingen. Ist es ein Wunder, daß immer neue Behandlungsregime empfohlen werden? Es ist nicht möglich, sie alle tabellarisch aufzulisten. Von solchen scheinbaren Entdeckungen, die nicht der Zufall, sondern der krankheitstypische Verlauf hervorgebracht hat, soll deswegen nicht gesprochen werden, sondern von Methoden, die auf der Grundlagenforschung beruhen.

Die drei wichtigsten Hypothesen sind gut begründet. Sie schließen sich nicht aus, sondern ergänzen und stützen sich gegenseitig, woraus sich evtl. auch therapeutische Konsequenzen ergeben.

1. Durch Kenntnis von slow-virus-Infekten des Nervensystems, durch elektronenoptische Befunde virusähnlicher Einschlüsse in Gliazellen und mononukleären Zellen von Entmarkungsherden (218), durch Virusanzüchtung aus steril entnommenem Hirngewebe (191), sowie durch erhöhte Masern-Antikörpertiter bei MS-Kranken wurde u.a. die Virushypothese erneut aktuell (31, 69). Sie wird auch mit epidemiologischen Forschungen begründet (1, 290), nach welchen die Häufigkeit der MS mit der Entfernung vom Äquator wächst. Bei Umzug aus einem Gebiet mit hohem MS-Risiko in ein Land mit wenig MS-Kranken nimmt der erwachsene Einwanderer sein Erkrankungsrisiko für eine Inkubationszeit, die sich im Mittel auf 15 Jahre berechnen ließ, mit. Entsprechend sind die Einwanderer aus umgekehrter Richtung geschützt. Kinder unter 15 Jahren erwerben das Risiko der neuen Heimat. Im Wachstumsalter entscheidet sich demnach das MS-Schicksal. Neben vielen anderen Interpretationen dieser Befunde wurde z.B. (entsprechend der Poliomyelitis-Epidemiologie) an einen Schutz durch stille Feiung der Kinder in hygienisch unterprivilegierten Ländern gedacht.

Behandlungen mit Virostatika waren bisher erfolglos. Wenn die Virushypothese dennoch richtig ist, reicht ihre Wirkung nicht aus,

Hypothese	Therapie
1. slow-virus-Infekt	Cytosinarabinosid, Amantadine
2. Mangel an ungesättigten Fettsäuren	Sonnenblumenöl 2 x tgl. 30 ml (= 8,6 g Linolensäure)
3. autoaggressive Immunreaktion	Azathioprin (150 mg/die) Cyclophosphamid (Stoßtherapie)

Tab. 1 Kausale Therapie zur Ätiopathogenese der MS?

oder das Virus ist durch die Blut-Hirn-Schranke geschützt, oder bei Eindringen des ätiologisch bedeutsamen Virus wird das Oberflächenantigen der Markscheiden verändert und dadurch die Autoimmunisation in Gang gesetzt, die nunmehr virusunabhängig weiterläuft.

2. Eine aktuelle Stoffwechseltheorie gründet auf dem höheren Gehalt an tierischem Fett der Nahrung in kälteren Regionen, bzw. auf mehr Pflanzenöl- oder Fischgenuß in den vor MS geschützten, meist wärmeren Ländern (263). Der Gehalt an ungesättigten Fettsäuren im Futter von heranwachsenden Versuchstieren ist entscheidend für ihre Resistenz gegen die experimentell-allergische Enzephalitis (EAE) und beeinflußt auch andere Immunreaktionen, z.B. die Transplantatverwerfung (190). Autoaggressionskrankheiten werden andererseits durch eine Diät, die arm an ungesättigten Fettsäuren ist, begünstigt. Freie Fettsäuren erhöhen die immunsuppressive Wirkung von Kortikosteroiden. Linol- und Linolensäure unterdrücken in vitro die Antigen-Erkennung durch kompetente Lymphozyten. Nicht nur die Markscheiden, sondern auch die Blutzellmembranen ändern ihre Reaktion mit dem Gehalt an ungesättigten Fettsäuren in einer gut testbaren Weise. Die Aggregation von Thrombozyten, die elektrophoretische Mobilität von Erythrozyten oder die Migrationshemmung von Makrophagen liefern diagnostische Tests, die mit Linolensäurezusatz besonders für MS-Kranke charakteristisch sein sollen (10, 33, 41, 69, 70, 190, 193, 289).

Ein erster größerer Therapieversuch wurde als Doppelblindstudie von MILLAR u.a. 1973 in England (193) mit Emulsion von Sonnenblumenöl durchgeführt. Schwere, Zahl und Dauer der Schübe ließen unter dieser Behandlung eine Abnahmetendenz erkennen. Der Eindruck war günstig, aber die Schubrate der MS-Kranken wurde nicht signifikant verändert.

3. Die Immunpathogenese der MS erscheint recht gut gestützt. Pathomorphologisch sind die Veränderungen an die Umgebung der Gefäße besonders in der Nachbarschaft der inneren und äußeren Oberfläche des Zentralnervensystems gekoppelt. In den Infiltratzellen frischer Herde läßt sich Immunglobulin G fluoreszenzmikroskopisch nachweisen (79). Das bei MS im Liquor vermehrte IgG entstammt solchen Herden, zumindestens dem zentralen Nervensystem, und kann auf Grund der Agagel-Elektrophorese als homogen, auf Grund der Kappa-Lambda-Relation als oligoclonal bezeichnet werden (204).
Hirn-Antikörper lassen sich bei den meisten MS-Patienten mit Hämagglutinationsreaktionen oder mit Methoden der Immunfluoreszenz nachweisen (80). Sie sind gegen das basische Markscheidenprotein als Antigen gerichtet. Es besteht aus 172 Aminosäuren, deren Sequenz 1970 von EYLAR bestimmt wurde. Mit ihm läßt sich tierexperimentell zuverlässig eine Entmarkungserkrankung auslösen, die sogenannte experimentell allergische Encephalitis (EAE). Diese unterscheidet sich histologisch durchaus von der Multiplen Sklerose, was bei der unterschiedlichen Entwicklung von menschlichem und tierischem Nervengewebe kaum anders zu erwarten ist. Es lassen sich aber alle humoralen und zellgebundenen Immunreaktionen, die bei der EAE gefunden werden, auch bei der MS nachweisen. Mononukleäre Zellen erwiesen sich bei beiden Krankheiten in der Gewebekultur als glio- und myelotoxisch (19, 109). Auch mit dem Lymphozytentransformationstest sowie dem Makrophagenmigrations-Hemmtest und dem Leukozytenmigrationstest ist die Sensibilisierung gegen basisches Markscheidenprotein bei beiden Krankheiten nachzuweisen (84). Beim Menschen führen (wie bei der EAE) wiederholte Injektionen von Nervengewebssuspensionen zur akuten Encephalomyelitis, wie entsprechende Komplikationen bei Rabies-Impfungen und bei Frischzellbehandlung bewiesen haben (80, 82, 169, 175).
In Serum und Liquor von MS-Kranken findet sich außerdem ein komplementbindender Antikörper, der in der Gewebekultur zytotoxisch und demyelinisierend wirkt (24). Er entstammt nicht der IgG-Fraktion, da seine Absorption mit Hirngewebe den IgG-Gehalt nicht vermindert. Ein weiterer komplementabhängiger Faktor blockiert die Synapsenfunktion (48). Die Bedeutung und das Zusammenwirken aller dieser pathogenetisch diskutablen Faktoren bleibt noch unklar. Sie sind für die MS nicht absolut spezifisch, wenn auch ihre Kombination für diese Krankheitsgruppe sehr charakteristisch ist (80).
Für die genetische Kontrolle von Immunreaktionen haben sich bestimmte Histokompatibilitätsantigene als wichtig erwiesen. Ihre

Beziehungen zu den Autoimmunkrankheiten, Virusinfekten und zur Tumorentstehung bei Mensch und Tier sind überzeugend. Bei MS kommen die HL-A3-, HL-A7- und HL-A10-Antigene sowie die spezifische Lymphozyten-Determinante LD-7a signifikant häufiger vor. Familiäre Häufungen an MS und auch rassische Dispositionen könnten so ihre Erklärung finden (20, 134).
Als therapeutische Konsequenz, dieser Überlegungen hat die Behandlung der MS mit Kortikosteroiden und ACTH breite Anwendung gefunden. Einwandfreie statistische Beweise für einen Therapieerfolg sind bei der MS wegen ihres außerordentlich wechselhaften Verlaufs extrem schwierig zu erbringen. Der übliche Vergleich mehrerer Patientenkollektive nach einer alternierenden Behandlung in einer Doppelblindstudie erfordert sehr große Patientenzahlen, wie sie nur bei der amerikanischen ACTH-Studie erreicht worden sind, zu der sich zahlreichen Kliniken zusammengeschlossen hatten (231). Es ergab sich jedoch lediglich eine mäßige Verkürzung und Milderung des einzelnen Schubes. Eine langfristige Beeinflussung des Krankheitsverlaufs war nicht beweisbar.
Bei der Behandlung der meisten chronischen Autoimmunerkrankungen wird jetzt die alleinige Kortisonanwendung zu Gunsten der wirksameren zytostatischen oder einer kombinierten Behandlung verlassen, da bei einer Daueranwendung von Kortison in einer - für die Immunsuppression - ausreichenden Dosierung die Nebenwirkungen auf die Dauer nicht tragbar sind.
Bei MS-Kranken haben wir nach Versuchen mit verschiedenen Zytostatika seit 1963 meist nur noch Azathioprin verwendet. Von 376 MS-Kranken, die 1968-1972 in der Würzburger Klinik behandelt wurden, erschienen 195 geeignet und waren zu einer Azathioprin-Langzeittherapie bereit. Das Ergebnis konnte jedoch nur bei 101 Kranken ausgewertet werden, da nur diese nach mindestens 6 Monaten Vorbeobachtung die Behandlung wenigstens 9, maximal 47 Monate, durchschnittlich 2 1/2 Jahre konsequent durchführten und sich regelmäßig zu Kontrollen stellten. Das Krankengut wurde in 3 Gruppen unterteilt:
1) 50 Patienten mit rein schubförmigem Verlauf, bei denen die Krankheit im Intervall zwischen 2 Schüben ruht,
2) 41 Patienten, bei denen die Krankheit nach schubförmigem Beginn in ein stetig progressives Stadium übergeht, evtl. mit aufgesetzten Schüben,
3) 10 Kranke, bei denen der Prozeß von Anfang an chronisch progressiv verläuft.
Azathioprin wurde oral in einer Dosierung von 100-200 mg täglich (ca. 2 mg/kg Körpergewicht) verabreicht. Die Leukozyten wurden anfangs acht-, später 14-, nach zwei Monaten 30tägig kontrolliert.

Bei Absinken unter 3000/ml wurde die Dosis reduziert, bei 2000 die Behandlung unterbrochen bis zum Wiederanstieg unter gleichzeitiger Kortisongabe und sorgfältiger Kontrolle aller Blutbefunde, evtl. auch des Knochenmarks. Die Behandlung wurde auch bei fieberhaften Infekten und Stomatitis unterbrochen. Eine belangvolle Minderung der Thrombozytenzahl war nur bei Granulozytopenie zu beobachten. Die Patientinnen und die Ehefrauen der Kranken mußten Ovulationshemmer einnehmen, um einer denkbaren Keimschädigung vorzubeugen. Wegen Magenbeschwerden und wegen verstärktem Haarverlust mußte jeweils bei zwei Patienten die Therapie zeitweilig unterbrochen bzw. reduziert werden. Eine unserer Patientinnen mit besonders bösartigem bulbären Krankheitsverlauf verstarb, sicher auch durch Komplikationen einer Knochenmarksinsuffizienz infolge des bei ihr ausnahmsweise durch zusätzliche Methotrexatgaben verstärkten Therapieregimes. Schwerwiegende andere Komplikationen wurden nicht beobachtet. Patienten mit Tuberkulose oder Zystopyelitis wurden von der Behandlung ausgeschlossen.

Die Beurteilung erfolgte durch zwei unabhängige Untersuchergruppen unter Leitung der Herren GRÜNINGER und BRUNE mit Unterstützung der Doktoranden BUDDE (28), FISCHER (73), KLIER (145) und KRZEMIEN (151). Ein Doppelblindversuch erwies sich wegen der zytostatischen Nebenwirkung als undurchführbar. Wir benutzten die unbehandelte Krankheitsperiode zur Kontrolle der behandelten. Auf diese Weise sind schon mit kleineren Kollektiven brauchbare Ergebnisse zu erzielen. Der individuelle Krankheitsverlauf ist einheitlicher und besser abschätzbar als der interindividuelle. Auf Grund einer ein- bis dreijährigen Vorbeobachtungszeit läßt sich die weitere Krankheitsprogression statistisch relevant kalkulieren (76). Das gilt sowohl für die progressive Funktionseinbuße, die nach einer Score-Liste (28, 73, 83), einem Punktesystem von KURTZKE (158) sowie durch Bestimmung der Gesamtleistungsminderung in zehn Stufen nach BRONX festgelegt wurde, wie auch für die Schubrate/Jahr. Letztere ändert sich in der Gruppenstatistik auch bei längerem Verlauf der Erkrankung nicht. Angaben über eine Abnahme der Schubrate erwiesen sich als unzutreffend, wenn nur rein schubförmige Krankheitsverläufe betrachtet werden. Bei Erkrankungen, die später in ein chronisch progredientes Stadium übergehen, sind aufgesetzte Einzelschübe später nicht mehr so deutlich abgrenzbar oder seltener. Außerdem muß bei Berechnung der Schubrate der erste die Krankheit anscheinend einleitende Schub vernachlässigt werden, da er auswahlbedingt ist. Sonst ist die Schubrate im ersten Jahr höher.

Therapiebeginn-Beobachtungsende					nach 6 Mon. Therapie-Beobachtungsende		
gebessert	unverändert	verschlechtert			gebessert	unverändert	verschlechtert
38(76,0%)	11(22,0%)	1(2,0%)	schubf. Verlauf	50	11(22,0%)	36(72,0%)	3(6,0%)
5(12,2%)	20(48,8%)	16(39,0%)	schubf. prog.Verl.	41	3(7,3%)	19(46,3%)	19(46,3%)
0	4(40,0%)	6(60,0%)	chron. prog.Verl.	10	0	3(30,0%)	7(70,0%)
43(42,5%)	35(34,7%)	23(22,8%)	Patienten gesamt	101	14(13,8%)	58(57,4%)	29(28,8%)

Tab. 2 Beurteilung des therapeutischen Erfolges

Ergebnisse

Tabelle 2: Von den 101 Patienten waren bei der Abschlußuntersuchung 42 % gegenüber dem Status bei Behandlungsbeginn gebessert, von den 50 Patienten mit schubförmigem Verlauf sogar 76 %. Geht man aber von dem Status ein halbes Jahr später aus, nachdem der Schub, der zur Einweisung ins Krankenhaus führte, abgeklungen war, so wurden nur noch 14 % gebessert, von den schubförmigen 22 %. Daraus ergibt sich, daß eine sinnvolle Erfolgsbeurteilung nur vom Krankheitszustand im Intervall, d.h. meist ein Viertel-, besser 1/2 Jahr nach Therapiebeginn ausgehen kann. Betrachten wir die Veränderung in der Verlaufsform (Tab. 3). Von 50 Patienten der rein schubförmigen Gruppe blieben 68 % frei von weiteren Schüben, von 41 Patienten der schubförmig progredienten Gruppe blieben 36 % ohne erkennbare Progredienz, und von 10 der chronisch progressiven Gruppe 30 %.
Vergleicht man die Leistungsverschlechterung während der Behandlungszeit gegenüber der Vorbeobachtungsperiode, so ergibt sich für jede der beiden chronisch progressiven Gruppen ein etwas geringerer Anstieg der Krankheitssymptome (Abb. 1 und 2). Die jährliche Verschlechterung sank von 0,39 auf 0,33 bzw. von 0,62 auf 0,52. Insgesamt erscheint uns deshalb bei den chronisch progressiven Erkrankungen ein immunsuppressiver Therapie-Erfolg als nicht ausreichend gesichert.

	schubförmig	schubförmig progredient	chronisch progredient	gesamt
Anzahl	50	41	10	101
kein Schub keine Progredienz	68%	37%	30%	51%
Schübe	26%	—	—	3%
Progredienz	6%	39%	70%	26%
Schub + Progredienz	—	24%	—	10%

Tab. 3 Krankheitsverlauf bei 101 MS-Patienten nach 2 1/2jähriger Therapie

Die Festlegung eines neuen Krankheitsschubes macht meist keine Schwierigkeiten. Allerdings müssen Symptomverstärkungen auf Grund vermehrter Belastungen oder sonstiger äußerer Einflüsse abgegrenzt und bei Berechnung der Schubrate außer acht gelassen werden. Bei einem Vergleich der Schubfrequenzen vor und nach Beginn der Behandlung haben wir zur Vereinfachung die Schübe nicht nach ihrer Schwere, sondern nur danach beurteilt, ob sich eine neue Symptomatik (langer Strich) zeigte, oder ob sich bereits vorher beobachtete Störungen akut verschlechterten (kurzer Strich). In Abb. 3 sind 35 schubförmige Krankheitsverläufe nach der Länge der Vorbeobachtungszeit geordnet aufgelistet. Das Diagramm läßt die unterschiedliche Anfallsfrequenz bei den einzelnen Patienten und die dadurch gegebenen Beurteilungsschwierigkeiten gut erkennen. Unter der Behandlung treten kaum mehr neue Symptome auf, allenfalls noch zu Beginn. Besonders günstig schneiden die Patienten ab, deren Krankheit weniger als drei Jahre nachweisbar ist. Selbst bei der einzigen, anscheinend therapieresistenten Patientin (32) traten 3/4 Jahr nach Beginn der Erkrankung keine neuen Symptome mehr auf.
Bei einer statistischen Signifikanzberechnung ist es notwendig, den zur Aufnahme führenden Krankheitsschub wegzulassen, weil er nicht zufällig, sondern auswahlbedingt ist, das gleiche gilt für den ersten Schub, durch den die Krankheit klinisch erkennbar wird. Trotz des im Diagramm scheinbar eindrucksvollen Behandlungserfolges ergibt sich nach dieser Prämisse rechnerisch kein statistisch signifikanter Erfolg, wenn zum Vergleich in der Vorbehandlungsperiode nur ein kurzfristiger Krankheitsverlauf zur Verfügung steht.

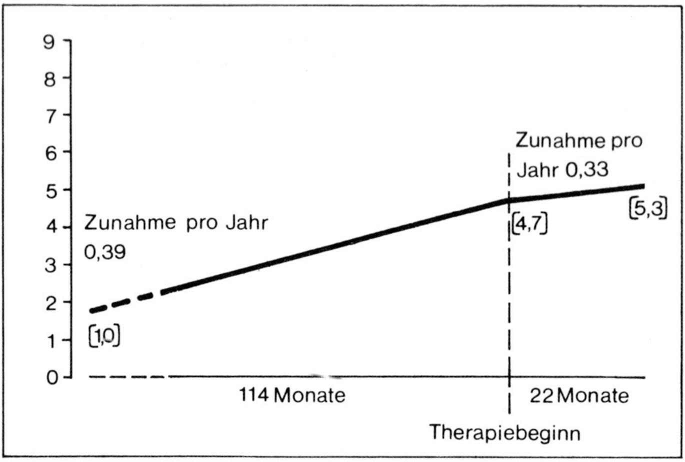

Abb. 1 Zunahme des Schweregrades pro Jahr (KURTZKE) bei 41 Patienten mit schubförmig-progressivem Verlauf

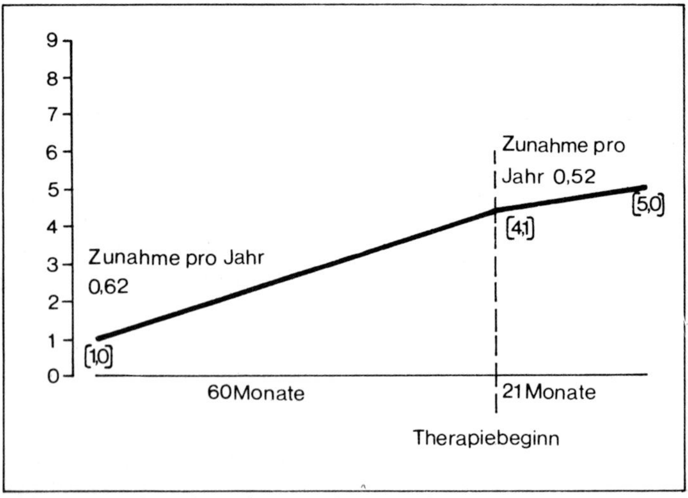

Abb. 2 Zunahme des Schweregrades pro Jahr (KURTZKE) bei 10 Patienten mit primär-chronisch-progressivem Verlauf

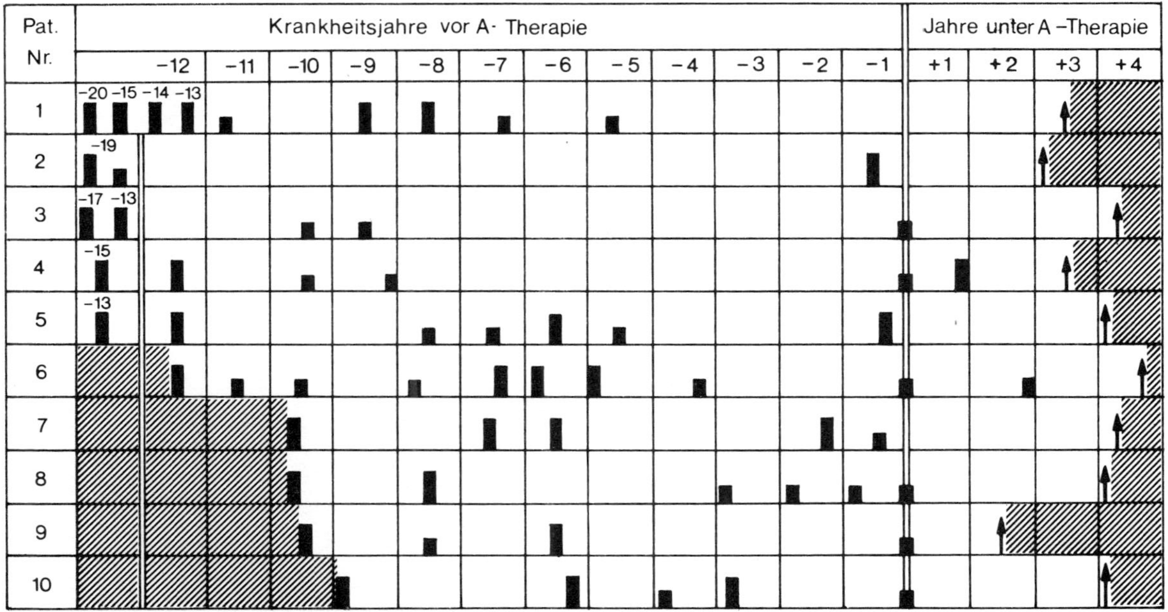

Abb. 3 a Schubverteilung bei 35 Patienten mit schubförmigem Verlauf vor und während Azathioprin-Therapie,
■ akute Verschlechterung mit neuer Symptomatik gefolgt von Remission
■ akute Verschlechterung ohne neue Symptomatik

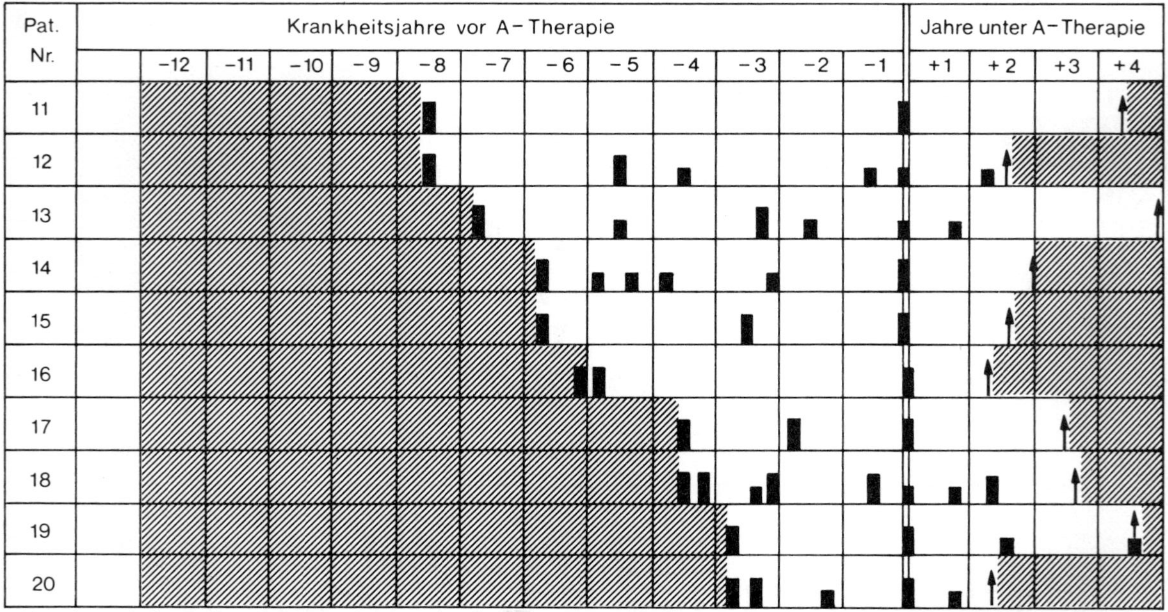

Abb. 3 b Schubverteilung bei 35 Patienten mit schubförmigem Verlauf vor und während Azathioprin-Therapie,
■ akute Verschlechterung mit neuer Symptomatik gefolgt von Remission
▬ akute Verschlechterung ohne neue Symptomatik

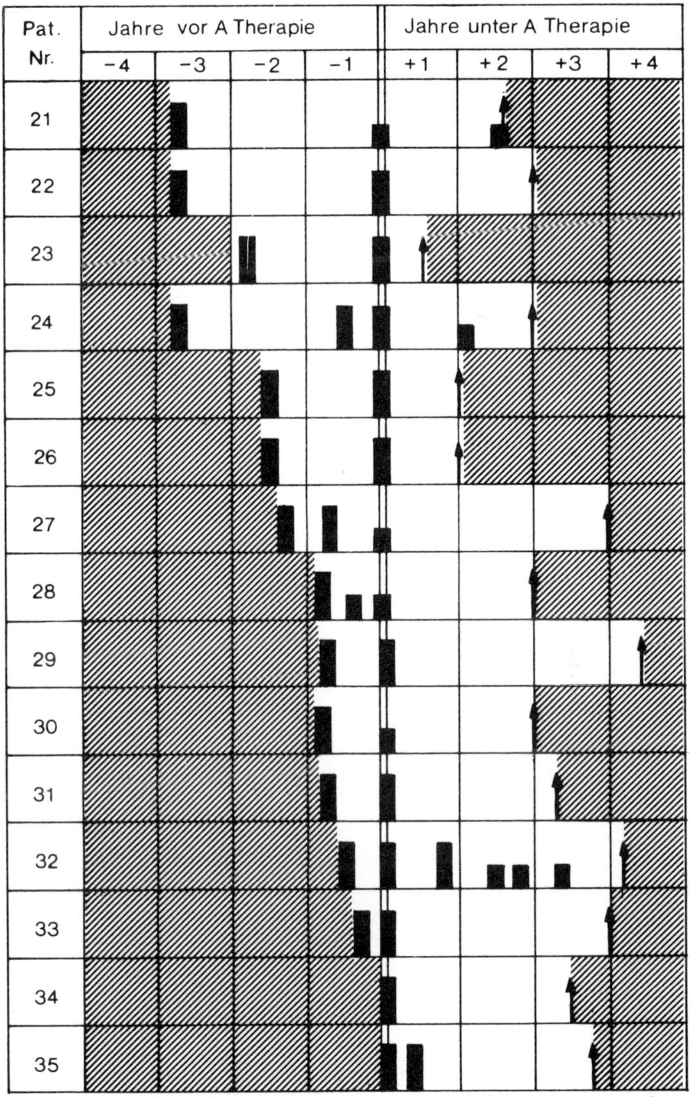

Abb. 3 c Schubverteilung bei 35 Patienten mit schubförmigen Verlauf vor und während Azathioprin-Therapie,

■ akute Verschlechterung mit neuer Symptomatik gefolgt von Remission
▬ akute Verschlechterung ohne neue Symptomatik

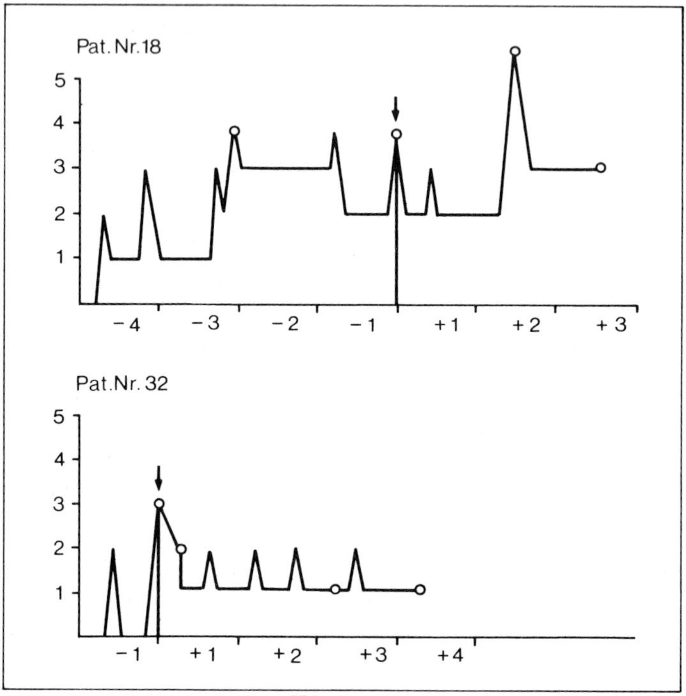

Abb. 4 Krankheitsverläufe vor und nach Beginn der Azathioprin-Therapie. Die Beeinträchtigung der Leistungsfähigkeit wurde nach der Bronx-Scale beurteilt. Die Zusammenstellung zeigt rein schubförmige Verläufe, die im Intervall keine Verschlechterung erkennen lassen

Um eine chronische Progredienz im Intervall nicht zu übersehen, erschien es notwendig, auch die Schwere der Krankheitssymptomatik (eingeschätzt nach Bronx-scale) zu berücksichtigen (Abb. 4). In der Gruppe mit kürzerer Vorbeobachtungszeit erscheint der Therapie-Effekt wiederum überraschend günstig (Abb. 5). Bei Krankheitsdauer über sechs Jahren ist das Ergebnis nicht ganz so einheitlich, insbesondere sind meßbare Defektzustände mäßigen Grades die Regel.
Vergleichen wir die Schubfrequenz summarisch in einem gleich langen Zeitraum vor und nach Beginn der Therapie, so ergibt sich bei kurzfristigem Krankheitsverlauf (Abb. 6) eine überzeugende Senkung der Schubrate nur für solche Schübe mit neuer Sympto-

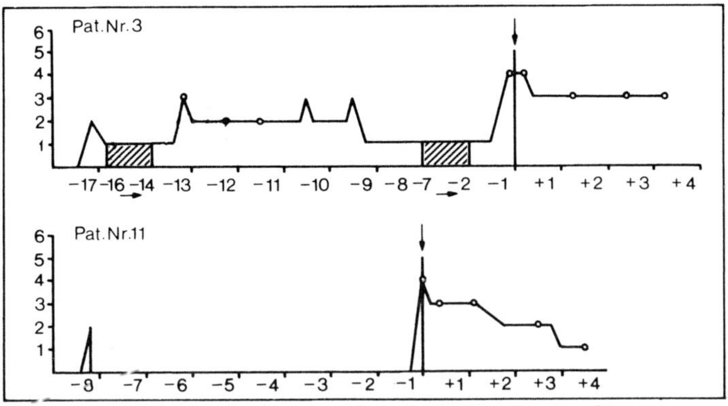

Abb. 5 Krankheitsverläufe vor und nach Beginn der Azathioprin-Therapie. Die Beeinträchtigung der Leistungsfähigkeit wurde nach der Bronx-Scale beurteilt. Die Zusammenstellung zeigt rein schubförmige Verläufe, die im Intervall keine Verschlechterung erkennen lassen

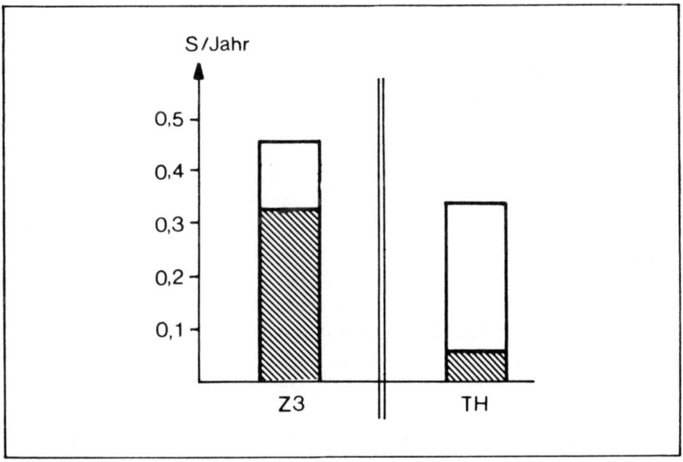

Abb. 6 Schübe pro Jahr im Vergleichszeitraum Z3, welcher der Dauer des Therapiezeitraumes „Th" entspricht, bei 11 Patienten, die bei Behandlungsbeginn 2-5 Jahre erkrankt waren, durchschnittlich 2,8 Jahre

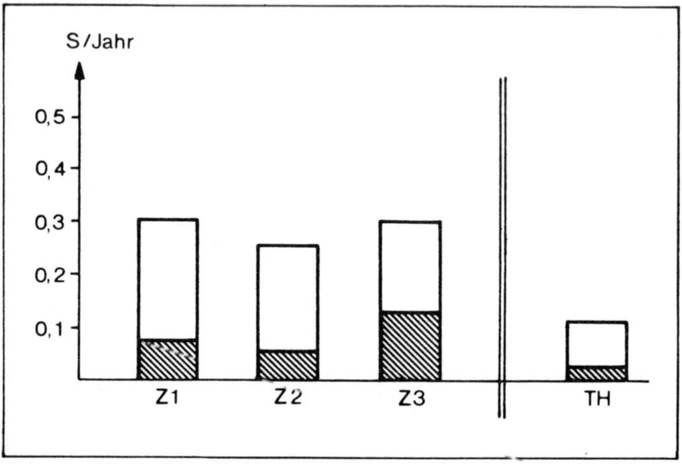

Abb. 7 Schübe pro Jahr in den Vergleichszeiträumen Z1, Z2, Z3, die jeweils gleich lang sind wie der Therapiezeitraum und wie dieser durch einen Schub eingeleitet wurden. Chronologisch nacheinander aufgeführt bei 16 Patienten die bei Behandlungsbeginn länger als 6 Jahre erkrankt waren, durchschnittlich 10,4 Jahre

matik. Eine schubartige Verstärkung bereits vorhandener Symptome ist jedoch nicht viel seltener als vor Beginn der Behandlung. Steht eine längere Vorbeobachtungsperiode zur Verfügung (Abb. 7), so können in dieser gleich lange Abschnitte wie der Therapiezeitraum mehrmals nacheinander abgesteckt werden. Um entsprechende Verhältnisse zu haben, wurde für die chronologisch nacheinander angeordneten Vergleichzeiträume (Z 1 - Z 3) jeweils ein Abschnitt ausgewählt, der ebenso wie der Behandlungsabschnitt mit einem Schub beginnt. Man sieht auf einen Blick, daß der Therapiezeitraum nach jeder Perspektive günstiger abschneidet, ganz gleich, ob man einen frühen, mittleren oder späteren Abschnitt der Erkrankung zum Vergleich heranzieht.

Berechnet man bei Patienten mit längerem Krankheitsverlauf die jährliche Schubrate (Abb. 8), so ergeben sich nicht unerhebliche Schwankungen. Dennoch schneiden alle Jahre nach Behandlungsbeginn deutlich günstiger ab. Im 2. Behandlungsjahr wird keine neue Symptomatik mehr beobachtet, und das 3. Jahr bleibt sogar ganz schubfrei. In der 50 schubförmige Krankheitsverläufe umfassenden Untersuchungsreihe wurde die jährliche Schubfrequenz vor und nach Beginn der Behandlung unter Verzicht auf den Schub, der

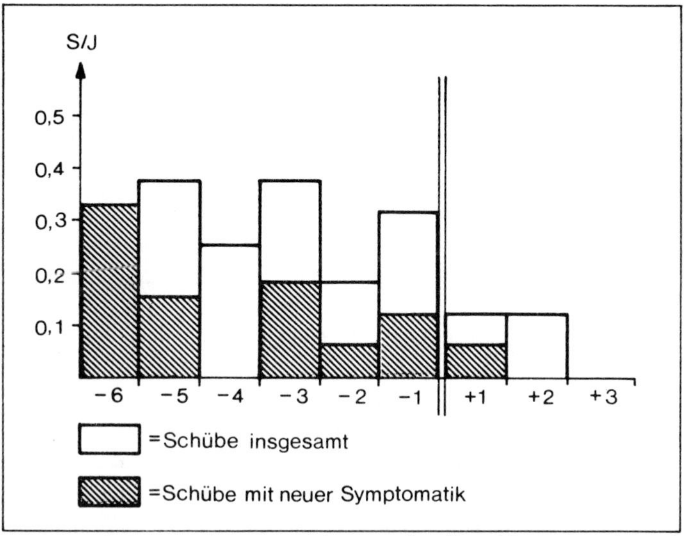

Abb. 8 Schübe pro Jahr vom 6. Jahr vor Behandlung bis zum 3. Jahr nach Behandlung mit Azathioprin für 16 Patienten, die bei Behandlungsbeginn länger als 6 Jahre erkrankt waren, im Durchschnitt 10,4 Jahre

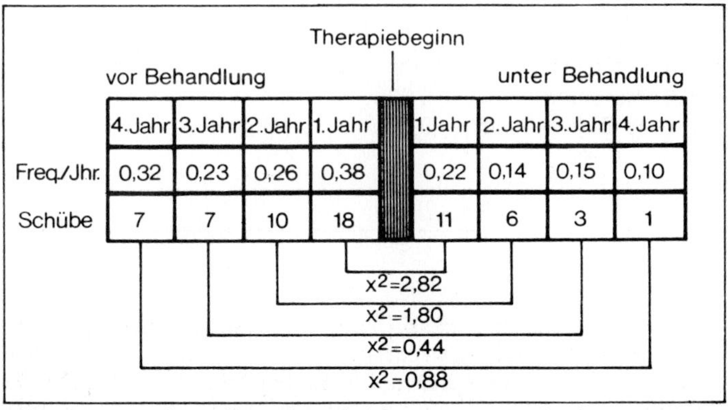

Abb. 9 Gegenüberstellung der Schubfrequenzen verschiedener vergleichbarer Beobachtungszeiträume 4 Jahre vor und 4 Jahre nach Therapiebeginn bei 50 Patienten mit schubförmigem Krankheitsverlauf

Gesamtgruppe: 50 Patienten

	Schub-Frequenz	Schübe	Kh.-Jahre	
vor Behandlung	0,29	42	114	
während Behandlung	0,18	21	117	
x^2				4,44

Krankheitsdauer 5-30 Jahre /22 Patienten

	Schub-Frequenz	Schübe	Kh.-Jahre	
vor Behandlung	0,27	25	88	
während Behandlung	0,09	6	63	
x^2				9,13

Krankheitsdauer 1-4 Jahre /28 Patienten

	Schub-Frequenz	Schübe	Kh.-Jahre	
vor Behandlung	0,30	17	56	
während Behandlung	0,28	15	54	
x^2				0,05

Tab. 4

die Krankheit, und den Schub, der die Behandlung einleitet, berechnet. Vor der Behandlung wechselte die durchschnittliche Schubfrequenz gering zwischen 0,23 und 0,38 pro Jahr. Nach Beginn der Behandlung sank die Schubrate stetig weiter ab von 0,22 auf 0,10. Trotz der relativ großen Zahl von untersuchten Patienten ergab sich bei einem Vergleich der entsprechenden Jahre im Chi-

Quadrat-Test nach McNEMAR kein signifikanter Unterschied. Eine Signifikanz auf dem Niveau von 95 bzw. 99 % ergibt sich erst dann, wenn für alle 50 Patienten mit Krankheitsschüben der ganze Behandlungszeitraum mit einem jeweils gleich langen Zeitraum vor der Behandlung verglichen wird. Es lassen sich dann 117 Krankheitsjahre mit 42 Schüben vor und 21 Schüben bei Behandlung gegenüberstellen. Die Schubfrequenz fällt von 0,29 auf 0,18 pro Jahr. Sondert man die Kranken mit höchstens vierjähriger Vorbeobachtungszeit aus, bei denen kein wesentlicher Unterschied bleibt, wenn jeweils 2 Schübe in der Vorbehandlungsperiode gestrichen werden, so ergibt sich für die 22 verbliebenen Patienten mit langem Krankheitsverlauf eine sehr überzeugende und statistisch hochsignifikante Besserung unter der Therapie (Tab. 4).

Diskussion

Vorstehend wurde versucht, den heutigen Stand unseres Wissens um eine Basistherapie der Multiplen Sklerose zu skizzieren. Am Beispiel der immunsuppressiven Therapie wurden die besonderen Schwierigkeiten, den Behandlungserfolg festzustellen, skizziert. Sowohl die globale Betrachtung wie eine Aufgliederung des Krankenguts in verschiedene Gruppen zeigte den mildernden und Exazerbationen verhütenden Einfluß der Therapie, z.T. mit statistischer Signifikanz. Unsere Ergebnisse stimmen mit denen von FRICK publizierten überein. Negative Resultate anderer Autoren sind in erster Linie auf Unterdosierung und zu kurze Behandlungszeiträume, teilweise auch auf ungeeignete Beurteilungskriterien zurückzuführen.
Wenn die Behandlung auch wirksam ist, so ist sie doch unbefriedigend. Anders als bei der Myasthenie (187) und mit Einschränkung auch bei der Polymyositis (188), den beiden anderen Krankheitsgruppen, über die wir ähnlich langdauernde Erfahrungen haben, kann man nicht in jedem Fall bei ausreichend langer und konsequenter Durchführung mit einem Erfolg rechnen, möglicherweise, weil der Prozeß durch die Blut-Hirn-Schranke abgeschirmt, unabhängig von der Immunsuppression des Gesamtorganismus weiterlaufen kann. Stetig progressive Krankheitsprozesse werden meistens nicht unterbrochen, allenfalls gemildert. Die eigenen Erfahrungen in dieser Richtung haben uns nicht überzeugt. Eine gewisse Parallele zur EAE könnte man darin sehen, daß Zytostatika frühzeitig angewendet den Ausbruch der EAE verhindern, diese aber im floriden Stadium nicht mehr entscheidend beeinflussen können. Mit einem Schutz vor neuen Schüben ist erst nach halbjähriger Behandlung zu rechnen. Versager kommen vor.

Betreuung von MS-Kranken - weitere Gesichtspunkte	
Verhütung	Fettsucht - Kachexie Anämie Infekte - Impfungen Decubitus
Aufklärung	
Beratung	Berufstätigkeit Schwangerschaft Bundessozialhilfegesetz Hilfsmittel (z.B. Auto) Kuren - Heimplätze
Bewahrung	finanzielle Ausbeutung (Kurpfuscher) monomane Außenseiter verantwortungslose Unterrichtung (Medien, Reklame, Politiker)

Tab. 5

Der gravierendste Einwand gegen die immunsuppressive zytostatische Behandlung ist aber der, daß der Erfolg die Behandlung nicht lange überdauert. Andererseits zeigt erneutes Wiederaufflackern des Prozesses nach Beendigung der Therapie auch deren Wirksamkeit an. Unsere Hoffnung, die Therapie nach 3-4 Jahren beenden zu können, wurde durch schwere Rezidive, die etwa 1 1/2-2 Jahre nach Absetzen der Therapie auftraten, zunichte gemacht. FRICK beschreibt Verschlechterungen in diesem Intervall bei 1/3 der schubförmigen und etwa der Hälfte der chronisch progredienten Fälle.

Wichtig sind in diesem Zusammenhang Erfahrungen mit der sog. intensiven Immunsuppression mit Cyclophosphamid, die soeben von GONSETTE und Mitarb. (94) publiziert wurden. Endoxan wurde in 1-2 Wochen intravenös in einer Gesamtmenge von 1-12 g gegeben, die ausreichte, eine Leukopenie von 2000 und eine Lymphopenie von 1000 Zellen/ml 2-3 Wochen aufrechtzuerhalten. Dabei traten erhebliche Nebenwirkungen wie Brechreiz, Haarverlust, Amenorrhoe, jedoch keine schweren Komplikationen auf. Bei 110 Patienten, die 2-6 Jahre kontrolliert wurden, kam es durchschnittlich zunächst zu einer befriedigenden Stabilisierung des Prozesses. Die Rückfallquote betrug in den 2 Jahren vor der

Symptom	geeignete Maßnahmen	ungeeignete Maßnahmen
Spastische Parese	Gymnastik nach Bobath, Kabat, Eispackungen, Stangerbad, Unterwasser-druckstrahlmassage, Schwimmen, Reiten, Lioresal etwa 10-10-30 mg Valium 5 5 20 Cortisonkur	heiße Bäder, Rheuma-packungen, Elektrotherapie, Knetmassage
spastische Kontrakturen	Tenotomien Wurzel-, Nervenresektion, intrathekale Phenolinjektion	
Schmerzen	Thymoleptika, Neuroleptika Tegretal	Dauer-medikation von Analgetika Alkaloide

Tab. 6 Symptomatische Therapie bei MS

Behandlung 0,85/Jahr. Sie sank nach der Kur auf 0,45 im ersten und 0,25 im 2. Jahr. Dann stieg die Krankheitsaktivität wieder steil an. Insgesamt wurden 62% der Patienten für 2-4 Jahre gebessert oder stabilisiert. Die Autoren konnten sich von einer günstigen Wirkung nur in den ersten 10 Krankheitsjahren überzeugen.
Die Erfahrungen mit der sogenannten maximalen Immunsuppression mit Antilymphozytenglobulin und der Ductus-thoracicus-Drainage zeigen ebenfalls, daß ein Dauererfolg mit zeitlich begrenzten Maßnahmen nicht erreicht werden kann, seien sie noch so eingreifend. Eine Unterbrechung der immunsuppressiven Therapie kann demnach ohne Gefahr nicht länger als 1 1/2 Jahre erfolgen. Wir selbst haben uns zur Endoxanbehandlung bisher nicht entschließen können, da dieses Mittel im Tierexperiment eine karzinogene Wirkung entfaltet, wie sie bei Imurek und Methotrexat nicht nachweisbar war. Andererseits darf nicht übersehen werden, daß jede Form von Immunsuppression die körpereigene Abwehr gegen chronische Infekte z.B. Tbc, aber auch gegen Neoplasien behindert und daher eine erhöhte Gefährdung in dieser Richtung bedingt. Diese muß bewußt in Kauf genommen werden, was bei schweren und bösartigen Erkrankungen gerechtfertigt erscheint.

Symptom	geeignete Maßnahmen	ungeeignete Maßnahmen
Ataxie	Übungsbehandlung	Medikamente
aktionsmyoklonische ballistische Hyperkinesen	Stereotaxie	Medikamente
tonische Hirnstammanfälle	Hydantoine	
Blasenfunktionsstörung	Infektbekämpfung	
imperativer Harndrang Pollakisurie	Tofranil, Lioresal Parasympathikolytika	Cholinergica
Inkontinenz, Retention	Ubretid, Doryl, Dibenzyran Blasenhalsresektion Katheter	Parasympathikolytika
Obstipation	Diät, Ballaststoffe	Laxantienabusus

Tab. 7 Symptomatische Therapie bei MS

Zusammenfassung

Eine ursächliche Behandlung der Multiplen Sklerose ist erst nach Klärung der Ätiologie möglich. Die vorhandenen Erkenntnisse über den Pathomechanismus erlauben eine rationale Therapie. Die besonderen Schwierigkeiten in der Beurteilung infolge der großen Variabilität des Krankheitsverlaufs werden am Beispiel der zytostatischen Immunsuppression geschildert. Von den 101 auswertbaren Behandlungen ließ sich nur bei den 50 rein schubförmigen Verläufen, die im Intervall keine Krankheitsprogredienz erkennen ließen, eine günstige Wirkung statistisch absichern. Beim Vergleich der Schubfrequenz im Behandlungszeitraum mit einem entsprechenden Krankheitsabschnitt desselben Patienten vor Beginn der Behandlung ist eine Verminderung der Anfallshäufigkeit signifikant. Der diesbezügliche Erfolg ist umso eindrucksvoller, je länger die Behandlung dauert, selbst dann, wenn der Schub, welcher die Krankheit einleitet, sowie der Schub zu Beginn der Behandlung aus der Berechnung der Schubfrequenz im Vorbehandlungszeitraum gestrichen werden, da sie ein Auswahlprinzip bilden. Auch die 10 primär und die 41 sekundär chronisch progressiven Krankheitsverläufe lassen bei der Berechnung der Krankheitsprogredienz auf Grund der Kurtzke- oder der Bronx-scale unter der Behandlung eine verminderte Progressivität erkennen. Es bleibt jedoch fraglich, ob die Therapie bei diesen Verlaufsformen wirksam ist. Die Risiken der Behandlung sind bei entsprechender Kontrolle weitgehend eliminierbar und im Vergleich mit den Erfolgsaussichten tragbar. Dennoch bleibt auch die immunsuppressive Therapie problematisch und unbefriedigend und erhält ihre Berechtigung aus der Erfolglosigkeit anderer Bemühungen.

Aus der Neurologischen Universitätsklinik Göttingen
(Direktor: Prof. Dr. H. J. Bauer)

Grenzprobleme entzündlicher Entmarkungskrankheiten und deren Behandlung

H. J. Bauer

Unter den vielgestaltigen Grenzproblemen entzündlicher Entmarkungskrankheiten ist die Erkennung einer Reihe besonderer pathologischer Zustände: der sogenannten Kollagenkrankheiten, granulomatöser Entzündungen und Sekundär-Reaktionen bei Parasitosen von Bedeutung. Ihre diagnostische Abgrenzung hat therapeutische und prognostische Konsequenzen, darüber hinaus bieten sie aber beachtenswerte Hinweise und Ansatzpunkte für die Forschung über die Pathogenese von Entmarkungskrankheiten.

Unter den drei Aspekten „disseminierte Symptome, schubförmiger Verlauf und MS-typischer Liquor" ist in Tabelle 1 eine Liste solcher Krankheitsgruppen und Entitäten aufgeführt. Daraus sollen im folgenden die beiden Kollagenkrankheiten Panarteriitis nodosa und systemischer Lupus erythematodes, von den Parasitosen die Cysticerkose und die Sarkoidose als Beispiele angeführt werden.

Der von KLEMPERER geprägte Begriff der Kollagenkrankheiten oder Kollagenosen kennzeichnet eine Gruppe von generalisierten, in ihrer klinischen Manifestation oft polytopen Krankheitsbildern, deren gemeinsamer Nenner nach derzeitigen Erkenntnissen eine Autoimmunitätsreaktion des Stützgewebes ist (Tab. 2). Von diesen Krankheiten sind die Panarteriitis nodosa (P.n.) und der systemische Lupus erythematodes (SLE) für das Leitthema Multiple Sklerose besonders relevant, weil sie zu Läsionen des Zentralnervensystem (ZNS) führen, einen rezidivierend-chronischen Verlauf aufweisen und mit immunosuppressiven Mitteln behandelt werden können.

Bei etwa einem Drittel aller Fälle von *Panarteriitis nodosa* kommt es zu Läsionen des peripheren Nervensystems in Form einer Polyneuropathie. Das ZNS ist seltener beteiligt; Polyneuropathien sind mehr als doppelt so häufig als alle zentralnervösen Störungen zusammengefaßt (Tab. 3).

Die wichtigsten allgemeinen und neurologischen Symptome bei der Panarteriitis nodosa sind in Tabelle 4 zusammengefaßt. In einer

	Dissemi- nierte Symptome	Schub- förmiger Verlauf	„MS- typischer" Liquor
Multiple Sklerose	+	+	+
Monozyklische Encephalomyelitis	+	-	+
System. Lupus Erythematodes	+	+	+
Panarteriitis nodosa	+	+	(+)
Sarkoidose	+	+	(+)
Parasitosen (Cysticerkose)	+	+	+
Meningovaskuläre Lues	+	+	+
Embolien	+	(+)	-
Multilokuläre Tumoren	+	(+)	-
Dysglobulinämien	+	(+)	(+)

Tab. 1 Verlaufstypen

Systemischer Lupus Erythematodes

Pan (Peri-, Poly-) Arteriitis nodosa

Dermatomyositis

Sklerodermie

Riesenzell-Arteriitis

Granulomatose Arteriitis
- Wegener'sche Granulomatose
- Aortenbogen-Arteriitis

Allergische Vaskulitis und Serum-Krankheit

Rheumatoide Arthritis
Henoch-Schönlein Purpura
Thrombot. Thrombozytopen. Purpura

Sjoegren-Syndrom

Hydralazine-Reaktion (Antihypertonika)

Tab. 2 Kollagen-Krankheiten

	Polyneuropathie	Läsionen des ZNS
STAMMLER	35 %	13 %
ARKIN	20 %	8 %
HARVEY	16,6 %	
GRUBER		8 %
AITA	30 - 50 %	

Tab. 3 Panarteriitis nodosa

Gelenk/Muskelschmerzen, Fieber, Chronische Glomerulonephritis Hypertonie, Kardiale, pulmonale, abdominale Gefäßstörungen, BKS ↑, γ-Globulin ↑, Leukozytose, Eosinophilie,	**Peripheres Nervensystem:** Polyneuropathie **ZNS:** chronisch-rezidivierende Meningoenzephalitis, Hypertensive Enzephalopathie, Fokale Läsionen durch Ischämie Thrombose, Hirnblutung, (Anfälle, Halbseitenstörungen, Hirnstammsymptome, Kopfschmerzen) **Liquor:** Lymphozytäre Pleozytose, Protein (↑), IgG ↑

Tab. 4 Panarteriitis nodosa - örtlich und zeitlich polytope Störungen

Kasuistik von 300 Fällen fand HARVEY (113) Kopfschmerzen durch meningiale Irritation in 10%, Anfälle in 3% der Erkrankten. PETERS (210) weist darauf hin, daß der klinische Befall des ZNS das Bild einer Mulitplen Sklerose (MS) entwerfen kann, obgleich die Pathomorphologie völlig anders ist. Der Liquor kann „MS-typisch" sein; im Gegensatz zur MS geht eine stärkere IgG-Vermehrung im Liquor aber in der Regel mit einer noch ausgeprägteren Vermehrung der entsprechenden Gammaglobulin-Komponente im Serum einher.

Rezidivierende Gelenkschmerzen, Hautveränderungen, Nephritis/Nephrose, Entzündliche Kardiopathien, Hepato/Splenomegalie, Lymphadenopathie, BKS ↑ , γ-Globulin ↑ **LE-Zell Phänomen** Leuko-, Thrombopenie, Biologische falsche Seroreaktionen	Chronisch-rezidivierende vaskuläre Meningo-Enzephalo-Myelitis (Arteriitis, Phlebitis), Psychotische Reaktionen, Anfälle, Fokale Hirnläsionen, (Hemiparesen, Aphasie, Hirnstammsymptome), Polyneuropathie, Polymyositis

Tab. 5 Systemischer Lupus Erythematodes - örtlich und zeitlich polytope Störungen

Kennzeichnende Läsion der Panarteriitis nodosa ist das entzündliche Granulom, welches oft sektorenartig Intima, Arterienwand und den perivaskulären Raum erfaßt. Die vielgestaltigen Störungen, die dabei resultieren können, umfassen fibrinoide Ablagerungen und lymphozytäre Infiltrate in den kleineren Gefäßen, eine lymphozytäre Meningitis, Arteriitis und miliare Infarkte im Parenchym von Gehirn, Rückenmark, peripheren Nerven und der Muskulatur.

Die Wichtigkeit der Muskelbiopsie für die Diagnose der Panarteriitis nodosa wird immer wieder betont. In praxi läßt sich damit die Diagnose aber leider nur selten stellen. In 106 Verdachtsfällen fanden MAXEINER (181) und Mitarbeiter muskelbioptische Hinweise in nur 13%. Positive Befunde sind allerdings eindrucksvoll. Es finden sich hochgradige fibrinoide Veränderungen und Nekrosen der Gefäßwand, neben der Einengung des Gefäßlumens und dem nekrotisierenden Charakter der Wandläsionen starke, zum Teil sektorenförmige Entzündungen.

Anders als bei der Panarteriitis nodosa prädominieren beim *systemischen Lupus erythematodes* Störungen seitens des ZNS (Tab. 5). Nach AITA (4) treten psychiatrische und neurologische Störungen in 25% als Frühsymptome, im weiteren Verlauf in 60% aller Erkrankten auf. HACKETT (104) und Mitarbeiter verzeichneten Anfälle, psychische Störungen, Hemi/Paraplegien und Hirnnervenstörungen in über einem Drittel aller Patienten mit SLE.

Kennzeichnende neuropathologische Veränderungen sind, ähnlich wie bei der Panarteriitis nodosa lymphozytäre Meningitis und Vasculitis mit fibrinoider Degeneration, Intima-Proliferation und Thrombosen. Neben solchen Veränderungen beschrieb MALAMUD (177) eine granuläre Atrophie des Frontalhirns und diffuse Atrophie der Purkinje-Zellschicht im Kleinhirn einer 43jährigen Frau mit der falschen klinischen Diagnose einer Schizophrenie.

Effektiver als bei der Panarteriitis nodosa ist die Labordiagnostik beim SLE: Der Nachweis von LE-Zellen sowie der serologische und immunhistologische Nachweis von antinukleären Antikörpern. Das klassische Merkmal sind die LE-Zellen. Bei dem LE-Faktor des Serums handelt es sich um einen Autoantikörper gegen Zellkern-DNS. Dieser verwandelt den Kern eines geschädigten Leukozyten in eine opake Masse, die von einem noch vitalen Granulozyten phagozytiert wird (= LE-Zelle).

Es gibt mehrere Autoantikörper gegen verschiedene Zellkernbestandteile. Dies erklärt eine gewisse Unsicherheit im Ausfall serologischer LE-Reaktionen, die Vielzahl der entwickelten Labormethoden und deren unterschiedliche Empfindlichkeit.

Der antinukleäre Antikörper kann in Leukozyten, in den perivaskulären Räumen befallener Gefäße und im Parenchym verschiedener Organe nachgewiesen werden.

Daß es sich bei dem LE-Faktor um einen Antikörper gegen Kern-DNS handelt, veranschaulicht ein Versuch von HAMASHIMA (110): Die Fluoreszenz, die durch die Reaktion des Serums eines SLE-Patienten mit anti-human IgG-Antikörper resultiert verschwindet, wenn dieses Gewebe mit dem DNS-spaltenden Enzym Desoxyribonuclease vorbehandelt wird.

Entsprechend der vielgestaltigen Symptomatologie muß der SLE differentialdiagnostisch bei vielen neurologischen Störungen in Betracht gezogen werden. So kann er die Ursache eines Pseudotumor cerebri sein. SILBERBERG und Mitarbeiter (250) schilderten vier Fälle von erhöhtem Hirndruck bei SLE, der mit Prednison wirksam behandelt werden konnte. FERMAGLICH (68) und DONALDSON (55) beschrieben Chorea-Fälle; letztere eine Chorea als Erstmanifestation eines SLE während der Gravidität. HACKETT und Mitarbeiter (104) berichteten über drei Fälle von Opticus-Neuritis, von denen zwei eine transverse Myelitis und einen MS-typischen Liquor aufwiesen. In solchen Fällen ist die differentialdiagnostische Aufklärung deshalb besonders wichtig, weil Kortikosteroide in relativ hohen Dosen beim SLE wesentlich wirksamer sind als bei der MS.

ORTHNER und ROSSNER (205) berichteten über einen Fall von chronisch rezidivierendem SLE mit akut tödlichem Ausgang nach erstmaligem Auftreten zentralnervöser Krankheitssymptome bei

einem Patienten unserer Klinik. Sie fanden erstmalig im ZNS überwiegend monozytoide Zellen mit Zytoplasmaeinschlüssen im ZNS-Parenchym, bei denen es sich wahrscheinlich um echte LE-Zellen handelte.
Chronische Parasitosen können das Symtombild einer MS vortäuschen.
Bei einem 30jährigen Mann wurde aufgrund des klinischen Bildes: Chronischer Verlauf mit spastischer Tetraparese, Ataxie, Dysarthrie, Nystagmus und Subeuphorie zunächst eine MS diagnostiziert. Auch der Liquor war abgesehen von einem etwas hohen Proteingehalt typisch. Diese Besonderheit und die auffällige Berufsanamnese - Reparatur von Jauchefässern - veranlaßten breitgestreute serologische Untersuchungen. Dabei fand sich eine stark positive Zystizerkose-Reaktion in Blut und Liquor. Unter Endoxan-Therapie wurde diese Reaktion wieder negativ, der hohe IgG-Gehalt im Liquor persistierte jedoch und der Verlauf blieb chronisch progredient.
Dieser Fall stellt ein pathogenetisches Problem dar, welches auch bei anderen Parasitosen und chronischen Infektionskrankheiten besteht: Die Auslösung von Autoimmunvorgängen durch abgestorbene Erreger und/oder Gewebszerfallprodukte. Ein Histogramm des geschilderten Falls veranschaulichte dies: Neben dem abgekapselten Parasiten fand sich eine stark ausgeprägte randständige Entzündung im Parenchym ähnlich der schwelenden Randentzündung von Entmarkungsplaques der MS
Waren die geschilderten Kollagen-Krankheiten und Parasitosen Beispiele für eine Immunreaktion, bei welcher die Basis für eine immunosuppressive Therapie gegeben erscheint, so bietet die Gruppe der *chronischen systemischen granulomatösen Erkrankungen* ein anderes pathogenetisches Problem: die Frage nach einem Immundefekt bei verzögerter zellulärer Immunreaktion vom Tuberkulin-Typ. Wichtigster Vertreter dieser Gruppe ist die Sarkoidose. Der Gruppe zugerechnet werden auch die benigne Lymphogranulomatose, das großfollikuläre Lymphoblastom und die subakute Uveo-Parotitis.
In Tabelle 6 sind die wichtigsten Symptome der Sarkoidose verzeichnet. Neurologische Störungen finden sich in ein bis fünf Prozent aller Fälle. SILVERSTEIN und Mitarbeiter (251) fanden in einer Serie von 450 histologisch verifizierten Fällen 18mal neurologische Störungen, davon 12mal Fazialisparesen und 4mal Polyneuritiden, die sich mit und ohne Behandlung besserten. Nach JEFFERSON und Mitarbeitern (133) sowie RINNE (228) ist das periphere Nervensystem häufiger betroffen. Hingegen fanden WIEDERHOLT und Mitarbeiter (282) in einer Serie von 807 Patienten 28 =

Lymphadenopathie, Hilusdrüsenschwellung, Okuläre Läsionen (Iritis, Chorioretinitis, Periphlebitis), Gelenkschmerzen, Parotis-Schwellung, Erythema nodosum Kveimtest (in 65 - 85% +) MIF-Test Tuberculin-R. in 80% negativ, BKS ↑ , Hyperkalzämie alkalische P'ase im Serum ↑ **Lymphknoten-Biopsie**	Diffuse granulomatöse (basale) Leptomeningitis , Perivaskuläre Infiltrate, kleine Granulome, tumorartige Massen, Narbenbildung, Atrophie, Entmarkung, entsprechend polytope ZNS-Symptome mit vorwiegend chronisch-torpidem Verlauf. **Liquor:** Protein ↑ , IgG ↑ , lymphozytäre Pleozytose

Tab. 6 Sarkoidose (M. BOECK - BESNIER - SCHAUMANN)

3,5% mit neurologischen Störungen, wobei in 20 Fällen Symptome seitens des ZNS die ersten Anzeichen der Erkrankung waren. Von den Symptomen seitens des ZNS sind neben einer chronischen Meningo-Enzephalitis das Auftreten akut bedrohlicher Krankheitsbilder durch tumorartige Granulommassen, Verschlußhydrozephalus, Psychosen und dienzephale Störungen (DEGKWITZ (51), SUCHENWIRTH u.a. (261)) zu erwähnen, andererseits torpide verlaufende Entmarkungsprozesse, bei denen sich die Differentialdiagnose zur MS stellt.
Ganz abgesehen von ihrer differentialdiagnostischen Bedeutung bieten die angeführten Beispiele bemerkenswerte Analogien im Hinblick auf die pathogenetische Forschung über die MS: Autoimmunitätsreaktionen einerseits und das in allerletzter Zeit wieder stärker beachtete Phänomen einer defekten Immunreaktion andererseits. Dies legt die Forderung nahe, neben den experimentellen Entmarkungsmodellen, die unsere klinischen Vorstellungen auch in der Therapie so sehr beherrschen, klinikopathologischen Veränderungen bei Krankheiten wie den Kollagenosen, granulomatösen Entzündungen und sekundären Vorgängen bei chronischen Infektionen erwiesener Ätiologie stärkere Beachtung zu schenken.
Erweitern lassen sich diese Überlegungen durch einen anderen

Aspekt, der in der Ursachenforschung über die MS einen dominierenden Platz einnimmt: die mögliche Virus-Ätiologie.
In zunehmender Zahl werden in letzter Zeit elektronenoptische Befunde über den Nachweis von Viruspartikeln im Gewebe bei verschiedenen Krankheiten des ZNS publiziert. NORRIS und Mitarbeiter (202) fanden virusartige nucleokapsidähnliche Partikel bei einem gliomatösen Tumor mit Vasculitis. REYES und Mitarbeiter (226) sahen Herpes-Virus-artige Strukturen bei einer granulomatösen Angiitis im ZNS. Bei einem japanischen Patienten mit SLE wies KAWANO (zit. nach HAMASHIMA, 110) myxovirusartige Strukturen in einer Nierenbiopsie nach. In einem eigenen, schon publizierten Fall von MS wurden sowohl nucleokapsidartige wie Papova-Virus-ähnliche Partikel gefunden. In keinem dieser Fälle, auch in den beiden Fällen unserer Klinik, in denen ter MEULEN, KOPROWSKI und Mitarbeiter (265) das 6/94-Virus isolierten, brachten die Virusbefunde eine ursächliche Aufklärung der Krankheit. Diese Beispiele beleuchten nicht nur die fragwürdige Bedeutung elektronenmikroskopischer Virusbefunde, sondern auch die Problematik des Virusnachweises bei vielen Krankheiten des ZNS. Wir kommen nicht umhin, bei der MS wie bei den diskutierten Erkrankungen multifaktoriell zu denken und den Nachweis eines Virus nicht gleich kausal, die mögliche Trigger-Wirkung nicht ohne weiteres im Sinne der Spezifität zu interpretieren. Das macht die Forschung über diese Krankheiten mühsamer und komplizierter, aber auch realitätsnäher als den direkten Analogieschluß vom experimentellen Modell. Um nicht mißverstanden zu werden: experimentelle Modelle sind unentbehrlich für den weiteren Fortschritt, sie dürfen aber in den Vorstellungen des Klinikers nicht einen so gebieterischen Platz gewinnen, daß seine Sicht auf die klinikopathologischen Phänomene versperrt wird.

Lumbale Bandscheibenerkrankungen

Aus der Neurologischen Universitätsklinik München-Großhadern
(Direktor: Prof. Dr. A. Schrader)

Lumbale Bandscheibenerkrankungen - Erscheinungsweisen und ihre Herkunft

A. Schrader

Daß Bandscheibenerkrankungen der Lendenwirbelsäule Kreuzschmerzen oder einen Hexenschuß verursachen können, ist eine Binsenweisheit, mit der heute bereits der Laie vertraut ist.
Umso erstaunlicher ist bei Durchsicht der Literatur die Feststellung, daß sich die derzeitige Auffassung erst vor wenigen Jahren durchzusetzen begann.
Standen vormals Durchnässung, Kälteeinwirkung oder entzündlich -rheumatische Prozesse als Kausalfaktoren im Vordergrund der Diskussion, so werden heute in erster Linie Abnutzungs- bzw. Verschleißerscheinungen der Bandscheiben für die Lumbago oder für die Ischias verantwortlich gemacht. Dabei spielt offenbar das eklatante Mißverhältnis zwischen der enormen Druckbelastung der lumbosakralen Bewegungselemente einerseits und den ungünstigen Ernährungsbedingungen der Zwischenwirbelscheiben andererseits eine pathogenetisch ausschlaggebende Rolle.
Stoffwechselphysiologisch ist die Zwischenwirbelscheibe als gefäßloses, bradytrophes Gewebe ausschließlich auf träge Diffusionsvorgänge angewiesen, die unter der hohen funktionsmechanischen Beanspruchung über kurz oder lang zur Dekompensation führen. Dementsprechend sind der gallertartige Nucleus pulposus und der ihn umgebende Faserring - der Anulus fibrosus - im besonderen Maße regressiven, alters- und belastungsabhängigen Veränderungen ausgesetzt.
Unter diesem Aspekt läßt die Entwicklung eines Bandscheibenschadens verschiedene Stadien unterscheiden. In der ersten Phase verringert sich durch den kontinuierlichen Abbau von hydrophilen Mukopolysacchariden das Wasserbindungsvermögen des Gallertkernes. Infolgedessen kommt es unter Austrocknung und Elastizitätsverlust zur Verschmälerung des Zwischenwirbelraumes mit reaktiver Lockerung der Bänder. Zusätzlich zur besagten *Bandscheibenlockerung* bilden sich radiäre oder zirkuläre Rißstellen am Anulus fibrosus, der die Verschleißerscheinungen im Inneren aufzufangen hat. Da bei fortschreitendem Elastizitätsverlust des Gallertkernes die gleichmäßige Druckverteilung auf den gesamten

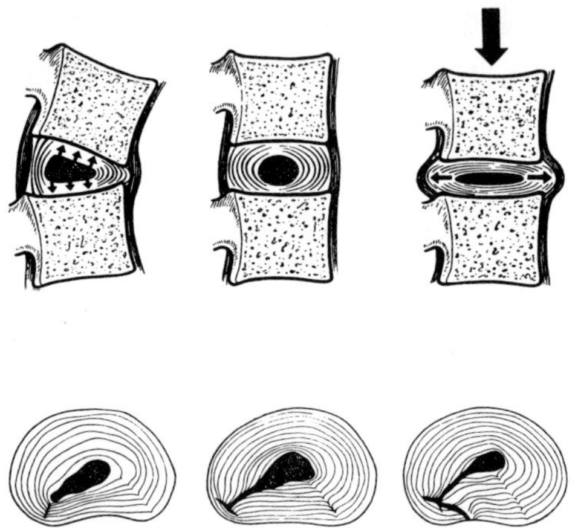

Abb. 1 Funktion des Nucleus pulposus; Rißstellen im Anulus fibrosus. (aus LOEW und Mitarb.).

Querschnitt des Wirbelkörpers entfällt, können Fragmente des zermürbten Nucleus die Rißstellen erweitern und gegen die äußere Begrenzung des Faserringes in dorsolateraler oder dorsomedialer Richtung vordringen.

Als Folge derartiger Gefügestörungen resultiert durch Rotation, Kippstellung oder Verschiebung eine Dislokalisation der Wirbelkörper mit Blockierung und Fehlbelastung der Wirbelgelenke. Im Röntgenbild können derartige Umbauvorgänge als Spondylochondrose bzw. Spondyloarthrose imponieren. Vor allem aber führen die strukturellen Veränderungen zur Irritation des äußerst sensiblen Band- und Halteapparates, so daß es reflektorisch über algophore Fasern der Rami meningei aus den Spinalnerven zu einer schmerzhaften Verspannung der Rückenmuskulatur, klinisch zur akuten oder auch chronisch-rezidivierenden Lumbago kommt.

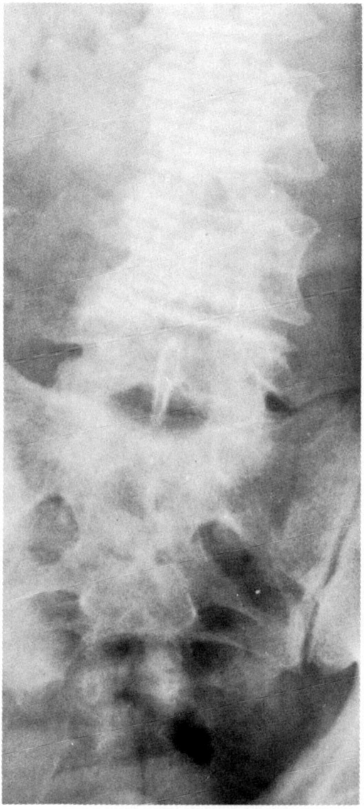

Abb. 2 Spondyloarthrotische und -chondrotische Veränderungen mit Verschmälerung des Zwischenwirbelraumes L 5 - S 1.

Wird der äußere Faserring - nach vorausgegangener Bandscheibenlockerung - plötzlich, etwa durch banale Dreh- oder Beugebewegungen, stark ausgebuchtet oder gesprengt, so daß Pulposusgewebe unter das hintere Längsband vorgepreßt wird, so resultiert die eigentliche *Diskushernie* oder *Bandscheibenprotusion.* Infolge Kompression der intraduralen Strukturen, besonders der Wurzelzonen im Zwischenwirbelbereich ist das klinische Bild durch radikuläre Reiz- und Ausfallserscheinungen gekennzeichnet, die zumeist als L 5/S 1-Syndrom mit lanzinierenden Ischialgien und segmentalen Sensibilitätsstörungen einhergehen. Relativ häufig kommt es in der Frühphase zu Spontanremissionen, da die Diskushernie auch ohne

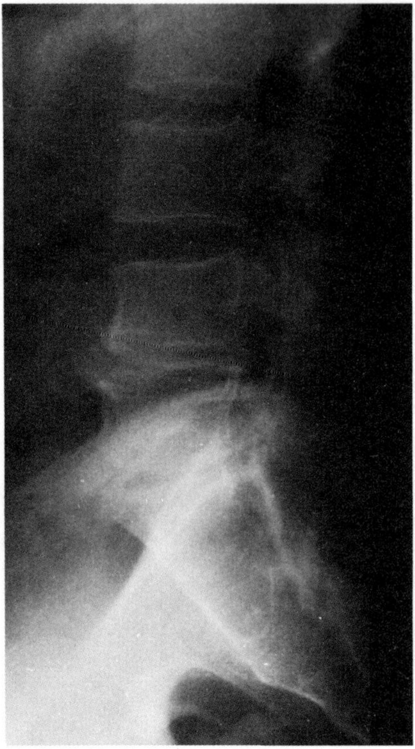

Abb. 3

Behandlung zurückgleiten kann. Rezidive lassen allerdings nur selten längere Zeit auf sich warten.
Im Zuge regressiver Veränderungen kann schließlich auch das hintere Längsband einreißen, so daß nekrotisches Knorpelgewebe in den Wirbelkanal prolabiert. In diesem Fall spricht man vom *Bandscheibenprolaps.* Damit ist gewissermaßen ein irreparables Endstadium erreicht, da sich Druckschäden an Nervenfasern- oder wurzeln nicht mehr vollständig zurückbilden. Infolgedessen hinterbleiben objektive Ausfallserscheinungen, die nach Abklingen der initialen Schmerzphase als Sensibilitätsdefekte, Reflexverlust oder Paresen persistieren. Als besonders schwerwiegende Komplikationen sind beim subtotalen oder totalen Massenprolaps - entspre-

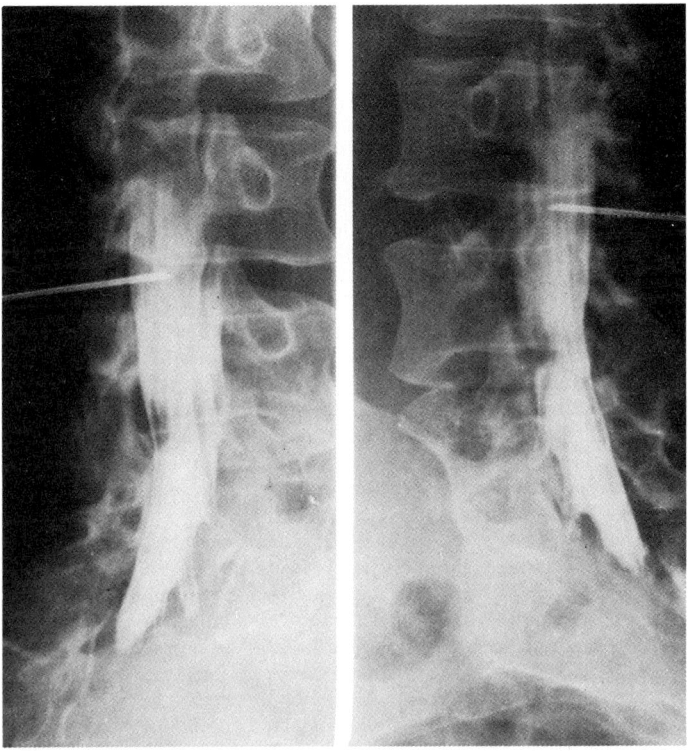

Abb. 4 Myelogramm mit Aussparung bei L 4 - S 1.

chend seiner jeweiligen Höhenlokalisation - akute Querschnittsbilder nach Art eines A. spinalis anterior-Syndroms oder auch akute Kaudaläsionen zu befürchten. In derartigen Notfällen kommt es zu bleibenden Blasen-Darmstörungen mit Reithosenanaesthesie und schlaffen Paraparesen, falls nicht sofort operativ entlastet wird. Gelegentlich rutschen abgesprengte Bandscheibensequester in den unteren Sakralkanal, wodurch quälende Coccygodynien ausgelöst werden können. Bei anhaltenden Schmerzsensationen im Steißbeinbereich ist ein derartiges Ereignis differentialdiagnostisch in Betracht zu ziehen.
Die regressiven Veränderungen an den lumbosakralen Bandscheiben manifestieren sich klinisch hauptsächlich zwischen dem 3. bis 5.

Lebensjahrzehnt. Im Durchschnitt erkranken Schwerarbeiter häufiger, besonders auch frühzeitiger als Angehörige anderer Berufe. In seinen Grundzügen ist das klinische Bild durch Ausmaß und Lokalisation der Verschleißerscheinungen weitgehend festgelegt. Wie einleitend bereits aufgezeigt, ist der initialen Bandscheibenlockerung das Schmerzsyndrom der Lumbago zugeordnet, während die Diskushernie und der Bandscheibenprolaps zusätzlich durch radikuläre Reiz- und Ausfallserscheinungen, namentlich durch ein Ischiassyndrom gekennzeichnet sind.

Leitsymptome der akuten *Lumbago* sind heftige Schmerzen in der Kreuz- und Lendengegend, die zumeist durch bestimmte Bewegungen ausgelöst werden oder auch unversehens, also hexenschußartig in voller Stärke einsetzen. Häufig breitet sich der seitenbetonte paravertebrale Schmerz diffus nach kranial oder ventral aus. Zumeist kann jedoch der Kranke den Ursprungsort seiner Lumbalgie genau lokalisieren. Zudem läßt sich das erkrankte Bewegungselement beim Abklopfen der Wirbelsäule durch aktive oder passive Dreh- und Beugebewegungen und durch Prüfung des Lasègue'schen Zeichens als umschriebener Muskeldehnungsschmerz ohne weiteres ermitteln.

Um stärkere bewegungsabhängige Schmerzreize abzufangen, nimmt der Kranke schon von sich aus eine bestimmte *Schonstellung* ein. Darüberhinaus wird vor allem auch reflektorisch eine konstante Ruhigstellung herbeigeführt, an der Muskulatur und Wirbelsäule beteiligt sind. Schon frühzeitig kommt es zu einer deutlichen Verspannung der kräftigen Rückenstrecker, also zum sogen. Hartspann, der von sich aus die in ihrer Bewegung ohnehin eingeschränkte Wirbelsäule zusätzlich fixiert. Dieser Vorgang, der gewissermaßen als Schutzmechanismus angesehen werden kann, hat allerdings nachteilige Folgen. Auf längere Sicht verursacht die muskuläre Verspannung hartnäckige Myalgien und druckdolente Muskelschwielen, während sich aus der primären Steif- und Schonhaltung der Lendenwirbelsäule die charakteristische Fehlhaltung einer zur kranken Seite konvex- oder konkavgekrümmten *Ischiasskoliose* entwickelt. Besonders deutlich tritt die Skoliose beim Bücken hervor. Im Stehen ist die physiologische Lendenlordose häufig abgeflacht oder steilgestellt; bisweilen zeigt sich sogar eine kyphotische Vorbuchtung.

Mehr oder weniger komplett ist das besagte Lumbagosyndrom auch bei der *Diskushernie* und beim *Bandscheibenprolaps* zu konstatieren. Beweisend für den eigentlichen „Bandscheibenvorfall" sind jedoch die segmental angeordneten radikulären Reiz- und Ausfallserscheinungen.

Radikuläre Reizerscheinungen werden als Mißempfindungen bzw.

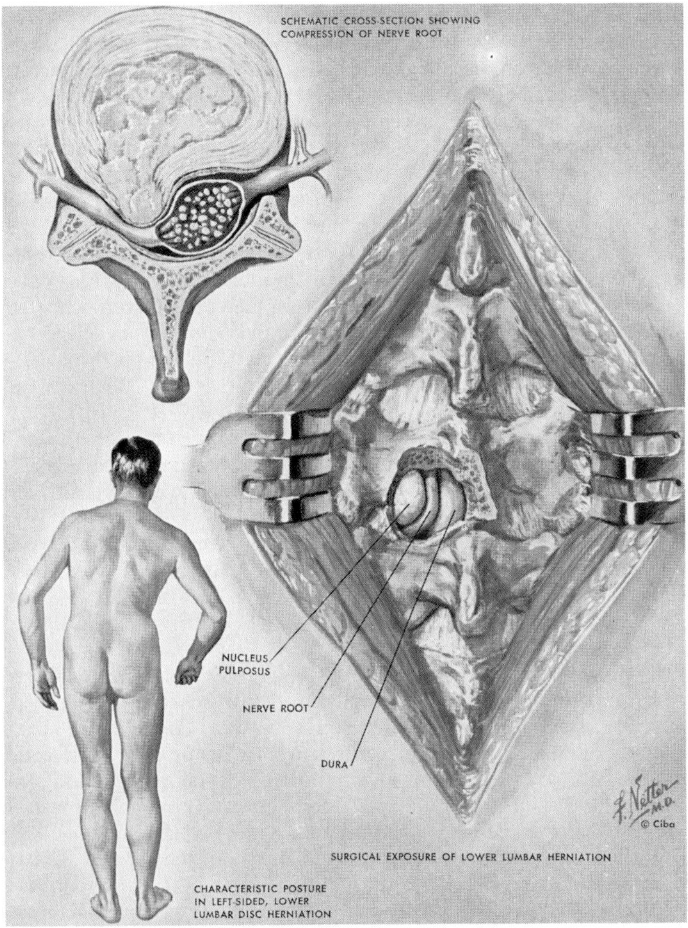

Abb. 5 Bandscheibenvorfall: Anatomie und klinisches Erscheinungsbild, (aus: The CIBA Collection of Medical Illustration by Frank H. Netter, M. D. Abdruck erfolgte mit freundlicher Genehmigung der CIBA-GEIGY GmbH, Wehr/Baden).

als Paraesthesien, vor allem aber als reißende, ziehende oder brennende Schmerzphänomene besonders zu Beginn geklagt. Bekanntlich lassen sie sich bereits durch minimale Bewegungen, u.a. auch durch Husten, Niesen, Pressen usw., provozieren, so daß sie

lanzinierend vom Kreuz bis in die Extremitäten einschießen. Gar nicht selten wird durch die muskuläre Verspannung und reflektorische Skoliose ein circulus vitiosus ausgelöst, der die radikulären Schmerzphänomene unterhält und verstärkt.
Klinisch von weitaus größerer Bedeutung sind jedoch die *segmental begrenzten Sensibilitätsstörungen*, da sie als obligate Frühsymptome die Höhendiagnose einer Wurzelläsion ermöglichen. Eine gewisse Orientierung gestattet auch das Verhalten der *Eigenreflexe*. Ihr ebenfalls frühzeitiger Ausfall ist nur ausnahmsweise reversibel, so daß eine Areflexie noch Jahre später eine durchgemachte Bandscheibenerkrankung dokumentiert. Lokaldiagnostische Hinweise liefert schließlich das Verteilungsmuster der radikulären *schlaffen Paresen*. Sie sind häufig erst nach Abklingen der akuten Schmerzphase zu erfassen, wenn nämlich die geschädigte Wurzel ihre Leitfähigkeit eingebüßt hat.
Ohne ins Detail steigen zu wollen, einige Beispiele.
Das *L 3-Syndrom* ist durch Sensibilitätsstörungen an der Vorderseite des Oberschenkels, durch Ausfall des Patellarsehnenreflexes, durch Parese des M. quadriceps femoris und Schwäche der Adduktoren charakterisiert.
Für ein *L 4-Syndrom* sprechen eine mehr latente Parese des M. quadriceps, ein abgeschwächter PSR, ein positiver Lasègue, vor allem aber Schmerzen im Kniebereich, eine Gefühlsstörung über der Tibiakante und ein Ausfall der Fußheber, der aspektmäßig als Steppergang imponieren kann.
Das häufige *L 5-S1-Syndrom*, das mit ausstrahlenden Schmerzen und Sensibilitätsstörungen von der Rückseite des Oberschenkels entlang der äußeren Wade bis zur Großzehen - dem sogen. Generalsstreifen - einsetzen kann, ist bei positivem Lasègue durch Fehlen des Achillessehnenreflexes, durch eine Parese der Zehenstrecker und durch Ausfall der Plantarflexion gekennzeichnet, so daß der Zehengang nicht mehr möglich ist.
Während bei derartigen Syndromen auch in schwereren Fällen immer noch eine Tendenz zur Rückbildung besteht, haben die bereits erwähnten Notfälle mit Querschnitts- bzw. Kauda-Konusläsionen eine ausgesprochen schlechte Prognose. Wird die sofort notwendige Entlastungsoperation versäumt, so sind die durch einen dorsomedialen Massenprolaps verursachten Paraparesen, vor allem aber die Inkontinenzerscheinungen von seiten der Blase und des Darmes praktisch irreparabel.
Die Diagnose: Bandscheibenerkrankung, Lumbago, Ischias erscheint relativ leicht; trotzdem sind Fehlentscheidungen gar nicht selten. Grundsätzlich sollte berücksichtigt werden, daß Lumbalgien und Wurzelsymptome als uncharakteristische Ausfallserschei-

nungen durch eine Vielzahl andersartiger Krankheitsprozesse verursacht sein können. Die Häufigkeit der lumbosakralen Bandscheibenerkrankungen entbindet nicht von umfassenden differentialdiagnostischen Überlegungen.
In erster Linie sind hier Ependymome, Angiome, Neurinome und Dermoidzysten zu berücksichtigen, die als intraspinale Kompressionssyndrome ebenso wie der Bandscheibenvorfall hexenschußartig einsetzen können und nach Art einer Ischias mit radikulären Schmerzsensationen, segmentalen Sensibilitätsstörungen, Paresen und Reflexverlust einhergehen. Da bei derartigen Prozessen oftmals beide Beine beteiligt sind, gilt die bekannte Regel zu Recht: *Die doppelseitige Ischias ist keine Ischias.* Der Röntgenbefund ist selbst bei ausgeprägter Spondylarthrose und Spondylochondrose diagnostisch unzuverlässig. Dagegen lassen sich Hemmungsmißbildungen, Geschwülste der Wirbelkörper - etwa Haemangiome, Myelome oder Osteome -, ein lumbosakraler Morbus Paget oder auch Karzinome in der Regel schon frühzeitig als Ursache hartnäckiger Lumbalgien oder Ischialgien im Röntgenbild erkennen. Bei isolierten Wurzel-, Plexus- oder Ischiasmetastasen können allerdings intensive, schwer zu deutende Schmerzen den destruirenden Knochenprozessen längere Zeit vorausgehen.
Auch die entzündlichen Erkrankungen der Wirbelsäule, beispielsweise ein Morbus Bechterew, sind im Übersichtsbild nachzuweisen. Daß Fehldiagnosen möglich sind, zeigt folgende Beobachtung. In einer norddeutschen Klinik wurde eine junge Operationsschwester wegen linksseitiger Ischias laminektomiert. Da nach kurzer Besserung erneut hartnäckige, therapieresistente Schmerzen auftraten, wurde eine zweite Operation in Erwägung gezogen. Sie wurde jedoch unterlassen, da man an einen psychischen, konfliktbedingten Beschwerdekomplex dachte. Bei der Untersuchung fanden wir eine enorme Schmerzhaftigkeit der Iliosakralgegend, besonders beim Abwinkeln und Überkreuzen des Beines im Hüftgelenk. Entsprechend dem klinischen Verdacht zeigte sich röntgenologisch eine Sakroilleitis mit Sklerosierung der Gelenkzonen, die man übersehen hatte, da lediglich Lasègue und Reflexstatus überprüft worden waren.
Mehrfach sahen wir Fehldiagnosen bei der pelveofemoralen Muskeldystrophie und bei Spätformen der neuralen Muskelatrophie, deren statisch bedingte Lumbalgien und lanzinierende Schmerzattacken - wie bereits 1976 an dieser Stelle mitgeteilt - auf einen Bandscheibenschaden zurückgeführt worden waren. Einige Fälle hatte man erfolglos, zum Teil mehrmals operiert.
Gelegentlich können auch infektiös-entzündliche Prozesse, beispielsweise eine virale Radikulomeningitis nach Zeckenbiß oder ein

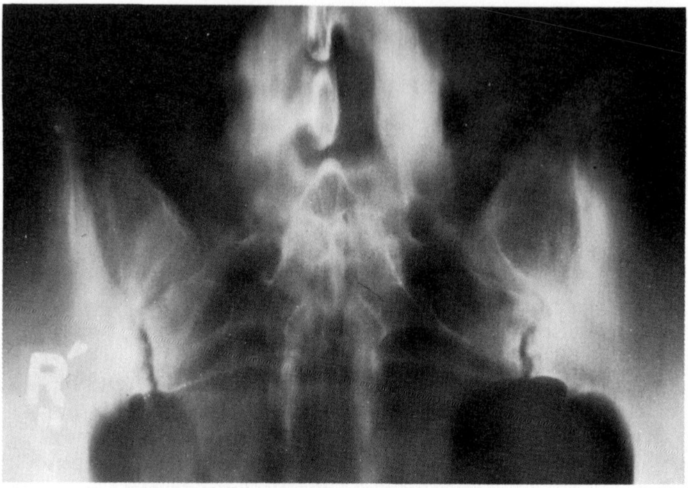

Abb. 6 Sklerosierende Entzündung des Iliosakralgelenkes, Zustand nach Laminektomie

lumbosakral lokalisierter Herpes zoster als Ischias imponieren, besonders dann, wenn das Erythem oder diskrete Herpeseruptionen übersehen werden. Differentialdiagnostisch erlangt in solchen Fällen die Liquorpleozytose Bedeutung, während bei der Diskushernie oder bei der Protusion eine Eiweißvermehrung im Vordergrund steht.
Als wertvolle diagnostische Hilfsmethode hat sich bei Bandscheibenerkrankungen die Elektromyographie und die Elektroneurographie bewährt, da sie lokaldiagnostische und therapeutisch-prognostische Aussagen gestattet. Zur Sicherung der Diagnose ist schließlich die Myelographie heranzuziehen, die allerdings in 15 - 20% der Fälle falsch positive Resultate ergibt. In Hinblick auf die neurochirurgische Intervention setzt sie eine strengere Indikation voraus. Auch für die Diagnose: Bandscheibenerkrankung, Lumbago, Ischias gilt der Satz CUSHINGs: weniger Jodoel, mehr Neurologie.

Aus der Neurologischen Klinik (Prof. Dr. A. Schrader) und der Psychiatrischen Klinik (Prof. Dr. H. Hippius) der Universität München.

Therapie des Lumbago-Syndroms

J. Kugler und A. Ross

Problem

Die Behandlung eines Lumbago-Syndroms hängt natürlich weitgehend von der Herkunft seiner Erscheinungen ab. Als Ausdruck einer besonderen Erkrankung, wie z.B. einer Spondylitis tuberculosa oder typhosa verlangt es auch besondere physikotherapeutische und eventuell auch spezifische antibiotische oder neurochirurgische Therapieformen. Davon abgesehen ist aber bei der Mehrzahl der Lumbago-Syndrome ohne massive neurologische Ausfälle und besondere morphologische Veränderungen in den Anfangsstadien abwartendes Beobachten und einfache konservative Behandlung vertretbar. Für diese ergeben sich gewisse Regeln, die ziemlich einheitlich auf die Erscheinungsformen diskogener, arthrogener und myogener Herkunft anwendbar sind.
Wenn man das häufige Vorkommen von solchen nicht-spezifischen, gewöhnlichen (SEZE, 1975) Lumbago-Syndromen in der Gesamtbevölkerung berücksichtigt, ist bei der Mehrzahl dieser Erkrankungen ein zeitlich begrenzter Verlauf mit nicht seltenen Spontanremissionen zu erwarten. Epidemiologische Untersuchungen und statistische Kontrollen zeigen bei 98% aller vertebragenen Neuralgien einen günstigen Verlauf.
Zu den ersten, vordringlichen Maßnahmen bei akuten Lumbago-Syndromen gehören medikomechanische, pharmakologische und physiotherapeutische, zu denen sich bei Anhalten der Beschwerden im weiteren Verlauf andere Verfahren gesellen, sofern nicht die bereits erwähnten besonderen Umstände zu chirurgischen Eingriffen oder spezifischer Pharmakotherapie zwingen.

1. Medikomechanische Behandlung

Bei *akut* auftretenden Lumbago-Syndromen ist Bettruhe indiziert. Die Lagerung des Rumpfes in einem Stufenbett auf harten Matratzen, im Behelfsfall mit untergeschobenen Brettern und mit gewinkelten Beinen auf höheren Kissen oder Schaumgummi-Würfeln,

verschafft zumeist Erleichterung. Besonderer Wert ist auf muskuläre Entspannung zu legen, die auch durch vorübergehende Verrichtungen nicht unterbrochen werden sollte, was allerdings oft auf begreifliche Schwierigkeiten stößt.
Bei *chronischen* Lumbago-Syndromen aufgrund von Osteoporose und bei Spondylarthritis ankylopoetica ist Bettruhe dagegen kontraindiziert.
Bei gehfähigen Patienten mit akuten Störungen ohne neurologische Ausfälle soll nach manchen Autoren *Chiropraxis* wirksamer sein als Bettruhe und Analgetika (COYER et CURVEN (47), ZINN, (293)). Allerdings ist sie im akuten Schmerzstadium wegen der muskulären Verspannung oft unmöglich, sofern sie nicht mit paravertebralen Infiltrationen kombiniert werden kann. Bei chronischen Störungen ist Chiropraxis dagegen wenig erfolgversprechend (CRISP, (49)) und bei Diskusprolaps mit neurologischen Ausfällen kontraindiziert. Bei lumbalem Diskusprolaps ist es durch Chiropraxis zu Kaudaläsionen mit rechtsmedizinischen Folgen gekommen.
Muskuläre Relaxation kann bisweilen durch leichte Massage bei psychischer Entspannung begünstigt werden.
Extensionsbehandlung kann bei Lumbago-Syndrom mit einer Hüftextension erfolgen. Theoretisch wären rasche Erfolge nur bei Diskusprotrusionen zu erwarten. Die Extensionsbehandlung kann aber auch bei Spondylarthrosen und Radikulitiden Entlastungseffekte bringen. Abgesehen davon ist die Unsicherheit der exakten Unterscheidung zwischen den einzelnen Entstehungsmöglichkeiten oft ein Grund dafür, die Traktionsbehandlung zu versuchen. Voraussetzung ist allerdings, daß der Zug zu Beginn der Behandlung nicht mit großen Gewichten erfolgt, da dadurch eher eine Zunahme der reflektorischen Muskelspannung ausgelöst wird. Es ist zweckmäßig, mit Gewichten von 2 kg zu beginnen, den Zug mit anderen entspannenden Maßnahmen zu kombinieren und erst nach wiederholten Einzelbehandlungen zu steigern. Es gibt dafür gut festgelegte Erfahrungswerte (BENINI et al. (17)). Nach einigen Autoren sollen Stützmieder jedoch bessere Erfolge haben als die Traktionsbehandlung (STEINBERG et MASON, (255)).

2. Pharmakologische Behandlung

a) Schmerzbefreiung
Analgetika sind bei akuten Beschwerden oft unvermeidbar, um dem Patienten Linderung zu verschaffen, den physiologischen Schlaf wieder herzustellen und die reflektorische Muskelspannung zu verringern. Außerdem haben viele Analgetika auch antiphlogistische

und antirheumatische Eigenschaften und es ist eine strenge Trennung der Mittel nach diesen ihren Eigenschaften nicht möglich. Als stark wirksame Mittel zur Schmerzlinderung können Valoron (Tilidin), Fortral (Pentazocin) parenteral oder per os gegeben werden. Doch kommen auch Pyrazolon-Derivate, Phenylbutazone (Butazolidin) in Betracht. Der Einsatz von Alkaloiden sollte auf Ausnahmen mit besonders begründeter Indikation beschränkt bleiben. In vielen Fällen wird man sich auf die Gabe von Antirheumatika mit analgetischer Wirkung beschränken können: Salizylsäure (Aspirin, 4 - 6 g/die), Pyramidon, Perclusone, Tanderil, Elmedal.

Es gibt gut wirksame Mischpräparate zur Hilfe bei akuten Beschwerden, die auch intramuskulär injiziert (Elmedal, Dolo-Adamon, Dolojudolor) und zur Anfangsbehandlung mit Kortison kombiniert werden können (Sigma-Elmedal, Delta-Tomanol). Bei länger dauerndem Gebrauch solcher Präparate muß man aber die Möglichkeit der Nebenwirkungen, insbesondere von Nierenschäden sorgfältig beachten und eine Gewöhnungs- und Suchtgefahr bedenken.

Für die Anfangsbehandlung akuter Störungen bei Diskus-Protrusionen werden *paravertebrale Infiltrationen* mit Novokain und Prokain gelegentlich angewendet. Sie werden besonders dann gebraucht, wenn man die reflektorische Muskelspannung zu einer chiropraktischen Behandlung ausschalten möchte. Das setzt allerdings diagnostische Sicherheit in der Lokalisation des Schadens voraus, die nicht immer besteht. Bei ausgedehnten Infiltrationen muß man bedenken, daß es durch gewisse Lokalanästhetika zu Herzrhythmusstörungen (Extrasystolen) kommen kann und daß fehlerhafte Injektionen vermieden werden müssen (Pneumothorax bei Pleuraverletzungen, Kreislaufkrisen und zerebrale epileptische Anfälle bei Eindringen in Gefäße, Lähmungen bei direkten Injektionen in Nervenstämme). Es wurden auch außergewöhnliche Fälle mit rechtsmedizinischen Folgen bekannt (SCHRADER, 1977), bei denen paravertebrale Infiltrationen eine rasche, örtliche Abnahme des Muskeltonus bei ungenügender Entlastung und dadurch die komplette Herniation einer Diskusprotrusion mit nachfolgenden Lähmungen bewirkte.

Steroidpräparate paravertebral zu injizieren ist bei akuten Störungen nicht gerechtfertigt. Es sind dabei mehr Nachteile zu befürchten als Vorteile zu gewinnen - abgesehen von den Behandlungsversuchen bei chronischen ankylosierenden Spondylarthritiden.

Bei chronischen Schmerzzuständen sind *Neuroleptika* vom Typ der Butyrophenone (Haldol, Glianimon) zu bevorzugen, allerdings auch deren Begleitwirkungen zu berücksichtigen. Bei therapieresistenten Fällen kann man auch die Behandlung mit Carbamazepin (Tegretal, Timonil) erwägen.

b) Muskelrelaxation

In der Praxis werden fast nur *Benzodiazepine* zur pharmakologischen Muskelentspannung benützt, da sie auch die Vorteile einer psychisch entspannenden Wirkung als Tranquillantien mit sich bringen und den Eintritt des physiologischen Schlafes fördern (in höheren Dosen allerdings auch sedierend und hypnotisch wirken). Bei akuten Störungen wird das rasch wirksame Chlordiazepoxid (Valium), in Dosen von 5 - 10 mg als Einzelgabe benützt, bei chronischen kann man zum längeren Gebrauch Librium oder Adumbran einsetzen. Den Barbituraten kommt dagegen nur ein geringer entspannungsfördernder Begleiteffekt zu.

c) Schlafförderung

Bei akuten Beschwerden ist es wichtig, den normalen Schlafrhythmus wieder herzustellen, da längere, schmerzbedingte Schlaflosigkeit das Ausgangsverhalten verschlechtert und die muskuläre Spannung verstärkt. Dazu kann man vorübergehend Barbiturate, aber auch Neuroleptika in höheren Dosen (Truxal, Dominal, Haldol) einsetzen.

d) Neurotrope Wirkungen

Vitamin B-Präparate werden in erster Linie bei Radikulitiden, aber auch in Anbetracht der pathophysiologischen Begleitumstände bei Diskusprotrusionen, Spondylarthritiden und Spondylarthrosen eingesetzt. Die fehlenden Nebenwirkungen dieser Präparate bewirken, daß man sie in der Praxis fast immer anwendet und daß sie in vielen Kombinationspräparaten enthalten sind. Der Einsatz ist bei älteren Menschen mit metabolischen Störungen am ehesten zu rechtfertigen, ein direkter analgetischer Effekt kann ihnen aber kaum zugeschrieben werden. Doch dienen sie sehr oft als Vehikel für eine entspannungsfördernde Beeinflussung und Suggestivtherapie, um den Erfolg der Physikotherapie abzuwarten (Neurobion, Neurotrat).

Bei chronischen Neuralgien wird bisweilen eine Umstimmungstherapie mit Reizkörpern versucht. Sie hilft, bei ambulanten Behandlungen Zeit zu gewinnen und den Verlauf bis zur spontanen Besserung zu überbrücken.

Allerdings gelingt es, mit neurotropen Substanzen und Reizstoffen bei chronischen Syndromen Analgetika einzusparen und deren Nebenwirkungen zu verringern. Zur äußeren Anwendung kommen Reizstoffe auch in Salbengrundlagen oder Linimenten in Betracht.

3. Physikalische Therapie

a) Eine Massage-Behandlung unter Bedingungen, die zu einer guten Entspannung Anlaß geben, kann sehr nützlich sein und ist einer pharmakologischen Polypragmasie im Hinblick auf deren schädliche Nebenwirkungen vorzuziehen. Ähnlichen Zwecken können auch elektrische Behandlungen mit niederfrequenten Reizströmen dienen.
b) Örtliche Wärmebehandlung: Diathermie mit Hochfrequenz führt zur Erwärmung und Zunahme der Durchblutung in tieferen Gewebsbereichen. Ultraschall hat den Vorzug, auch eine Mikromassage zu bewirken. Mit Peloidpackungen (Fango) sind jedoch länger anhaltende Besserungen zu erzielen, da bei ihnen die reflektorische Abkühlfunktion der Haut nicht wirksam wird (DREXEL). Manche Kranke vertragen jedoch örtliche Kälteanwendung (PRIESSNITZ-Umschläge) besser als Wärme.
c) Elektro-Therapie: Galvanischer Strom wird zumeist zur Iontophorese oder bei ausgedehnten, chronischen Prozessen in Form des Stanger-Bades eingesetzt.
d) Balneologische Behandlung verbindet meist oberflächliche thermische Reizeffekte mit Bewegungsübungen, Krankengymnastik und Massage und kommt für akute Störungen kaum in Betracht.

4. Radiologische Behandlung

Röntgenbestrahlungen mit geringen Dosen, kommen im allgemeinen nur bei über 40 Jahre alten Patienten mit chronischen Prozessen in Betracht.

5. Orthopädische Behandlung

Stützmieder korrigieren die Haltung und bewirken teilweise Immobilisation. Sehr wichtig ist Rückendisziplin: Sitzkorrektur bei Bürotätigkeit und am Steuer von Kraftfahrzeugen. *Isometrisches Muskeltraining* verhindert Bewegungseinschränkungen und Fehlhaltungen in ungünstiger Stellung. Bewegungsübungen, Krankengymnastik und Unterwassertherapie lockern die betroffenen Segmente und verringern Haltungsschäden.

6. Begleittherapie

Übungen zur psychischen Entspannung beugen einem länger dauernden Gebrauch von Medikamenten vor und helfen, deren Dosis zu reduzieren. Die vom autogenen Training bereits gut bekannten psychophysischen und vegetativen Begleiteffekte (LUTHE, 1975) können in ähnlicher Form von anderen Entspan-

nungsübungen und bestimmten Meditationsformen erwartet werden. Bei entsprechender psychischer Einstellung des Kranken können solche Übungen daher gut als Begleittherapie ausgenützt werden. Zur ableitenden Therapie über die Head'schen Zonen kann man sich auch der *Akupunktur* bedienen. Klassische Psychotherapie ist aber Ausnahmefällen vorbehalten.
Auch mit Tranquillantien und bestimmten Psychopharmaka, (Neuroleptika, Antidepressiva bei larvierten Depressionen) kann man dem Mißbrauch von Analgetika vorbeugen. Die Wirkung von Sexualhormonen ist dagegen unsicher.

7. Neurochirurgische Behandlung

Sie ist bei akuten Störungen mit Paresen und Denervationszeichen indiziert, bei Kauda-Syndromen mit Miktionsstörungen dringlich, muß aber auch bei Syndromen mit neurologischen Ausfällen erwogen werden, wenn die konservative Therapie innerhalb von drei Wochen keine Besserung bewirkte.

Zusammenfassung

Für die Therapie von Lumbago-Syndromen gibt es keinen einheitlichen Behandlungsplan. In Abhängigkeit von der Herkunft, der Art und dem Verlauf der Erscheinungsformen muß man aus den zur Verfügung stehenden Möglichkeiten die angemessene Kombination auswählen. Es ergeben sich allerdings gewisse Leitlinien für die Behandlung der häufigen, nicht spezifischen Lumbago-Syndrome und den Einsatz medikomechanischer, pharmakologischer und physikalischer Maßnahmen. Bei ihnen ist auf die entsprechende Begleittherapie auf dem Wege über die psychische und muskuläre Entspannung zu achten. Zu ihnen können sich im Bedarfsfall radiologische, orthopädische und neurochirurgische Maßnahmen gesellen.

Aus der Neurochirurgischen Klinik mit Poliklinik der
Universität Erlangen-Nürnberg
(Direktor: Prof. Dr. W. Schiefer)

Lumbale Bandscheibenerkrankungen - Indikation zur Operation

W. Schiefer

Das in der Praxis so häufige Lumbago-Ischias-Syndrom kann entzündlicher Natur, toxisch oder mechanisch bedingt sein. Im Hinblick auf die therapeutischen Möglichkeiten spricht man auch von einer „internistischen“ oder „chirurgischen“ Ischias (s. WARTENBERG, 277). Die häufigste Ursache der letzteren ist der lumbale Diskusprolaps, welcher lateral gelegen eine oder zwei lumbale Wurzeln irritiert oder in medialer Position ein Kaudasyndrom verursachen kann.

Um eine spezielle Behandlung einleiten zu können, ist die genaue Kenntnis der Vorgeschichte und der Symptomatik notwendig. Ich kann hier auf die vorangegangenen Beiträge Bezug nehmen. In der Vorgeschichte fehlen selten Angaben über längere, oft Jahre bestehende, rezidivierende Kreuzschmerzen, die manchmal so stark sind, daß sie als „Hexenschuß“ bezeichnet werden. Früher oder später treten dann „Ischiasbeschwerden“ mit Schmerzausstrahlung in Bein oder Fuß hinzu. Die Patienten klagen in der Regel über eine Verstärkung ihrer Beschwerden bei längerem Sitzen oder Stehen, insbesondere auch bei intraspinaler Druckerhöhung durch Husten, Niesen oder Pressen.

Bei der Untersuchung unterscheiden wir zwischen *vertebralen* und radikulären Symptomen. Zu den ersteren gehören die schmerzbedingte Fehlhaltung der Wirbelsäule, nämlich eine lumbale Beugeversteifung, während die Seitenbewegungen weniger eingeschränkt sind.

Parallel damit besteht eine Aufhebung der Lendenlordose, die über eine Streckhaltung bis zur Kyphosierung gehen kann. Oft findet sich eine Ausweichskoliose; außerdem Klopf- und Druckschmerz im entsprechenden Bereich, Verspannung der paraspinalen Muskulatur und anderes mehr.

Neben diesen vertebralen Symptomen kommt es zu *radikulären* Störungen: Ausstrahlende Schmerzen und gelegentlich Parästhesien, die meist segmentalen Charakter haben. Der laterale Diskusprolaps betrifft am häufigsten den lumbosakralen Zwischen-

Segment	L4	L5	S1
Reflex	PSR	TPR	ASR
Sensibilität			
Motorik	Oberschenkel-strecker	Fußheber	Fußsenker

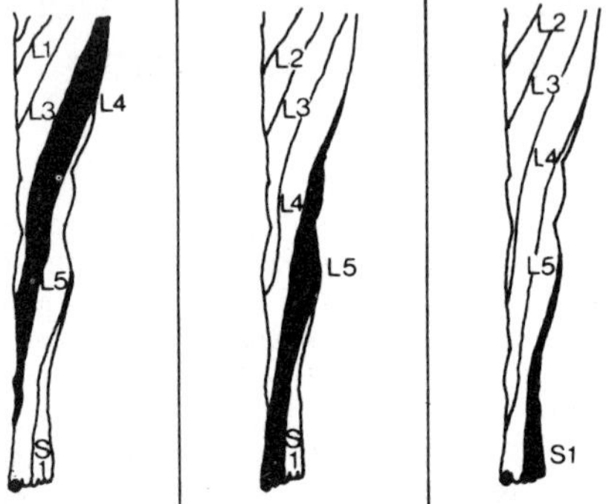

Abb. 1 Neurologische Ausfälle bei lumbaler Wurzelkompression im Bereich der Zwischenwirbelräume LWK 3/4, LWK 4/5 und LWK 5/Kreuzbein (nach H. DAUN)

wirbelraum (Abb. 1) und irritiert damit die Wurzel S1. Fast ebenso häufig ist die Wurzel L5 betroffen, seltener auch die Wurzeln L4 und L3. Eine Höhenbestimmung der betroffenen Wurzel bzw. des Prolapses ist meist schon anhand des neurologischen Befundes möglich, wobei das Reflexverhalten, Sensibilitätsausfälle und motorische Störungen herangezogen werden können. Auch durch elektromyographische Untersuchungen gelingt die Segmentdiagnose der irritierten lumbalen oder sakralen Wurzeln in einem hohen Prozentsatz. Wichtig ist die Prüfung des Lasègue'schen Zeichens, an dem wir uns über den akuten Zustand des Krankheitsbildes informieren können. *Vegetative* Symptome können das Wurzelreizsyndrom um Wochen und Monate überdauern und erklären manche Restbeschwerden wie beispielsweise abnorme Ermüdbarkeit, ein Schweregefühl der Beine, dumpfe Schmerzen in der Tiefe der Muskulatur, Wadenkrämpfe, Kältegefühl und Durchblutungsstörungen.

Neben dem lateralen Diskusprolaps gibt es auch den *medialen Vorfall* oder *Massenprolaps*, der zu einer doppelseitigen Irritation, d.h. zur Kaudalähmung führt (Abb. 2). Die Symptomatik wird von

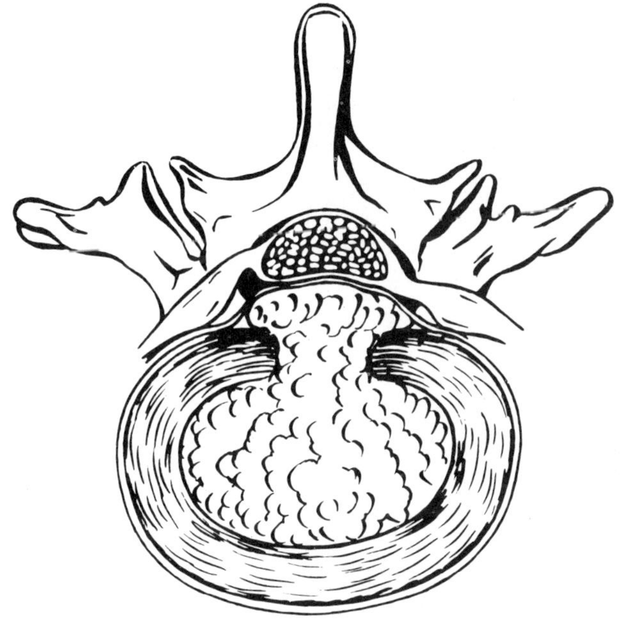

Abb. 2 Postero-medialer Bandscheibensequester mit Kompression der kaudalen Wurzeln

der Höhe des medialen Vorfalles bestimmt. Es finden sich ein- oder doppelseitige Lähmungen der Füße, des Gesäßes, Ausfälle der Sakralwurzeln S1 bis S5 im Sinne einer Reithosenanästhesie und -analgesie, Blasen-Mastdarmlähmung, Potenzstörungen. Die Reflexe sind meist bds. aufgehoben.

Die Frage, ob zur weiteren Diagnostik eines lumbalen Bandscheibenvorfalles eine *Röntgenuntersuchung* notwendig ist, muß man mit REISCHAUER (221) verneinen. Die Verschmälerung des lumbosakralen Zwischenwirbelraumes wird mit zunehmendem Alter so häufig, daß sie keinen Krankheitswert besitzt. Allenfalls die Verschmälerung der höher gelegenen Zwischenwirbelräume vermag einen gewissen Hinweis auf den Ort der Läsion zu geben. Typisch ist die Steilstellung der LWS auch im Röntgenbild, d.h. die schmerzbedingte Aufhebung der physiologischen Lordose (s. Abb. 3). Natürlich hat die Röntgenuntersuchung ihre Bedeutung zum

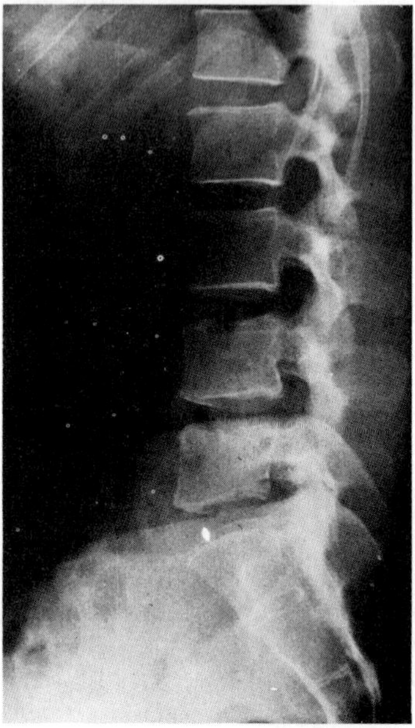

Abb. 3 Röntgenaufnahme der Lendenwirbelsäule. Steilstellung mit Aufhebung der physiologischen Lendenlordose

Ausschluß andersartiger Erkrankungen wie z.B. knochenzerstörender maligner Prozesse.
Heute wird nun für die Indikation zur operativen Behandlung der lumbalen Wurzelkompression der *Kontrastmitteldarstellung des Wirbelkanals* zunehmende Bedeutung beigemessen (s. Abb. 4 u. 5). Mit Verbesserung der technischen Möglichkeiten und mit Entwicklung neuerer, schonender Kontrastmittel - die ohne die früher notwendige Lumbalanästhesie angewendet werden - kann man gegen eine Myelographie keine Einwände machen. Man darf diese Methode nur nicht überbewerten und muß sich immer vor Augen halten, daß die Indikation zur Operation ausschließlich von Vorgeschichte und klinischem Befund - nicht aber vom Ergebnis der Myelographie - abhängt. Falsch negative Befunde werden beispielsweise von OTTO et al. (206) bei der Myelographie mit Dimer-X mit 20,8 % angegeben, falsch positive Befunde im Myelogramm, d.h. ein Prolaps, der sich später operativ nicht bestätigen ließ, von HIRSCH et al. (118) in 17 %, von BEGG et al.

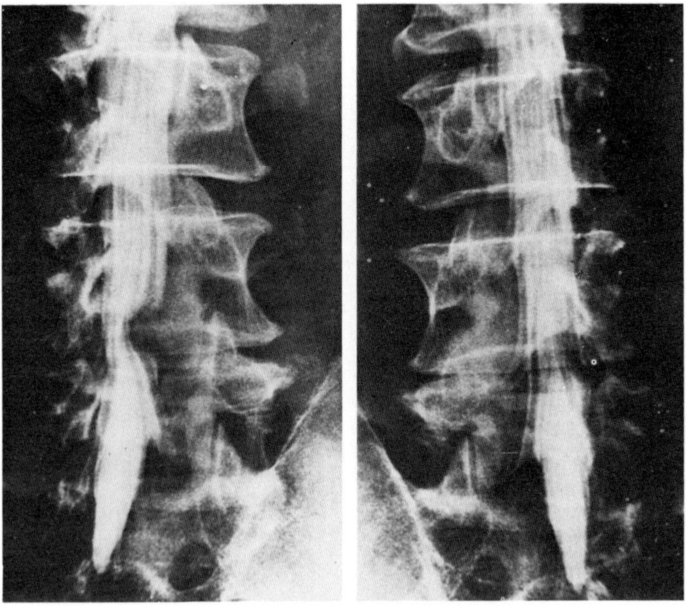

Abb. 4 Myelogramm bei Bandscheibenvorfall im Bereich des Zwischenwirbelraumes LWK 4/5

(15) in 11,6%. WELLAUER (279) berichtet über 483 Fälle der Neurochirurgischen Klinik Zürich, die unter dem Verdacht auf Bandscheibenprozesse untersucht worden waren. Er fand 75 positive oder negative Fehldiagnosen. Das sind etwas mehr als 15%. Ganz allgemein schwankt die Übereinstimmung von Röntgen- und Operationsbefund in größeren Serien in den letzten Jahren zwischen 76 und 92%.
So gewinnt man den Eindruck, daß eine Myelographie in vielen Fällen eher aus Gründen der juristischen Absicherung als wirklich aus ärztlicher Notwendigkeit durchgeführt wird. Auch die Myelographie mit modernen wasserlöslichen Kontrastmitteln, also Conray, Dimer-X oder Amipaque ist zudem nicht frei von Komplikationsmöglichkeiten. Es sei hier an das Auftreten von Krampfanfällen, stärkeren Spasmen oder länger anhaltenden Liquorunterdruckbeschwerden erinnert.
Bei der *Indikation zur Operation* eines lateralen Bandscheibenvorfalls ist zwischen einer relativen und absoluten Indikation zu

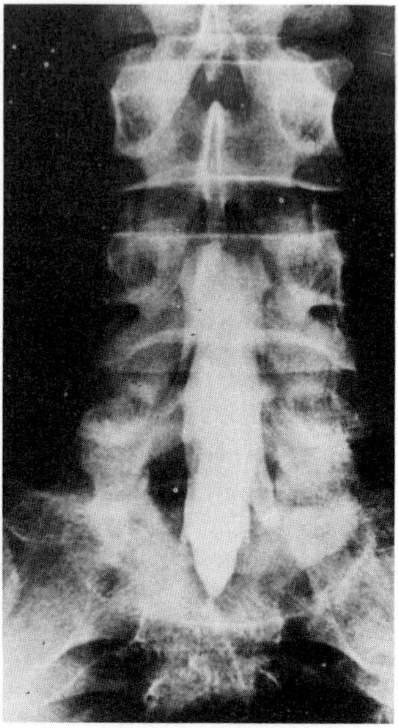

Abb. 5 Fehlende Darstellung der Wurzel S1 links infolge lumbosakralen Bandscheibenvorfalls

---

a) relative Indikation

bei Therapieresistenz über mehrere Wochen bis Monate

bei rasch aufeinanderfolgenden Schmerzrezidiven

b) absolute Indikation

bei **schweren** motorischen Ausfällen

bei Störung der Blasen-Mastdarm-Funktion

beim Kauda-Syndrom durch Massenprolaps

Tab. Indikation zur operativen Behandlung des lumbalen Wurzelkompressions-Syndroms

unterscheiden. Für eine *relative Indikation* zur Operation sind vor allem das subjektive Erleben des Patienten, also Dauer und Intensität der Schmerzen maßgeblich (REISNER, 224). Die eingangs erwähnten objektiv feststellbaren vertebralen und radiku-

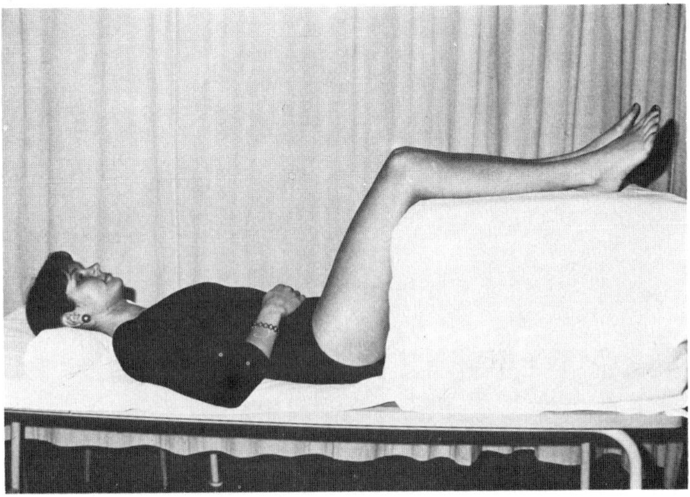

Abb. 6 Lagerung im Stufenbett

lären Symptome können für diese relative Indikation nur unterstützend bewertet werden. Wenn keine stärkeren Ausfälle vorliegen, muß auf jeden Fall vor der Operation ein intensiver konservativer Behandlungsversuch unternommen worden sein. Zunächst ist eine Schmerzbehandlung durch Lagerung im Stufenbett (s. Abb. 6), also unter Kyphosierung, erforderlich. Es kann sich auch ein Aushängen im Perl'schen Gerät (s. Abb. 7) etwa zweimal täglich für 15 bis 20 Minuten kombiniert mit Rotlichtbehandlung und leichter Massage als günstig erweisen. Medikamentös steht ein ganzes Arsenal an Mitteln zur Verfügung: Die Kombination von Atosil und Megaphen, Valium, Amuno (am besten in Form von Suppositorien) oder auch Dexamonozon sowie Vitamin-B-Präparate sind empfehlenswert - um nur einiges zu nennen. Es können auch paravertebrale Infiltrationen oder peridurale Injektionen eines Prednisolonpräparates vorgenommen werden. Bewegungsbäder in warmem Wasser von mehr als 28° sind sehr empfehlenswert. Ein Klimawechsel kann sich als vorteilhaft erweisen. Nach Abklingen der stärkeren Beschwerden erfolgt dann eine Lockerungsbehandlung der Muskulatur. Über weitere orthopädische und chiropraktische Maßnahmen wird noch zu sprechen sein.
Etwa 80 % aller Fälle mit lumbalem Wurzelkompressionssyndrom sprechen auf gezielte konservative Therapie gut an. Nur bei

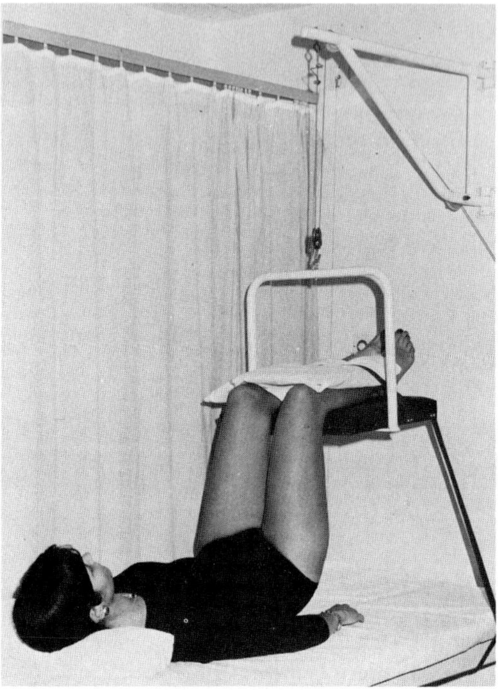

Abb. 7 Aushängen in der „Perl'schen Schaukel“

Versagen dieser Therapie wird nach einigen Wochen oder gar einigen Monaten eine operative Behandlung zu diskutieren sein. Dasselbe gilt für Kranke, die an rezidivierenden Ischiasattacken mit der angegebenen Symptomatik leiden, entweder wenn diese Anfälle sich kurzfristig wiederholen oder die Abstände zwischen den Attacken immer kürzer werden. Wir glauben, daß man nach zwei, spätestens aber nach drei konservativen Behandlungsversuchen bei Auftreten eines neuen schweren Schubes operieren sollte und zwar nicht nur wegen der immer wieder bestehenden langen Arbeitsunfähigkeit, sondern auch wegen der entstehenden reaktiven Osteochondrose, wodurch die Operationserfolge bezüglich der Kreuzschmerzen verschlechtert werden. Im schmerzfreien Intervall wird nicht operiert und auch dann nicht, wenn die Beschwerden im Abklingen begriffen sind.

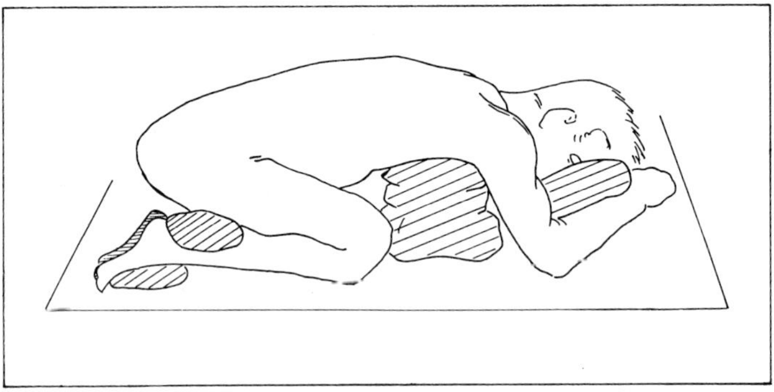

Abb. 8 Hocklagerung zur Operation (nach KUHLENDAHL)

Eine *absolute Indikation* für den operativen Eingriff bei nachgewiesenem Diskusprolaps ist aber dann gegeben, wenn sich bei den Patienten aus dem Stadium des Schmerzes oder der alleinigen Sensibilitätsstörung heraus *stärkere* motorische Ausfälle entwikkeln. Auch wenn sich die motorischen Ausfälle langsam progredient bemerkbar machen, darf keineswegs zu lange gewartet werden, bis die Lähmung vollständig ist. Das plötzliche Nachlassen der Schmerzen signalisiert den sog. „Wurzeltod". Bei diesem scheinbaren Erfolg der konservativen Therapie kommt ein operativer Eingriff meist zu spät. Miktionsstörungen bei einer Ischialgie sind ebenfalls eine absolute Indikation zur Operation. Sie werden gelegentlich verkannt, wenn sich bei dem Patienten bereits eine „Überlaufblase" entwickelt hat.

Auch beim sequestrierten Vorfall oder beim medialen Massenprolaps mit *Kaudasyndrom* bedarf es rascher Erkennung. Hier gibt es nur eine Therapie, nämlich die schnelle operative Entfernung des Sequesters. Jegliche konservative Maßnahmen sind in diesem Falle kontraindiziert.

Die Bereitwilligkeit des Patienten, sich einem operativen Eingriff zu unterziehen, hängt natürlich von den Erfolgsaussichten der Operation, aber auch deren evtl. Gefahren ab. Hier kursieren in Laienkreisen, aber auch bei Ärzten immer noch abenteuerliche Vorstellungen. Obwohl schon Fedor KRAUSE im Jahre 1909 die erfolgreiche Operation eines Bandscheibenvorfalls durchführte, wurde die operative Behandlung des Ischiasleidens in Europa nur sehr zögernd aufgegriffen. In der Anfangszeit war die doppelseitige Laminektomie das Verfahren der Wahl. Seit Ende der zwanziger Jahre beschränkte man sich auf die Hemilaminektomie. In dem

Bestreben, die Statik der Wirbelsäule möglichst wenig zu beeinträchtigen und die Wirbelbögen zu schonen, hat schließlich J.G. LOVE (174) im Jahre 1939 den intralaminären Zugang empfohlen, der heute von fast allen Operateuren benutzt wird. Es hat sich als zweckmäßig erwiesen, den Eingriff in einer Hocklagerung (s. Abb. 8) durchzuführen, so daß die Lendenwirbelsäule kyphosiert und venöse Stauungen vermieden werden. Lange Zeit hat man den Eingriff in Lokalanästhesie durchgeführt, um durch den Nachweis der Schmerzlokalisation beim wachen Patienten den Prozeß besser auffinden zu können. Heute hat sich aber allgemein die Endotrachealnarkose durchgesetzt, so daß der Patient von alledem nichts mehr spürt.

Abbildung 9 zeigt das Prinzip der Operation: Einseitiges Abdrängen der Muskulatur, die durch Sperrer zurückgehalten wird, Fensterung des gelben Bandes, evtl. Wegnahme geringer Bogenanteile nach oben und unten. Darstellung der Dura, der Wurzel und des Prolapses. Dieser wird - wenn er nicht schon perforiert ist - ringförmig incidiert. Es quillt dann das nekrotische Gewebe vor und läßt sich mittels Faßzange entfernen. Der Nucleus pulposus wird dann mit einem scharfen Löffel ausgeräumt. Der Anulus fibrosus bleibt erhalten. Ein Ersatz für das entfernte degenerativ veränderte Gewebe ist nicht erforderlich. Für eine Nacht bleibt der Patient auf dem Rücken liegen, vom ersten postoperativen Tage an kann er auch seitlich gelagert werden, am fünften bis sechsten Tag verläßt er das Bett, am zehnten bis zwölften Tag kann er nach Hause entlassen werden. Eine Nachbehandlung von 4 bis 6 Wochen ist zweckmäßig. Die Dauer der Nachbehandlung muß sich etwas nach der zu erwartenden beruflichen Belastung richten. Die Versorgung mit einem Stützmieder ist allenfalls als Übergangshilfe gerechtfertigt bis die Gefügelockerung durch die gekräftigte Rückenmuskulatur kompensiert ist. Wir verzichten im allgemeinen aber auf eine solche Therapie.

Der Anteil sehr guter und befriedigender *Operationsergebnisse* wird in der Literatur mit 80 bis 90% angegeben, die unbefriedigenden Ergebnisse liegen zumeist um 10%, was auch unseren eigenen Erfahrungen entspricht. Hierbei handelt es sich überwiegend um restliche Rückenbeschwerden, die auf eine Gefügelockerung im Bewegungssegment bezogen werden müssen. Bei manchen Patienten läßt sich leider schon vorher sagen, daß von der operativen Entlastung und Entfernung des Prolapses kein Dauererfolg zu erwarten ist und daß diese Patienten sofort nach der Entlassung aus der stationären Behandlung unter Vorzeigen ihrer Narbe nun eine Rente wegen Berufs- oder gar Erwerbsunfähigkeit beantragen werden - und meist auch erhalten. Zweifellos wirken sich Band-

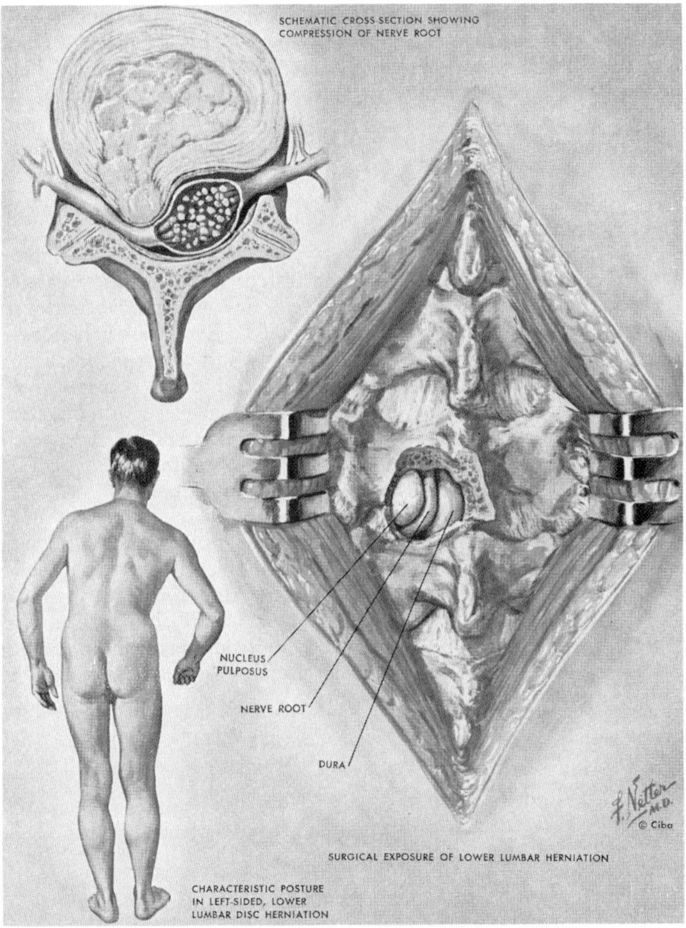

Abb. 9 Prinzip der Operation beim lumbalen Bandscheibenvorfall (Fensterung nach LOVE), aus: The CIBA Collection of Medical Illustration by Frank H. Netter, M.D. Abdruck erfolgte mit freundlicher Genehmigung der CIBA-GEIGY GmbH, Wehr/Baden.

scheibenleiden am ungünstigsten bei Arbeitern der Schwerindustrie aus. Es folgen Bergbau, Baugewerbe, Waldarbeiter, Klempner, Schlachter, Turnlehrer und Krankenpflegepersonal. Entsprechende Umschulungsmaßnahmen sind unerläßlich. Von vielen Autoren wurde immer wieder festgestellt, daß die Spätergebnisse bei Privatversicherten wesentlich besser seien als bei Pflichtversicherten. Dies muß man bestätigen, wobei allerdings zu berücksichtigen ist, daß viele Privatpatienten nicht den starken körperlichen Belastungen ausgesetzt sind. Trotzdem gibt es offensichtlich viele Menschen, bei denen quasi die „Seele im Kreuz liegt" und deren Gesundheitszustand eng mit Schwierigkeiten im Privatleben zusammenhängt.

Zusammenfassung

Bandscheibendegenerationen sind natürliche Abnutzungsvorgänge. Sie setzen bereits in der Pubertät ein und laufen während des gesamten Lebens ab. Am stärksten sind die Zwischenwirbelscheiben der untersten Lendenwirbel den ständigen Belastungen ausgesetzt, so daß Einrisse des Faserringes und das Vortreten von Nucleus-pulposus-Gewebe in den Wirbelkanal hier am häufigsten auftreten. Bei dorso-lateralem Vortreten kommt es zur Kompression einer oder zweier Nervenwurzeln, bei dorsomedialem Vorfall werden die Wurzeln der Cauda equina komprimiert.
Für die Anzeigestellung zur Operation muß zwischen relativer und absoluter Indikation unterschieden werden. Solange keine stärkeren motorische Ausfälle auftreten oder sich Störungen der Blasen-Mastdarmfunktion bemerkbar machen, ist eine konservative Therapie gerechtfertigt. Ich konnte Ihnen unsere Indikation zur Operation im einzelnen darlegen. Die Behandlungsergebnisse sind im allgemeinen gut bis sehr gut, die Gefahren eines Eingriffes nur gering.

Aus der Orthopädischen Universitätsklinik und Poliklinik
im Waldkrankenhaus St. Marien, Erlangen
(Direktor: Prof. Dr. med. D. Hohmann)

Orthopädische Maßnahmen bei lumbalen Bandscheibenerkrankungen

D. Hohmann

In den vorausgegangenen Beiträgen wurde die *Therapie* des Lumbalsyndroms und die *Indikation* zu lumbalen Bandscheibenoperationen besprochen. Was sollen wir nun, nachdem sich der Orthopäde in Klinik und Praxis mit *beiden Problemen* zu befassen hat, unter orthopädischen Maßnahmen bei lumbalen Bandscheibenerkrankungen verstehen? Im französischen Schrifttum steht „orthopädische Therapie" synonym für eine konservativ-physikalische und apparativ-technische Behandlung. Wie in aller Welt, so verstehen wir deutsche Orthopäden uns auch - aber eben nur *auch* - als orthopädische Chirurgen. Die Aufgabe dieses Beitrages soll es sein, eine sinnvolle *Synthese* konservativer und operativer Therapiewege aufzuzeigen. Wenn wir uns hierbei ein wenig als *Neuroorthopäden* verstanden wissen möchten, so deshalb, weil wir uns der Neurologie und der Neurochirurgie mit achtungsvoll freundschaftlichem Interesse verbunden fühlen.

Im Prinzip ist dem, was über die Indikation zu lumbalen Bandscheibenoperationen gesagt wurde, nichts hinzuzufügen. Auch wir sind der Meinung, daß eine sorgfältige Indikationsstellung die entscheidende Voraussetzung befriedigender Behandlungsergebnisse darstellt.

Auf die konservative Behandlung *akuter* lumbaginöser oder ischialgieformer Schmerzzustände kann ich in diesem Rahmen nicht eingehen. Im Vordergrund unseres Interesses sollen heute *chronische* lumbale, lumbosacrale und ischialgieforme Beschwerdebilder stehen. Unter diesen Patienten haben wir ja in der Regel jene „Problemfälle" zu suchen, deren Therapie- bzw. Arztanamnesen eine außerordentliche Variationsbreite der Verordnungen, nicht selten eine gewisse Unsicherheit, manchmal aber auch eine Ratlosigkeit des Therapeuten wiederspiegeln. Da wir alle wissen, wie sehr Schmerzempfindungen und Krankheitsgefühl auch von der psychischen Verfassung abhängen können, mag eine gewisse Neigung bestehen, schwer beeinflußbare Schmerzbilder einer psychischen Fehlhaltung anzulasten.

Die Diagnose „Bandscheibenschaden" ist in aller Regel eine Röntgendiagnose, die sich auf Verschmälerung einer Zwischenwirbelscheibe und auf das Vorhandensein spondylotischer Zacken stützt. Es ist eine Binsenweisheit, daß derartige Röntgenbefunde häufig genug nur Denkmäler eines längst abgelaufenen Krankheitsprozesses sind (MARQUARD, 179), denen u.U. derzeit kein Krankheitswert zukommt und die sich nicht mit aktuellen Beschwerdebildern korrellieren lassen. Bei allen Betrachtungen, die sich mit der Analyse schmerzhafter Funktionsstörungen der LWS befassen, lassen wir uns von der Vorstellung des *Bewegungssegmentes* als funktionelle Einheit leiten (JUNGHANNS, 239). Dabei müssen wir dieses Bewegungssegment als einen Teil der vielgliedrigen Funktionseinheit Wirbelsäule in Abhängigkeit von statischer und dynamischer Leistungsanforderung und vorgegebener Gefügestabilität und aktiver Muskelleistung sehen. Veränderungen der Rumpfstatik als Folge muskulärer Insuffizienz werden nicht ohne Einfluß auf die Stabilität von Bewegungssegmenten bleiben, ein schmerzhaft instabiles Segment hat Fehlhaltung und muskuläre Fehlbeanspruchung zur Folge. Beispielhaft sei hier nur auf die geradezu typische Verursachung eines chronischen Lumbosacralschmerzes durch die Hyperlordose hingewiesen. Der tiefsitzende Kreuzschmerz tritt in *scheinbar völlig differenten* Belastungssituationen in Erscheinung. Im *Liegen* auf dem Rücken, schlimmer noch auf dem Bauch, in bestimmten *Sitz*haltungen und vor allem bei längerem *Stehen.* Beim Gehen, vor allem bergauf, schwinden die Schmerzen. Die oft schier reflektorisch verordneten Heißluft-Massage-Behandlungen haben keinen Erfolg gebracht und auch die empfohlene Trainingsbehandlung „viel Schwimmen" hat enttäuscht oder eine Schmerzakzentuierung verursacht.
Der Röntgenbefund kann von „unauffällig" - was den Verdacht der Überwertung der Schmerzen nahelegt - bis zu „Osteochondrose" und „Spondylarthrose" reichen. Was ist allen diesen Funktionsstellungen der Wirbelsäule gemeinsam? Die *Tendenz zur Lordosevermehrung.* In Rückenlage zieht die Hüftbeugemuskulatur des gestreckten Beines und das Lig. ileofemorale das Becken in Kippstellung und lordosiert die LWS. Im Stehen läßt die insuffiziente Bauch- und Glutealmuskulatur das Becken nach vorne kippen und beim Brustschwimmen - das unsere Damen wegen ihrer Frisur bevorzugen - wird die LWS besonders kräftig lordosiert. Lordosebeanspruchung der unteren LWS - und auch der HWS - führt neben vermehrter Scherbeanspruchung der Bandscheibe zu vermehrter Pressung der in funktionelle Endstellung gedrängten Wirbelbogengelenke. Bestehende Segmentlockerungen erfahren eine Verschlimmerung, arthrotische Wirbelgelenke geraten in einen

Reizzustand einer aktivierten Arthrose. Zwischen den Dornfortsätzen wird das Lig. interspinosum gepreßt und schließlich zerrieben. Gewichtsreduktion und einige einfache krankengymnastische Übungen *„in die Kyphose“* über längere Zeit konsequent durchgeführt, sind wirkungsvoller und entscheidend billiger als Thermalbadekuren, die allein auf den segensreichen Wirkungen warmen Wassers, den mystischen Einflüssen diverser Spurenelemente und allenfalls auf dem haltungsverbessernden Einfluß des Kurschattens basieren. Ist eine Hyperlordose als schmerzauslösender Faktor erkannt worden, so kann auch durch ein statikverbesserndes Mieder eine entlastende Haltungskorrektur erreicht werden (G. HOHMANN, 121). Eine sorgfältige Ursachenanalyse muß der Behandlung vorangehen. Kompensatorische Zwangslordosen bei Hüftbeugekontrakturen sind mit diesen Mitteln nicht kurabel. Die Korrektur einer fehlerhaften Becken- Beinstatik kann u.U. vor Durchführung einer operativen Maßnahme in ihrer Auswirkung auf den Lumbosacralabschnitt simuliert und getestet werden, so daß wir größere Sicherheit in der Prognose eines gewünschten Behandlungserfolges gewinnen können. Neben Kontrakturen müssen auch Beinlängendifferenzen in ihrer statischen Auswirkung auf lumbale Bewegungssegmente bedacht und erkannt werden. Für Frontal- und Sagittalebene gewinnen wir aus statischen, d.h. im Stehen angefertigte Röntgenaufnahmen bei gleicher Strahlenbelastung und gleichen Kosten zusätzliche wertvolle Informationen. Von lumbalen Kompressionssyndromen und offensichtlichen oder larvierten Statikfehlern abgesehen, wird sicher zu Recht die Instabilität eines Bewegungssegmentes als ein wesentlicher schmerzverursachender Faktor angesehen. Hierbei können wir in der Höhenminderung eines Bandscheibenraumes mit konsekutiver Entspannung des intervertebralen Bandapparates einen wichtigen Grund für die Gefügelockerung erblicken. In Abhängigkeit der WS-Form und der Stellung der Intervertebralgelenke sind neben der im Röntgenbild deutlichen Bandscheibenverschmälerung auch Verschiebungen benachbarter Wirbel nach ventral oder dorsal erkennbar. Funktionsaufnahmen in Inklination und Reklination, wie sie z.B. bei der Untersuchung der HWS viel weiter verbreitet sind, können helfen den Verdacht der Gefügelockerung zu verifizieren (BERTRAM u. SEIDEL, 247). Das therapeutische Prinzip ist dann in stabilisierenden Maßnahmen zu sehen, von denen die älteste und risikoärmste die externe Fixation mit einem starren Mieder oder Korsett vor allem dem älteren Patienten zusammen mit aktivitätserhaltender isometrischer Übungstherapie Erleichterung verschafft. Beim jüngeren Patienten stößt der Vorschlag einer Korsettversorgung häufig auf Ablehnung, darüberhinaus ist eine exakte Fixation eines schmerzhaft instabilen Segmentes mit äußeren Mitteln oft unbefriedigend. Wir werden vor die schwierige Frage gestellt, ob eine Schmerzbefreiung oder entscheidende Besserung durch einen stabilisierenden Eingriff zu erwarten ist, wenn Neurologe und Neurochirurg ein mono- oder oligoradikuläres Kompressionssyndrom ausschließen. Diese Entscheidung ist deshalb so schwierig, weil sich die Indikation nicht allein am morphologischen Substrat der degenerierten Bandscheibe, sondern auch an einem so subjektiven Kriterium, wie der Schmerzäußerung, orientieren muß. Bei einem nicht risikofreien, technisch bisweilen diffizilen operativen Eingriff bestehen nicht zu Unrecht Bedenken gegen eine nur so unpräzise zu stellende Operationsindikation. Auf der anderen Seite beweist eine Fülle von erfolgreich mit einer Spondylodese behandelter Patienten die Effizienz des Eingriffes, wobei mit MORSCHER (195) aber betont werden muß, daß auch der Beurteilung positiver Resultate subjektive Äußerungen des Patienten zu Grunde liegen. Eine ebenso erfolgssichere Schmerzbeseitigung wie durch die Arthrodese eines Extremitätengelenkes können wir bei der vielgliedrigen Funktionskette der Wirbelsäule nicht vorhersagen. Die Spondylodese eines Bewegungssegmentes kann die kompensatorische Überlastung der Nachbarsegmente nach sich ziehen. Spondylodesen wurden lange Zeit in Amerika simultan mit der Bandscheibenoperation zur Vermeidung eines Postnukleotomie-Syndromes durchgeführt. Wir wissen aber, daß etwa 35-55 % aller Patienten nach Nukleotomien in Zukunft schmerzfrei bleiben, so daß bei ihnen eine Versteifungsoperation ohnehin nicht indiziert wäre. Auch bei instabilen Spondylolysen und Spondylolisthesen ist das Schmerzbild je nach Untersuchungszeitpunkt sehr unterschiedlich, vor allem HIRSCH (117) hat auf diesen intermittierenden Verlauf hingewiesen. Darüberhinaus können Patienten mit fehlgeschlagener Spondylodese schmerzfrei sein und bei fest durchbauten stabilen Fusionen kann das subjektive Schmerzbild persistieren. Alles das zeigt, wie problematisch die Entscheidung sein kann und welche Zurückhaltung bei der Indikationsstellung am Platze ist. Wir müssen versuchen möglichst objektivierbare, reproduzierbare und segmentbezogene Kriterien zu finden (MORSCHER, 195, 196).

1. Temporäre Fixation im eng anmodellierten Gipsmieder zur Simulation des Operationsergebnisses.
2. Durchleuchtungsgezielte Lokalanästhesie arthrotischer Wirbelgelenke verbessert die Segmentdiagnostik.
3. Guter Effekt einer Lokalanästhesie an Muskel- Sehnenansätzen bzw. am lig. interspinosum spricht *gegen* eine artikuläre Schmerzverursachung.

4. Funktionsaufnahmen können Bewegungsverluste und Instabilitäten aufdecken. Metrische Auswertungen von Funktionstomogrammen haben bei Transversalverschiebungen über 2 mm eine gute Übereinstimmung mit dem Beschwerdebild gebracht, so daß von ihnen eine gewisse Sicherung der Fusionsindikation erwartet werden kann.

Spondylodesen können nach verschiedenen Techniken vorgenommen werden, die mit unterschiedlichem Zeitaufwand im Prinzip zum gleichen Ergebnis der Segmentstabilisierung führen. Paraspinalen dorsalen Fusionen haftet in der Regel der Nachteil einer langen Ruhigstellung, eine pseudarthrosegefährdete Spanbrücke und die Einbeziehung nicht erkrankter Nachbarsegmente an. Der Bewegungsverlust mehrerer Segmente bedeutet kompensatorische Mehrbeanspruchung für die frei bleibenden. Intrakorporelle Spondylodesen bieten die beste Garantie für eine solide ossäre Verblokkung nur des betroffenen Segmentes. Ventrale intrakorporelle Spondylodesen (HARMON, 111) haben gewisse biomechanische Vorteile einer besseren Frühstabilität, stellen aber wegen des intra- oder retroperitonealen Zuganges ein höheres Blutungs- und Thromboserisiko dar (POLSTER, 214).

Ein unerwünschter Sympathektomieeffekt ist nicht auszuschließen. Bei Männern werden Sexualstörungen befürchtet. Wir glauben, daß der entscheidende Nachteil ventraler Fusionen die fehlende Revision des Spinalkanales darstellt. Nachdem wir auch in der Lage sind Spondylolisthesen 3. - 4. Grades von dorsal einzeitig zu reponieren und zu fusionieren, halten wir den ventralen Zugang nur zur Behandlung spezifischer oder unspezifischer Spondylitiden oder Tumoren für nötig.

Die dorsale intrakorporelle Spondylodese nach CLOWARD (43) in der Modifikation nach WILTBERGER (286) ermöglicht in Kuhlendahl'scher Lagerung, auch ohne Hemilaminektomie einen ausreichenden Zugang, um ohne wesentliche Wurzelirritation, verhältnismäßig großvolumige Knochenblöcke einzufügen. Der große Vorteil ist die Möglichkeit einer gleichzeitigen Wurzeldekompression und Fusion, die häufiger bei Spondylolisthesen, selten bei degenerativen Bandscheibenschäden, indiziert ist (CAMPBELL, 34). Eine Unterstützung der Indikation kann hier das Funktionsmyelogramm darstellen, das uns auch u.U. eine Unterscheidung von Prolaps und Protrusion ermöglichen kann.

Nicht nur vom instabil gewordenen Bewegungssegment können Beschwerden ausgehen, die eine Fusion erfordern. Lumbosakrale Assimilationsstörungen in Form der Lumbalisation oder Sakralisation können bei asymmetrischer Ausbildung zu außerordentlich schmerzhaften Nearthrosen zwischen dem fehlgebildeten, verbreiterten Querfortsatz und der massa lateralis des Sacrums führen. Kleinere Nearthrosen werden reseziert, bei großen Kontaktflächen und hochgradig gestörter Bewegungsmechanik des Lumbosakralsegmentes führt die Verblockung verläßlich zu Schmerzfreiheit.

In Klinik und Praxis sehen wir uns immer wieder vor diagnostische und therapeutische Problemfälle gestellt, deren radikuläres Schmerzbild oder deren radikuläre Parese weder durch ein positives Myelogramm, noch durch eine befriedigende operative Wurzelexploration geklärt oder gebessert wird. Hier müssen wir vielleicht etwas häufiger an die Möglichkeit einer Stenose des lumbalen Wirbelkanales denken, die allerdings bisher nur recht unbefriedigend diagnostisch erfassbar ist (BENINI, 16). Diese gedrängte Übersicht über einige Aspekte konservativer und operativer Behandlung lumbaler Bandscheibenerkrankungen ist unvollständig und subjektiv.

Wir haben versucht, deutlich zu machen, welche einfachen Behandlungsprinzipien z.B. bei statischer Wirbelsäuleninsuffizienz risikolos und kostensparend und vor allem erfolgversprechend angewandt werden können. Ferner möchten wir betonen, daß die Zurückhaltung, die wir bei der Indikationsstellung zu versteifenden Wirbelsäuleneingriffen üben, nicht als Unsicherheit verstanden werden darf, sondern als sorgfältiges Abwägen von Risiko und Erfolgschance bei nicht vital zwingenden Eingriffen.

Parkinson-Syndrom

Aus der Neurologischen Klinik des Krankenhauses Bremen-Ost
(Direktor: Prof. Dr. W. Steinbrecher)

Parkinson-Syndrom: Erkennung in der Sprechstunde

W. Steinbrecher

WIECK hat in einem Aufsatz über Psychiatrie und Psychosomatik in der täglichen Praxis unlängst von den drei Grundsituationen gesprochen, in denen sich der niedergelassene Arzt im Blick auf die Beschäftigung mit psychischen Störungen seiner Patienten befinden könne und in diesem Zusammenhange die Situation des *diagnostischen Vorfeldes,* die der eigenständigen Betreuung und schließlich die Nachbetreuung als dritte Grundsituation genannt. Man kann diese Feststellungen unschwer auch auf die Verhältnisse bei neurologischen Erkrankungen übertragen und anwenden, nur daß diese quantitativ sicher nicht den Umfang erreichen wie psychische Störungen.

Immerhin hat man festgestellt, daß etwa jeder 20. Mensch oberhalb des 60. Lebensjahres an extrapyramidalen Störungen vom Typ des Parkinsonsyndroms erkrankt, so daß man einschließlich der gewiß geringeren Zahl jüngerer Parkinsonpatienten in der Bundesrepublik mit etwa 200 000 Parkinsonpatienten zu rechnen hat - eine Zahl, die auch etwa der mir kürzlich von PARKES für England genannten entspricht.

Demnach ist die Wahrscheinlichkeit, daß sich hinter Krankheitssymptomen, mit denen ein Patient erstmals den niedergelassenen Arzt aufsucht, ein beginnendes Parkinsonsyndrom verbirgt, also gar nicht einmal so ganz gering. Die Notwendigkeit, die Erkrankung *möglichst früh diagnostisch richtig einzuordnen,* ergibt sich aus der Erfahrung, daß eine vor Eintritt des ausgeprägten Vollbildes einsetzende und permanent fortgeführte Behandlung für den Kranken eine ungleich bessere Langzeitprognose bedeutet, auch hinsichtlich seiner Berufsfähigkeit.

Man muß, um durch rechtzeitiges Darandenken zur *Frühdiagnose* zu kommen, einiges über die *Entstehungsmöglichkeiten* des Parkinsonsyndroms wissen.

Die Zeiten, wo die meisten Parkinsonkranken dem Formenkreis des postenzephalitischen Parkinsonismus zuzurechnen waren, sind vorbei. Die epidemische Enzephalitis hat Europa seit 50 Jahren verschont, die meisten aus früheren Epidemien herrührenden

Kranken sind ausgestorben. Andere sporadisch auftretende Enzephalitiden verursachen nur selten nachfolgend das Parkinsonsyndrom. Bei der Mehrzahl unserer heutigen Kranken beruht der Untergang und schließlich Verlust der dopaminergischen Neurone in der Stubstantia nigra - das pathologisch-anatomische Substrat aller Parkinsonformen - auf chronischer Hypoxie der betreffenden Hirnstammareale durch Gefäß- und Kreislauffaktoren oder ist primär degenerativer Art im Sinne der Paralysis agitans mit und ohne nachweisbare hereditäre Belastung.

Das medikamentöse Parkinsonoid wird man gewöhnlich durch entsprechende anamnestische Erhebung eingenommener Medikamente erfassen können. Andere exotoxische Formen, z.B. durch Kohlenoxid, Mangan, Blei und Quecksilber, sind ausgesprochen selten, müssen aber bei der Berufsanamnese bedacht werden. Nicht selten - so muß man bekennen - wird die Ätiologie dunkel bleiben oder nur zu vermuten sein. Diese Patienten werden gewöhnlich der idiopathischen Form zugerechnet. Im eigenen Krankengut diagnostizierten wir bei 112 Patienten 72% idiopathische Formen, von denen 34% faßbare Arteriosklerosezeichen erkennen ließen. 16% waren der hereditären Paralysis agitans zuzurechnen. Eindeutig postenzephalitischer Genese waren 8%, nur viermal ergaben sich exotoxische Momente, insbesondere Kohlenoxid und Blei. Medikamentöse Parkinsonoide sind hierbei nicht berücksichtigt.

Wenn wir die *Frühdiagnose* anstreben, müssen noch vor der vollen Ausprägung der *klassischen Symptomtrias* Akinese, Rigor und Tremor einmal deren latente Ausbildungsformen aufgespürt werden und zum *anderen Frühsymptome außerhalb dieser Trias* mehr als üblich Beachtung finden. Zu diesen Frühsymptomen gehören *Muskel- und Gelenkschmerzen,* die in der Frühphase von fast jedem Parkinsonkranken mehr oder weniger heftig empfunden werden. Nicht selten haben sie schon zu verschiedenen Behandlungsmaßnahmen in Richtung Muskelrheumatismus Anlaß gegeben oder zur Annahme eines Zervikal- oder Lumbalsyndroms geführt oder wurden als Durchblutungsstörungen gedeutet, wenn sie nach einiger Gehstrecke in einem Bein auftreten. Das ist nicht selten der Fall. Am häufigsten werden sie aber im Schulter-, Oberarm- oder Hüft-Oberschenkelbereich empfunden oder als Rückenschmerzen zwischen den Schulterblättern geklagt. Im eigenen Krankengut waren Frühschmerzen bei 66% der Patienten zu eruieren gewesen. Unter ihnen waren 87% in dieser Phase fehlgedeutet worden. Die Frühdiagnose gelang in 12%, darunter in zwei Fällen durch Selbstdiagnose des Patienten. Achtet man in solchen Fällen schwer erklärbarer rheumaähnlicher, meist haltungs- oder bewegungsabhängiger Schmerzen besonders sorgfältig auf andere latente extrapyramidale Früherscheinungen, so wird einem etwa eine stärker gebeugte Rumpfhaltung im Sinne einer gewissen *Kyphose* nicht entgehen, die sogenannte postural deflection der Angelsachsen. Sie ist gleichfalls ein häufiges Frühsymptom des Parkinsonismus und unterscheidet sich von der Alterskyphose, der generalisierten Spondylarthrosis und dem beginnenden Bechterew durch passive Ausgleichbarkeit und auffälligen Wechsel ihrer gradmäßigen Ausprägung, der mitunter dem Patienten selbst eigenartig erscheint und den er deshalb nennt.

Spätestens jetzt wird man zumal bei allen älteren Patienten das beginnende Parkinsonsyndrom stark in die diagnostische Erwägungen einzubeziehen und die Aufmerksamkeit gezielt auf weitere Hinweise zu richten haben. Gewöhnlich ist das tertium comparationis zu „Rheuma"-Schmerzen und verstärkte wechselnd ausgeprägte Rumpfbeugung eine gewisse *mimische Verarmung.* Sie zu ermitteln, ist es mitunter nötig, die Umgebung des Kranken zu befragen, weil sie ihr oft eher auffällt, als dem Patienten selbst. Nicht ganz leicht ist es, der Gefahr zu entgehen, eine beginnende extrapyramidale *Hypomimie* nicht als Ausdrucksphaenomen zu deuten. Die Diagnose einer reaktiven oder endogenen *Depression* liegt dann nahe und ist schon deshalb nicht ganz unverständlich, weil auch der Parkinsonkranke mitunter schon in solchem Frühstadium - später noch häufiger und meist sehr viel ausgeprägter - einer gewissen *subdepressiven Alteration* nicht entbehrt. Umso sorgfältiger ist auf die schon genannten und noch zu nennenden Begleiterscheinungen somatischer Art zu achten. (Auf mögliche syndromgenetische Zusammenhänge zwischen Depression und Parkinsonismus wird später noch näher hinzuweisen sein). Die Einzelsymptome, auf die in dem angesprochenen Zusammenhang nun Ihr Augenmerk gerichtet werden soll, entstammen durchweg der bekannten klassischen Symptomtrias des Parkinsonsyndroms, ohne immer diese ihre Zugehörigkeit zu *Akinese, Rigor oder Tremor* unmittelbar und direkt erkennen zu lassen. So gehört es sicher zu den schwierigen Ermittlungen, gewisse Veränderungen in der Sprachführung und Stimmelodie a) überhaupt zu registrieren - zumal unter dem üblichen Zeitdruck der Sprechstunde - und b) im Falle ihrer Entdeckung die richtige syndromgenetische Zuordnung als *Dyskinesie der Sprachwerkzeuge* im Rahmen der Akinese der Parkinsontrias zu treffen. Denkt man überhaupt an die Diagnose, wird man den Kranken immer etwas schreiben lassen, das Schriftbild mit der Lupe betrachten und im Zweifelsfalle auch einen Vergleich mit vor Jahren Geschriebenem vornehmen. *Mikrographie* und verzitterter Schriftduktus sind auch innerhalb ihrer geringfügigeren Ausbildungsgrade wichtige Indikatoren. Bei einem meiner

Parkinsonpatienten, einem Studienrat, kündigte sich das Parkinsonsyndrom dadurch an, daß die hinten sitzenden Schüler die von ihm an die Wandtafel geschriebenen Zahlen und Formeln nicht mehr lesen konnten und darob meuterten. Sie hätten ja recht, gab er zu, aber so sehr er darauf achte, werde die Schrift wie durch Zwang von Zeile zu Zeile etwas kleiner.

Ein guter Teil der Patienten macht es uns leichter, die Diagnose - mitunter auf Anhieb - zu stellen. Sie berichten über Auswirkungen der Akinese etwa dergestalt, daß sie zum An- und Auskleiden die doppelte Zeit benötigten, daß sie beim Gehen die Arme nicht mehr frei mitbewegten und daß ihre Schritte kürzer würden und führen uns so unmittelbar auf ein Kardinalsymptom, die Akinese in Mimik, Haltung, Gestik und koordinativer Bewegung, die bei voller Ausprägung die Einmauerung des Patienten ausmacht. Oder sie weisen uns auf das *zweite Kardinalsymptom, den Rigor,* hin, indem sie über ein unerträgliches Steifheitsgefühl der verschiedensten Muskelgruppen, überwiegend der Extremitäten, klagen. Rigor oder rigide Hypertonie der Skelettmuskulatur mit entsprechender Steifheit, Verspannung und wächsern erhöhtem Widerstand, oft im Sinne des sogen. Zahnradphaenomens sakkadiert unterbrochen, entstehen vermutlich vornehmlich durch *Dopaminmangel im Pallidum.* Das *dritte Kardinalsymptom, der Tremor* bleibt mitunter solange verborgen, als der Kranke sich bewegt, hantiert, sich setzt, gestikuliert und läßt sich in gewissem Umfang kaschieren, was manche Kranke unbewußt tun, indem sie etwa eine noch gesunde Hand auf die bereits zu zittern beginnende fest legen oder sie in ähnlicher Weise quasi arretieren. Man fordert deshalb den Patienten im Laufe der Untersuchung auf, sich völlig entspannt und möglichst reglos zu verhalten und achtet nun bewußt auf etwa beginnende, sich oft langsam aufschaukelnde Tremorerscheinungen, die sich vor allem, zunächst vielleicht noch latent, durch einen affektiv-emotionalen Stimulus manifestieren. Der *3-7 Hz-Ruhetremor* des Parkinsonkranken tritt zwar am häufigsten an den distalen Extremitätenabschnitten auf, kann aber auch an Kiefer oder Kopf, den Stimmbändern, an Zunge oder Lippen allein oder kombiniert in Erscheinung treten. Aktive Innervation im Sinne der Willkürbewegung unterbricht ihn zumindest vorübergehend.

Das vornehmlich im angelsächsischen Schrifttum als *postural deformation sive deflection* herausgestellte *4. Hauptsymptom* gibt dem Kranken als *Spätsymptom* durch Vorwärts- und Einwärtsrollung der Gesamthaltung ein eingeigeltes Aussehen. In frühen Stadien bewirkt es die differentialdiagnostisch schon erwähnte Kyphose.

Zuwenig Aufmerksamkeit wird gewöhnlich den vegetativen Funktionsstörungen im Sinne eines Überwiegens der cholinergischen

Impulse geschenkt, doch können Klagen über vermehrte Speichelproduktion, leichtes Schwitzen, Obstipation, Harnentleerungsstörungen wichtige Indikatoren sein. Das jedem Arzt geläufige „Salbengesicht" durch verstärkte Talgdrüsenproduktion der Haut gehört dagegen - jedenfalls in den Frühstadien - eher zu den Seltenheiten und bleibt auch später bei den nichtenzephalitischen Parkinsonformen oft ganz aus. Zentral-vegetative Atem- und Kreislaufirregularitäten komplizieren gewöhnlich erst das sonst voll ausgebildete Parkinsonbild, sind dann aber sehr ernst zu nehmende, lebensbegrenzende Faktoren.

Die enge Nachbarschaft und Verflechtung neurologischer und psychiatrischer diagnostischer und differentialdiagnostischer Probleme wird auch im Falle des Morbus Parkinson einmal mehr deutlich. Wenn beim Parkinsonkranken bestimmte Symptome einer *Psychoalteration* in immer wiederkehrender Konstellation zu beobachten sind, so weist dies einmal auf die hirnorganische Provenienz dieser psychischen Veränderungen hin, zum anderen auf die Lokalisation bestimmter abnormer psychischer Phaenomene, genauer gesagt auf die *Lokalisation bestimmter Störungen psychischer Funktionen im Hirnstamm,* vor allem in den thalamischen und parathalamischen Bereichen. Dem akinetischen Bewegungsmangel auf neurologischer Seite kann man den Antriebsmangel als psychisches Phaenomen zuordnen. Zur rigiden Muskelstarre gesellen sich Affektstarre und intellektuelle Rigidität, verbale oder lokomotorische Iterationen entsprechen Haft- und Perseverationsneigung. Auch bei diesen seelisch-geistigen sowie Gemütsveränderungen, zu denen auch Anankasmen und Phobien, Neigung zu obstruktiver Querulanz und Depressivität und Pessimismus zu zählen sind, kann es sich mitunter um Frühsymptome handeln, wenngleich so gut wie immer dann auch bereits einige der genannten somatischen Parkinsonsymptome bei genügender Aufmerksamkeit zu erkennen sein werden.

Auf - zunächst allerdings noch schwer exakt zu definierende - *verwandschaftliche Beziehungen* zwischen bestimmten Parkinsonsymptomen somatischer Art, vor allem *Akinese und Depressivität* weisen auch psychopharmakologische, pharmakopsychiatrische und therapeutische Erfahrungen mit L-DOPA beim Parkinsonkranken hin. Schon vor Jahren haben Autoren auf die Wirkung von L-DOPA auf gehemmte Depressionen hingewiesen. Die hierbei zu beobachtende Antriebssteigerung ist beträchtlich, oft auch die Stimmungsanhebung. So können wir auch nicht nur die Akinese sondern auch die häufigen Begleitdepressionen des Parkinsonkranken mit L-DOPA deutlich bessern. Andererseits kann man mit bestimmten Antidepressiva, vor allem vom Typ Amitriptylin, nicht nur die gleiche Wirkung erzielen sondern auch die gestörte Motorik des Patienten mit Akinese steigern, die Akinese mindern. Amitriptylin potenziert die Antiparkinsonwirkung von L-DOPA. Bekannt ist ferner, daß man die Reserpin-Sedierung durch L-DOPA-Infusionen mindern kann und daß bestimmte Neuroleptika Parkinsonoide hervorrufen, jedoch die L-DOPA-induzierten choreatischen Dyskinesien ebenso wie die agitierte Depression hemmen. Bindeglied und gemeinsamer Nenner dieser Beobachtungen und Erfahrungen sind zweifellos die im Hirnstamm wirksamen biogenen Amine zentralnervöser Effizienz oder Neurotransmitter. Ihre Erforschung hat deutlich gemacht, daß enge Zusammenhänge in der biochemischen Steuerung der Funktionen und Regulation der extrapyramidalen Motorik und der Steuerungssysteme unserer Affektivität und Emotionalität sowie der thymischen Gestimmtheit bestehen. Eine späte Erhellung des alten Begriffes der „Psychomotorik". Eine Beziehung solcher Erkenntnisse zum Thema des Erkennens (und vor allem früh Erkennens) einer Parkinsonerkrankung in der Sprechstunde besteht insofern, als sie uns den Hinweis geben, daß es ratsam ist, im Falle der Feststellung eines depressiven Syndroms auch dessen organische Hirnstammgenese in Erwägung zu ziehen und das Augenmerk auf eine etwaige latente motorische Störung, vor allem (aber nicht nur) im Sinne der Hypokinese zu richten.

Zusammengefaßt ist festzustellen, daß die Diagnose eines Parkinson-Syndroms - auch im Frühstadium - durchaus in der Sprechstunde des niedergelassenen Arztes und fernab aller aufwendigen Apparaturen zu stellen ist und auch gestellt werden sollte. Dies umso mehr, als dem niedergelassenen Arzt heute auch die Mittel zu einer erfolgverheißenden Therapie zur Verfügung stehen, die gerade bei noch geringerer Ausprägung des Parkinsonsyndroms zu großen Hoffnungen bei Arzt und Patient berechtigt.

Aus dem Pharmakologischen Institut im Fachbereich Biochemie und Pharmazie der Johann Wolfgang Goethe-Universität, Frankfurt/Main
(Direktor: Professor Dr. Dr. E. Mutschler)

Pharmakotherapie des Parkinson-Syndroms

E. Mutschler und H. Geißler

1960 publizierte HORNYKIEWICZ zusammen mit EHRINGER (63) in der Klinischen Wochenschrift eine Arbeit über „Die Verteilung von Noradrenalin und Dopamin im Gehirn des Menschen und ihr Verhalten bei Erkrankungen des extrapyramidalen Systems". Die fundamentale Aussage dieser Arbeit war, daß bei Parkinsonkranken der Dopamingehalt im Striatum auf ein Zehntel oder weniger erniedrigt und das Ausmaß des Dopaminmangels mit dem Verlust Melanin-haltiger Neurone der Substantia nigra korreliert ist. Damit war eine biochemische Ursache dieser rätselhaften Erkrankung entdeckt, es war gezeigt, daß das Parkinson-Syndrom im wesentlichen auf einem Dopamin-Mangel in den Basalganglien beruht.

Plötzlich waren nun auch die Plus- und Minus-Symptome des Parkinson-Syndrom zu verstehen: Die Dopamin-Neurone sind einerseits in die normale physiologische Funktion des extrapyramidal-motorischen Systems einbezogen, ihr Ausfall äußert sich vor allem in dem Minussymptom Hypo- bzw. Akinese. Andererseits kontrollieren die dopaminergen Neurone die cholinergen Anteile des EPS im Sinne einer Hemmung. Beim Gesunden besteht ein Gleichgewicht zwischen dopaminergem und cholinergem System. Fällt das dopaminerge System aus, so wird das cholinerge System enthemmt. Die Folge sind die Plus-Symptome Rigor und Tremor sowie die vegetativen Symptome vermehrter Speichel- und Tränenfluß. In Abbildung 1 ist der Normalzustand und der Zustand beim Parkinson-Kranken dargestellt. Es wird deutlich, daß die Störung nicht nur durch eine verminderte Aktivität des dopaminergen Systems in Erscheinung tritt, sondern daß auch das cholinerge System übererregt ist.

Daraus ergeben sich folgende Therapiemöglichkeiten:

1. *Unterdrückung* der cholinergen Überreaktion
   a) direkt mit Anticholinergika
   b) indirekt durch Steigerung der Aktivität der noch

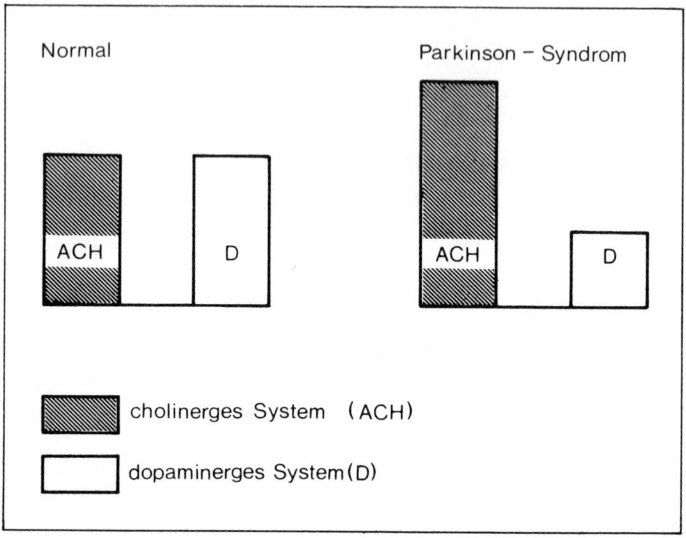

Abb. 1 Aktivität des cholinergen und dopaminergen Systems beim Gesunden und beim Parkinson-Kranken

vorhandenen dopaminergen Neurone

2. *Aktivierung* des dopaminergen Systems durch
   a) Ersatz des fehlenden Dopamins
   b) Hemmung des Dopamin-Abbaus
   c) erhöhte Dopamin-Freisetzung bzw. verringerten Dopamin-Reuptake im Gehirn und
   d) direkte dopaminerge Agonisten.

Anticholinergika

Das geeignete Anticholinergikum muß individuell ermittelt werden, da die Kranken auf die verschiedenen Medikamente sehr unterschiedlich ansprechen. Man beginnt mit einschleichenden Dosen, die allmählich gesteigert werden, bis ein Behandlungserfolg eintritt oder die Nebenwirkungen eine weitere Dosiserhöhung nicht mehr zulassen (42).

Die früher verwendeten Belladonnaalkaloide wurden großenteils durch synthetische Substanzen verdrängt (Tab. 1).

Die Nebenwirkungen der synthetischen Anticholinergika entsprechen qualitativ denen des Atropins, die peripheren Nebenwirkun-

Formel	Internationaler Freiname	Handelspräparat
I. Tertiäre Alkohole mit einem basisch substituierten Alkyrest		
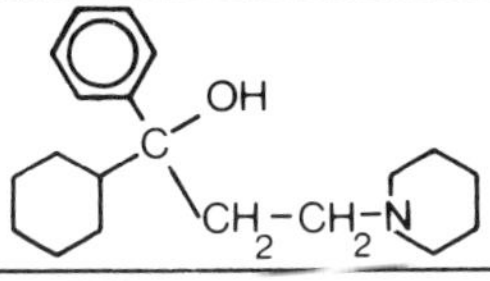	Trihexyphenidyl	Artane[R] Pargitan
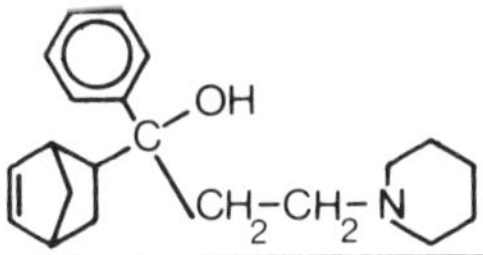	Biperiden	Akineton[R]
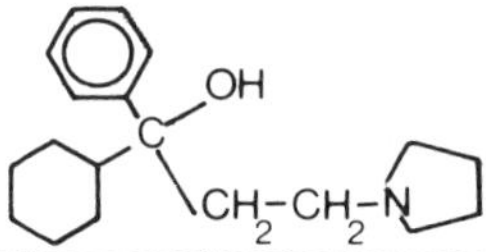	Procyclidin	Osnervan[R]
II. Basisch substituierte Benzhydrylaether		
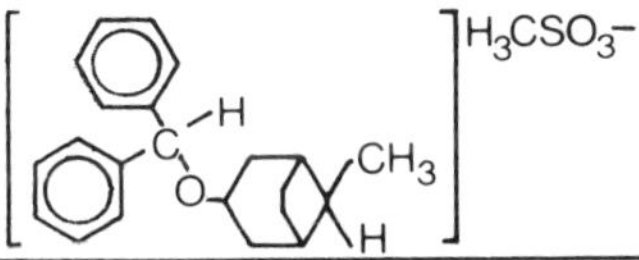	Benzatropin-methansulfonat	Cogentinol[R]
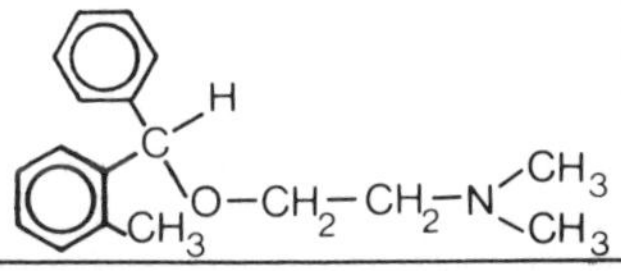	Orphenadrin	Mephenamin[R] Norflex[R]
III. Sonstige		
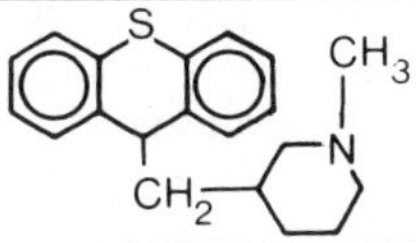	Metixen	Tremarit[R]
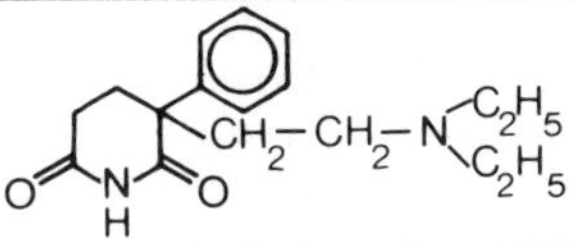	Phenglutarimid	Aturbal[R]

Tab. 1 Zentral wirksame Anticholinergika

gen sind jedoch weniger ausgeprägt. Man beobachtet Mundtrokkenheit durch Hemmung der Speichelsekretion, Störungen der Magen-Darm-Motorik, der Akkommodation und der Blasenentleerung. Als zentralnervöse Störungen können Müdigkeit, seltener Verwirrtheitszustände oder Agitation auftreten. In solchen Fällen muß die Dosis reduziert werden, doch darf das Medikament niemals abrupt abgesetzt werden.
Neue Anticholinergika mit günstigerem Wirkungsspektrum sind zweifellos auch heute noch von Interesse, was sich z.B. in der Zahl der Patentanmeldungen niederschlägt. Trotz der im folgenden aufzuzeigenden Entwicklung ist diese Arzneimittelgruppe nicht obsolet, sondern stellt weiterhin einen wesentlichen Bestandteil im Therapieplan dar.

L-Dopa

Eine entscheidende Zäsur in der Therapie der Parkinsonschen Krankheit ergab sich jedoch mit der Einführung des L-Dopa. Die logische Folgerung aus den Arbeiten von CARLSSON in Schweden (35), BARBEAU in Kanada (11) und HORNYKIEWICZ (22) in Österreich war: Das fehlende Dopamin muß substituiert werden. Aber der Erfolg blieb aus. Verständlich, da Dopamin nicht in der Lage ist, die Blut-Hirn-Schranke zu passieren, die nur für vergleichsweise lipophile Stoffe oder mittels aktiver Transportmechanismen passierbar ist. Dopamin ist eine hydrophile Substanz, für die es in diesem Bereich kein Transportsystem gibt. Oral oder parenteral appliziertes Dopamin kann somit nur in der Peripherie wirken.
Nachdem also auf direktem Weg Dopamin im ZNS nicht substituiert werden kann, wurde anstelle von Dopamin die Aminosäure L-Dopa eingesetzt. L-Dopa ist zwar noch weniger lipophil als Dopamin, so daß aus pharmakokinetischer Sicht der Vorteil nicht sofort plausibel erscheint. Für die Aminosäure L-Dopa existiert aber ein aktiver Transportmechanismus durch die Blut-Hirn-Schranke. Im Gehirn selbst entsteht dann aus L-Dopa (Abb. 2) durch Dopadecarboxylase unter CO_2-Abspaltung das biogene Dopamin. Tatsächlich brachte diese Therapie den erhofften Erfolg, mit L-Dopa konnten nun auch die Hypokinese und die psychischen Störungen gebessert werden. Es muß aber darauf hingewiesen werden, daß nicht die Ursache eines Morbus Parkinson beseitigt wird - dieser ist infolge der Zelldegeneration irreversibel -, es kann nur durch erhöhte Stimulation der noch vorhandenen Rezeptoren mit dem Transmitter Dopamin die verringerte Neuronenzahl einigermaßen ausgeglichen werden.

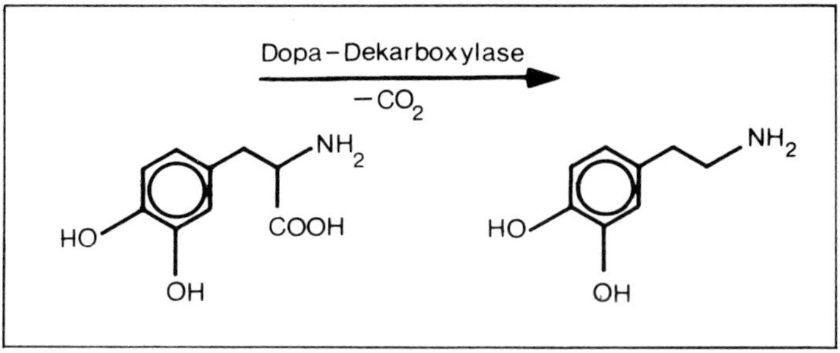

Abb. 2

Kombination von L-Dopa mit Decarboxylaseblocker

Um durch aktiven Transport der Aminosäure L-Dopa einen therapeutisch wünschenswerten Spiegel im Gehirn zu bekommen, muß jedoch eine große Menge L-Dopa angeboten werden. Diese Menge muß deshalb so groß sein, weil über 90% des applizierten L-Dopa bereits in der Peripherie decarboxyliert werden und damit für einen Übertritt in das Gehirn nur noch 10% zur Verfügung stehen. Die in der Peripherie decarboxylierten 90% L-Dopa treten in der Peripherie nun als Dopamin und Dopamin-Metaboliten auf und führen zu starken peripheren Nebenwirkungen, vorwiegend im gastrointestinalen und kardiovaskulären Bereich. Es stand also das Problem an, die Menge des in der Peripherie entstehenden Dopamins unter Erhaltung der zentralen Dopamin-Konzentration zu verringern.
Zwischen 1964 und 1966 entwickelten BIRKMAYER und PLETSCHER ein Konzept zur Bewältigung dieses Problems (22. 212). Sie applizierten zusätzlich zu L-Dopa peripher wirkende Decarboxylase-Hemmer. Ein solcher Decarboxylase-Hemmer ist z.B. das Benserazid. Außerdem wird Carbidopa verwendet (Abb. 3). Dadurch, daß solche Substanzen die Blut-Hirn-Schranke nicht überschreiten können, wirken sie im ZNS nicht. In der Peripherie dagegen wird weniger L-Dopa decarboxyliert. In Abbildung 4 ist dieser Sachverhalt dargestellt.
Trotz dieses einleuchtenden Sachverhalts muß man sich fragen, was klinisch die Kombination L-Dopa mit Decarboxylase-Blocker gebracht hat. Die therapeutische Wirksamkeit ist entgegen ursprünglichen Hoffnungen nicht erhöht, aber die Dosis von L-Dopa kann auf etwa 1/5 reduziert werden, was sicher als Fortschritt zu werten ist. Auch die Zahl und die Art der Nebenwirkungen ändert sich: Die bei reiner L-Dopa-Gabe häufigen gastrointestinalen Be-

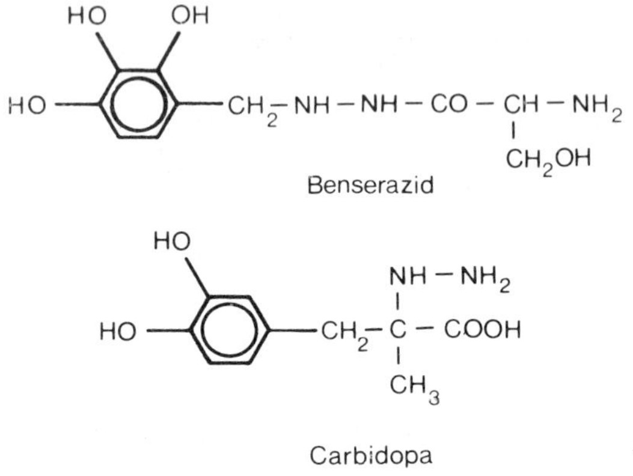

Abb. 3

schwerden mit Übelkeit, Erbrechen und Appetitlosigkeit treten bei der Kombinationsbehandlung erheblich seltener auf, dasselbe gilt für die orthostatischen Dysregulationen und die Herzrhythmusstörungen. Dagegen sind nach Arbeiten von FEISE u. PAAL (67) und FISCHER (74) extrapyramidale Dyskinesien eher häufiger und zeitlich früher zu beobachten. Es ist daher eine exakte und langsam erfolgende Einstellung sowie eine sorgfältige Verlaufsbeobachtung des Patienten unerläßlich. Hinzuweisen ist ferner auf einige wichtige Wechselwirkungen von L-Dopa mit anderen Arzneistoffen: Neuroleptika schwächen die L-Dopa-Wirkung ab, Sympathomimetika und Antidepressiva verstärken sie. Antihypertensiva können vermehrt orthostatische Störungen auslösen. Die wichtige Interaktion mit Vitamin B_6, die auf der gesteigerten Decarboxylase-Aktivität beruht, tritt nur bei alleiniger L-Dopa-Gabe, nicht dagegen bei der Kombination L-Dopa/Decarboxylase-Blocker auf. Als Kontraindikationen sind u.a. dekompensierte endokrine, renale, hepatische und kardiale Erkrankungen sowie Psychosen und schwere Psychoneurosen zu nennen.

Amantadine

Nun kann man einen Dopamin-Mangel nicht nur durch die Gabe von L-Dopa, sondern auch dadurch günstig beeinflussen, daß man eine Substanz gibt, die Dopamin aus den Speichern freisetzt. Auf

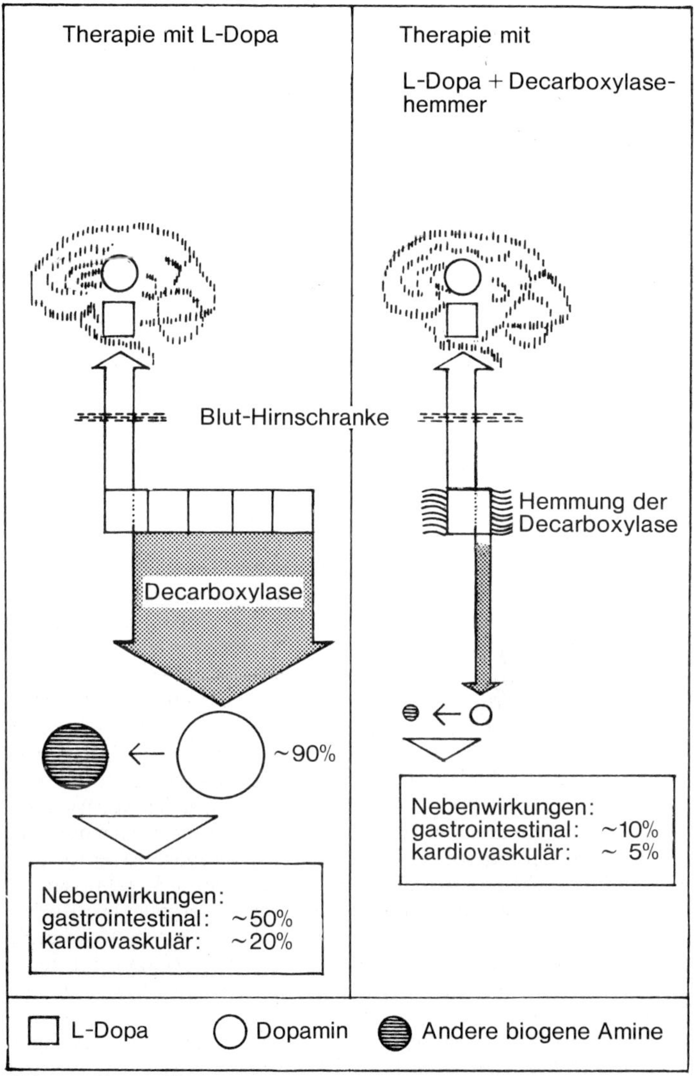

Abb. 4 Umwandlung von L-Dopa zu Dopamin im ZNS und in der Peripherie ohne und mit einem peripher wirkenden Decarboxylase-Blocker (Nach BIRKMAYER und KAPP, HOFFMANN - LA ROCHE, Basel)

diese Weise wirkt nach den heutigen Vorstellungen Amantadine (Contenton, PK-Merz und Symmetrel), das ursprünglich als Virustatikum verwendet und rein zufällig von SCHWAB (246) als Antiparkinsonmittel entdeckt wurde. Aus dem Wirkungsmechanismus wird verständlich, daß bei alleiniger Gabe von Amantadin der Effekt geringer ist als nach Gabe von L-Dopa, die L-Dopa-Wirkung durch Amantadin aber verstärkt wird. Zur Monotherapie eignet sich Amantadin bei leichten Fällen mit Hypokinese als Hauptsymptom, meist wird es zusammen mit Anticholinergika und/oder L-Dopa eingesetzt. Die Dosierung beträgt 200-600 mg pro Tag. Besonders bewährt hat sich die Substanz bei der akinetischen Krise in Form einer Dauertropfinfusion.
Die Nebenwirkungen sind im Vergleich mit L-Dopa geringer und treten oft nur zu Beginn der Behandlung störend auf. Es kann zu innerer Unruhe, Magen-Darm-Beschwerden und relativ selten zu Verwirrtheitszuständen kommen.

Dopaminerge Agonisten

Es ist ohne weiteres einleuchtend, daß eine wirksame Therapie des Parkinson-Syndroms mit Substanzen möglich sein muß, die wie Dopamin die dopaminergen Rezeptoren erregen, die also dopaminerge Agonisten darstellen. Zwar haben Versuche dieser Art mit Apomorphin (Abb. 5), in dem deutlich die Dopaminstruktur zu erkennen ist, sich nicht therapeutisch verwerten lassen, da Apomorphin parenteral gegeben werden muß, nur kurz wirkt und besonders stark das Brechzentrum erregt. Die bei diesen Versuchen gewonnenen Erkenntnisse haben aber dazu angeregt, nach neuen dopaminergen Agonisten mit einem günstigeren Wirkungsspektrum zu suchen. Als gut wirksam hat sich Bromocriptin (Abb. 6) ein partialsynthetisch abgewandeltes Mutterkornalkaloid, erwiesen, das insbesondere dann indiziert ist, wenn die Beschwerden durch L-Dopa nicht mehr deutlich gebessert werden können. So berichteten LIEBERMANN und Mitarbeiter (172) von guten Ergebnissen bei etwa zwei Drittel der Patienten mit fortgeschrittenem Morbus Parkinson. Natürlich muß auch bei der Bromocriptin-Medikation streng auf Nebenwirkungen und Krontraindikationen, zu denen Psychosen, schwere kardiovaskuläre Störungen und peptische Ulcera gehören, geachtet werden.
Vieles ist noch im Fluß, und es ist zu hoffen, daß weitere Antiparkinsonmittel in den Forschungslaboratorien entwickelt werden, denn trotz aller Erfolge, die mit den derzeit zur Verfügung stehenden Substanzen zu erzielen sind, bleiben für die medikamentöse Therapie der Parkinsonkranken noch viele Wünsche offen.

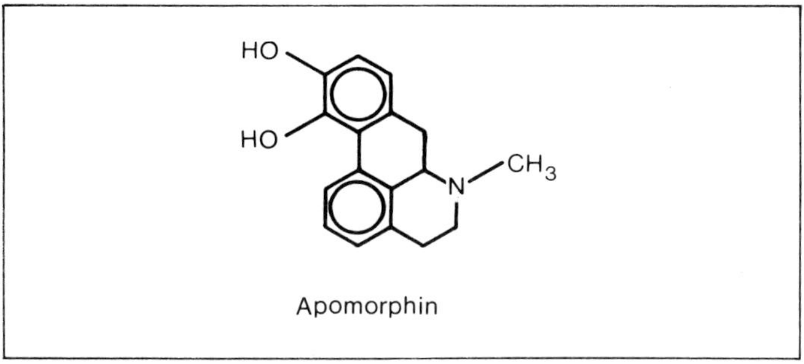
HO
HO
N
CH3
Apomorphin

Abb. 5

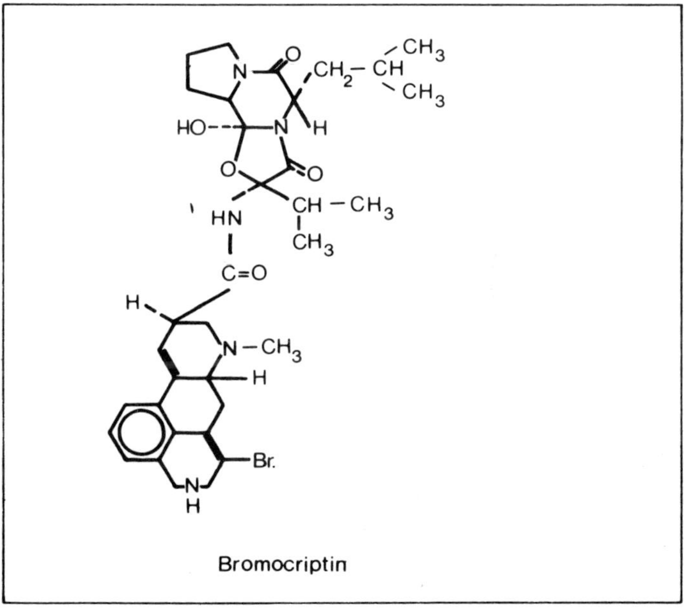
O
N
CH2– CH
CH3
CH3
HO
N
H
O
O
CH – CH3
HN
CH3
C=O
H
N – CH3
H
Br.
N
H
Bromocriptin

Abb. 6

Aus der Abteilung Neurologie des Klinikums der Universität Kiel
(Direktor: o. Prof. Dr. D. Soyka)

Nichtmedikamentöse Therapie des Parkinson-Syndroms

D. Soyka

Die beachtlichen Fortschritte in der Pharmakotherapie des Parkinson-Syndroms haben ergänzende krankengymnastische Maßnahmen und in ausgewählten Fällen auch stereotaktische Eingriffe keineswegs entbehrlich gemacht.

Krankengymnastische Therapie

Vom Frühstadium des Parkinson-Syndroms einmal abgesehen, steht das krankengymnastische Übungsprogramm der Pharmakotherapie als ein unentbehrlicher Bestandteil des Behandlungsplanes zur Seite. Hauptziel der krankengymnastischen Maßnahmen ist die Beeinflussung der durch Rigor und Akinese gestörten Körpermotorik. Die Muskelspannung soll gelockert, die Körperhaltung korrigiert, die Flüssigkeit der Bewegungsabläufe wiedererlernt werden. Das Übungsprogramm soll die gesamte betroffene Körpermuskulatur einbeziehen. Es umfaßt:

1) Übungen von Rumpfbewegungen ohne und mit Einbeziehung der Arme
2) Atemgymnastik
3) Übungen von Hand- und Armbewegungen, auch unter Einbeziehung von Fang- und Wurfübungen
4) Übungen des Aufstehens
5) Gangübungen mit Korrektur der Körperhaltung und Einübung der Armmitbewegungen
6) Handübungen für das tägliche Leben
7) Stimm- und Sprechübungen

Der Erfolg hängt nicht zuletzt davon ab, daß der umfangreiche Katalog an Übungen regelmäßig und langfristig praktiziert wird. Spaziergänge, leichte körperliche Betätigung im Haushalt sind nützlich, reichen aber für sich allein nicht zu einer bestmöglichen Förderung der Haltungs- und Bewegungsmotorik aus. Das Programm wird zweckmäßigerweise während einer klinisch-stationär vorgenommenen medikamentösen Einstellung des Parkinson-Syndroms eingeübt, muß dann aber ambulant konsequent fortgesetzt werden. Häufig bedarf es einer ständigen Fremdanregung, um den Kranken zur Einhaltung des Übungsprogrammes zu veranlassen. Es erweist sich als besonders günstig, wenn dieser Sektor der Behandlung unter der ständigen Aufsicht einer Krankengymnastin bleiben kann. Für den niedergelassenen Arzt empfiehlt es sich, diesbezüglich mit einer erfahrenen Fachkraft innerhalb oder außerhalb eines Krankenhauses zusammenzuarbeiten. An der Abteilung Neurologie des Klinikums der Universität Kiel wird wie in anderen Fachkliniken eine regelmäßige ambulante Gruppenbehandlung im Rahmen der Nachsorge der Parkinson-Kranken angeboten. Ist eine ambulante Überwachung der Übungen durch eine Fachkraft nicht gewährleistet, so müssen Familienangehörige die Funktion der Krankengymnastin ersetzen, zumindest die regelmäßige Anwendung des Übungsprogrammes kontrollieren. Um das Verständnis des Patienten und seiner Angehörigen für die Bedeutung der Maßnahmen zu fördern, sollte eine geeignete, auf den Laien zugeschnittene Buchinformation empfohlen werden, beispielsweise das „abc für Parkinson-Kranke“ von UMBACH und TEIRICH-LEUBE, in dem neben den allgemeinen Ausführungen über das Parkinson-Syndrom auch die verschiedenen Bestandteile des Übungsprogrammes anschaulich präsentiert werden. Die Bedeutung der krankengymnastischen Maßnahmen erschöpft sich im übrigen nicht in der unmittelbaren Einflußnahme auf die Körpermotorik. Dieser Teil der Behandlung trägt auch dazu bei, den Patienten über den zwischenmenschlichen Kontakt mit dem Therapeuten oder mit einer Übungsgruppe aus der Isolierung zu führen, ihn auch psychisch zu aktivieren. Letztlich kann die Gesamtheit dieser Wirkungen eine Einsparung an Medikamenten ermöglichen.

Der therapeutische Stellenwert der krankengymnastischen Übungen wird an jenen Patienten erkennbar, die, aus welchen Gründen auch immer, erlahmen, auf die Übungen verzichten und allein der Einnahme von Medikamenten vertrauen. Kommen solche Patienten immobil, psychisch und motorisch nahezu erstarrt in die Klinik, so kann es unter der Pharmakotherapie und dem täglichen beharrlichen Einfluß von Arzt und Krankengymnastin gelingen, eine hocherfreuliche Lockerung und Beweglichkeit zu bewirken, dem Kranken einen befreienden Aktionsradius zu verschaffen. Bleibt dieser Kranke nach der Entlassung sich selbst überlassen, so ist der Erfolg rasch verschüttet. Bei den mittelschweren und schweren Verlaufsformen wird es nie gelingen, den Kranken allein mit medikamentösen Maßnahmen vor der erneuten psychophysischen Erstarrung zu bewahren.

Stereotaktische Hirnchirurgie

Handelt es sich bei den krankengymnastischen Übungen um eine notwendige, nur in leichten Krankheitsstadien entbehrliche Ergänzung der Pharmakotherapie, so werden die stereotaktischen Hirnoperationen stets ausgewählten Fällen vorbehalten bleiben. Ihre Hauptindikationen sind der medikamentös nicht hinreichend beherrschbare Ruhetremor sowie schwere, medikamentös wie auch krankengymnastisch nicht hinreichend beherrschbare Formen des Rigors. Die besten Resultate bieten halbseitige Parkinson-Syndrome ohne begleitende psychische Veränderungen. Wenig beeinflußbar ist die Akinese, die stets einer Dopamin-Substitution bedarf.

Das Prinzip der stereotaktischen Hirnoperationen besteht in der Ausschaltung eines primär nicht geschädigten, umschriebenen Teils des extrapyramidal-motorischen Regelkreissystems. Eingriffe beim Parkinson-Syndrom erfolgen also nicht an der Substantia nigra als dem primär geschädigten Gebiet, sondern in anderen Regionen, die mit der Substantia nigra in einem engen funktionellen Zusammenhang stehen und durch deren Ausfall gestört sind. Prinzipiell kann die Ausschaltung innerhalb eines dem Regelkreissystem zugehörigen Kerngebietes oder auch innerhalb einer der verschiedenen Verbindungsbahnen erfolgen. Bewährt haben sich Ausschaltungen im Bereich des Pallidums (Pallidotomie), in bestimmten Kernanteilen des Thalamus (Thalamotomie) sowie im subthalamischen Fasergebiet (Tab. 1).

Eine entscheidende Voraussetzung für den Erfolg des stereotaktischen Eingriffes ist die exakte Zielpunktbestimmung. Dabei müssen die individuellen Verhältnisse der Schädelform und Hirnanatomie berücksichtigt werden. Es werden Nativaufnahmen des Schädels sowie eine Pneumencephalographie mit Darstellung des Hirnkammersystems angefertigt. Aus den auf derartigen Aufnahmen ermittelten Bezugspunkten und -linien wird eine Berechnung des Zielpunktes möglich. Dieser wird vor der Operation an einem Phantommodell eingestellt, und das Zielgerät wird dann während der Operation auf einen am Kopf des Patienten befestigten Haltering übertragen. Kontrolluntersuchungen haben bestätigt, daß sich der erwünschte Zielpunkt mit einer außerordentlich hohen Genauigkeit anvisieren läßt. Die Operation erfolgt ohne Allgemeinnarkose, weil Eingriffe am Gehirn bekanntlich schmerzfrei toleriert werden und die Mitarbeit des Patienten während der Operation erwünscht ist. Am erreichten Zielpunkt werden zunächst Reizversuche vorgenommen, die zeigen sollen, ob der funktionell entscheidende Bereich anspricht. Besteht bei dem

Pallidum
Ansa lenticularis
Nucl. dorsomedialis thalami
Nucl. ventralis lateralis thalami
Nucl. ventralis posterolateralis thalami
Centrum medianum und Intralaminaris-System thalami
Nucl. reticularis thalami
Capsula interna
Periaquäduktales Grau und Mittelhirn Tegmentum
Substantia nigra
Forelfeld
Zona incerta

Tab. 1 Zielpunkte der stereotaktischen Operationen bei Parkinsonismus

Rein akinetische Form der Krankheit (ohne Rigor und Tremor)
Zeichen einer zerebralen Dekompensation
Ausgeprägte Arteriosklerose
Anamnese mit belangvollen psychischen Störungen
Bulbäres oder pseudobulbäres Syndrom
Belangvolle EEG-Veränderungen
Hydrocephalus internus mittleren Grades

Tab. 2 Kontraindikationen der stereotaktischen Chirurgie bei Parkinsonismus

Patienten ein extrapyramidaler Ruhetremor, so verstärkt sich dieser erkennbar im Gefolge der experimentellen Gewebsreizung, um dann ebenso eindrucksvoll bei der nachfolgenden Ausschaltung zu verschwinden. Dieser für den Dauererfolg entscheidende Vorgang der Gewebsausschaltung kann mit unterschiedlicher Methodik durchgeführt werden, etwa auf chemischem Wege oder durch eine Hitze- oder Kältekoagulation.
Die Operationsmortalität ist gering, sie hängt selbstverständlich von der Erfahrung des Operateurs und von der Auswahl des Krankengutes ab. Bestimmte Kontraindikationen sind zu beachten (Tab. 2). Kliniken mit umfangreichen Erfahrungen auf dem Gebiet

	%
Pallidale Eingriffe	1,3 - 9,3
Thalamische Eingriffe	0 - 2,4 (-11)
Subthalamische Eingriffe	0

(Zusammenstellung bei J. Siegfried)

Tab. 3 Operationsmortalität nach stereotaktischen Eingriffen bei Parkinsonscher Krankheit

	%
Paresen	1,5 - 6,6 (-20)
Sprachstörungen	3,3 - 25 (-50)
Gangstörungen	8,8 - 20 (-50)
Schluckstörungen	2,4 - 2,7
Hyperkinesen	1,1 - 6,6 (-25)
sensorische Störungen	0,3 - 2,7
psychische Störungen	2,3 - 28 (-40)
epileptische Anfälle	1 - 2
Horner	12

(Zusammenstellung bei J. Siegfried)

Tab. 4 Passagere Komplikationen nach stereotaktischen Eingriffen bei Parkinsonscher Krankheit

der stereotaktischen Chirurgie können eine äußerst geringe Operationsmortalität vorweisen (Tab. 3). Nicht völlig vermeidbar sind passagere oder auch dauernde neurologische Komplikationen des Eingriffes, denn die anvisierten Zielpunkte stehen in einer engen topographischen Beziehung zu wichtigen Strukturen des Thalamus und zu den Bahnen der Capsula interna. So können postoperativ

	%
Paresen	0,8 - 5 (-18)
Sprachstörungen	1 - 4 (beidseitig -15)
Schluckstörungen	1 - 3
Hyperkinesen	0 - 2,6
Sensorische Störungen	2,3
Psychische Störungen	0,6 - 11,4

(Zusammenstellung bei J. Siegfried)

Tab. 5 Andauernde postoperative Komplikationen nach stereotaktischen Eingriffen bei Parkinsonscher Krankheit

verschiedenartige neurologische Symptome wie etwa Sprachstörungen, Paresen, Gangstörungen, Schluckstörungen, sensorische Störungen vorkommen (Tab. 4, 5). Wurde die Indikation sorgfältig gestellt und der Eingriff von einem erfahrenen Operateur vorgenommen, so ist auf der anderen Seite die Erfolgsbilanz durchaus eindrucksvoll, und die stereotaktische Hirnchirurgie ist trotz aller Fortschritte in der Pharmakotherapie keineswegs überholt. Der Rigor wird in 80-100%, der Tremor in 60-85% der Fälle gut gebessert. Der Operationserfolg manifestiert sich vor allem in der kontralateralen Körperseite. Er kann nach einiger Zeit nachlassen. Rezidive bezüglich des Tremors oder des Gesamtparkinsonbildes werden in 10-16% der Fälle beschrieben. Eine medikamentöse Therapie der Akinese wird nicht entbehrlich, denn nach dem Prinzip der stereotaktischen Hirneingriffe lassen sich nur die sogenannten Überschußsymptome wie Rigor und Tremor beeinflussen.

Zusammenfassung

Die krankengymnastische Übungsbehandlung steht, von Frühstadien des Parkinson-Syndroms einmal abgesehen, der Pharmakotherapie als ein unentbehrlicher Bestandteil des Behandlungsplanes zur Seite. Es muß angestrebt werden, daß diese Behandlung nicht nur im Rahmen eines gelegentlichen klinisch-stationären Aufenthaltes sondern auch ambulant konsequent praktiziert wird, sei es mit Überwachung durch eine Krankengymnastin oder durch gut informierte Familienangehörige. Stereotaktische Hirneingriffe bleiben einem ausgewählten Krankengut vorbehalten. Die Operationsmortalität ist sehr gering. Günstig lassen sich die Zielsymptome Rigor und Ruhetremor beeinflussen, wenig dagegen die Akinese.

Chronische Schmerzen, Schlafstörungen

Aus der Universitäts-Nervenklinik Graz
(Direktor: Prof. Dr. H. Lechner)

Chronische Schmerzzustände und Schlafstörungen

H. Lechner und E. Ott

Die Ursache von Schlafstörungen im Rahmen chronischer Schmerzzustände ist multifaktorieller Natur, wobei sich jedoch zwei verschiedene Hauptmechanismen voneinander abgrenzen lassen. Lokal lösen entsprechende Reize am Wirkungsort der Schmerzentstehung afferente Impulse aus, wobei es durch Abgabe chemischer Substanzen zur Erregung der Schmerzrezeptoren kommt. Neben Kalium- und Wasserstoffionen muß für diesen chemischen Mechanismus Histamin, Serotonin und dem Bradykinin besondere Beachtung geschenkt werden. Die Weiterleitung des Impulsmusters geschieht über schmerzkompetente Verbindungswege, wobei nach dem Modell einer Reiz-Kodierung im Bereiche des afferenten Systems (Substantia gelatinosa) die Informationsverarbeitung durch Bahnung, Hemmung und Koordination unterschiedlicher Reize einer ständigen Modifizierung und Veränderung unterliegt. Während der Thalamus einen wichtigen Integrationsort des zugeleiteten Erregungsmusters darstellt, erfolgt die Diskrimination für Lokalisation und Intensität im Cortex. Wichtige Verbindungen der Schmerzleitung bestehen zum Limbischen System, welches die neurovegetative und emotionale Funktion regelt und damit besondere Bedeutung für die Schmerzwahrnehmung und Schmerzverarbeitung und der damit verbundenen affektiven Reaktionen besitzt.

Die letzte Entscheidung über den Stellenwert der Schmerzimpulse kommt der Persönlichkeitsstruktur des Kranken zu, der eine Priorität in der Schmerzwahrnehmung und Schmerzverarbeitung eingeräumt werden muß. Unter Versuchsbedingungen konnte nachgewiesen werden, daß abnorme Persönlichkeitsmerkmale entweder mit einer erhöhten oder verminderten Schmerztoleranz verbunden sind. Unter diesen Gesichtspunkten ist es verständlich, daß es bei entsprechenden klinischen Zustandsbildern psychoreaktiv zu Verhaltensänderungen kommt, welche sehr oft durch eine dysphorische Komponente charakterisiert sind. In Extremfällen sind sogar intensive Verstimmungen despressiven Inhaltes zu beobachten, die in Suizidgedanken die Dekompensation der Persönlichkeit anzeigen. Neben dieser psychodynamischen Wirkung ist es nötig

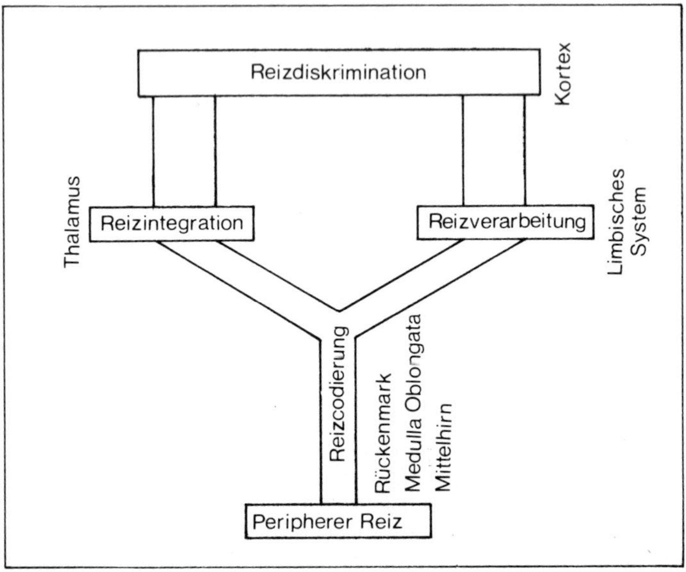

Abb. 1

darauf hinzuweisen, daß es durch die Überlastung der funktionskompetenten Strukturen ebenfalls zu einer Rückwirkung auf die Persönlichkeitsstruktur kommt, wobei in diesem Zusammenhang die Frage zu klären ist, inwieweit die an der Peripherie entstandenen Metaboliten an diesem Mechanismus beteiligt sind.

Auf welcher Basis immer der Mechanismus der Entstehung der bekannten Persönlichkeitsveränderung bei chronischen Schmerzzuständen abläuft, so führt er zu Schlafstörungen; einerseits, weil Schmerzreize zu den intensivsten Weckreizen zu rechnen sind und andererseits depressive Verstimmungen ebenso zu einer Störung im Schlaf- Wach-Rhythmus führen. Ihr liegt eine Verschiebung der vegetativen Reizschwelle zugrunde, welche bis zu einem Zustand der ständigen Irritabilität und Instabilität gestört sein kann und in einer Desintegration des Limbischen Systems zu suchen ist, wodurch die Störungen der vegetativen Regulation sich sowohl im affektiven als auch im vegetativen viszeralen Bereich erkenntlich machen.

Der Schlaf selbst und die ihm zugrunde liegenden Mechanismen sind kein einheitliches Phänomen. Mit Hilfe von bioelektrischen Ableitungen lassen sich zwei Komponenten differenzieren, die bei

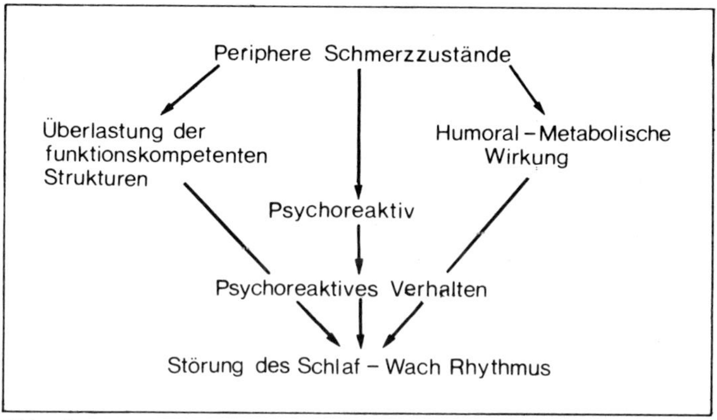

Abb. 2

normalem Schlafverhalten periodisch ablaufen. Hierbei ist der orthodoxe Schlaf durch synchrone, langsame Kortexaktivität in Abhängigkeit vom jeweiligen Schlafstadium gekennzeichnet. In biochemischer Hinsicht liegt dem orthodoxen Schlaf ein serotonergischer Mechanismus zugrunde, doch wird auch ein zusätzlicher cholinergischer Mechanismus diskutiert. Demgegenüber zeichnet sich der paradoxe Schlaf durch rasche, desynchronisierte Kortexaktivität aus und ist an raschen Augenbewegungen zu erkennen (REM-Schlaf). Er bietet die Charakteristika des oberflächlichen Schlafes. In biochemischer Hinsicht geht der REM-Schlaf mit einer Herabsetzung des Serotonins einher (phasische Komponente), in einer späteren Phase (tonische Komponente) des REM-Schlafes scheint einem adrenergen und cholinergen Mechanismus eine größere Rolle zuzukommen.
Anhand von polygraphischen Untersuchungen konnte gezeigt werden, daß nächtliche chronische Schmerzattacken mit dem Auftreten der REM-Phasen zusammenfallen, wobei außerdem die tiefen Schlafstadien deutlich reduziert sind und die leichten Schlafphasen überwiegen. Außerdem ist die Gesamtschlafdauer deutlich herabgesetzt. Somit läßt sich aufgrund dieser Betrachtung sagen, daß der Anteil der einzelnen Schlafphasen bei diesen Patienten geändert ist. Diese experimentellen Ergebnisse können mit der klinischen Erfahrung insofern in Einklang gebracht werden, als Menschen mit starken Schmerzen einerseits Schlafstörungen haben und andererseits morgens das Gefühl der Erholung nach dem Schlaf vermissen lassen. Infolgedessen ist es ein therapeutisches

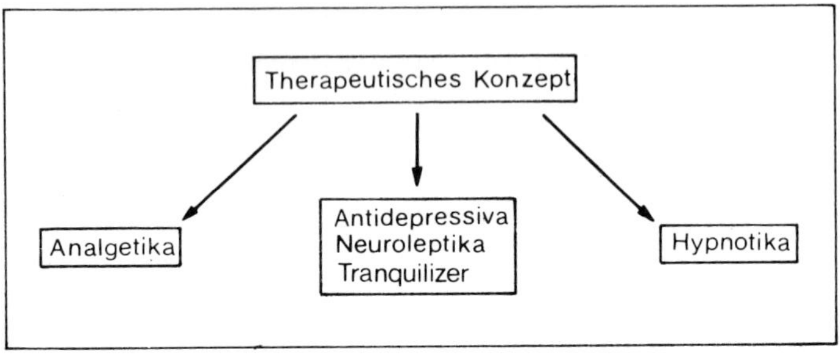

Abb. 3

Anliegen, diese Schlafstörungen unter Kontrolle zu bringen, um einerseits zu verhindern, daß der Patient in eine depressive Verstimmungsphase gerät und andererseits die damit verbundene vegetative Desintegration die Ausheilungschancen der dem Schmerzmechanismus zugrunde liegenden Mechanismen erschwert werden.

Aufgrund der pharmakologischen Entwicklung der letzten Jahre einerseits und der multifaktoriellen Genese der Schlafstörungen bei chronischen Schmerzzuständen andererseits ergibt sich für deren Behandlung ein Konzept, welches sowohl dem peripheren Schmerz als auch seinem zentralen Erleben und seiner Verarbeitung sowie seiner vegetativen und psychodynamischen Wirkung Rechnung zu tragen hat.

Die *Behandlung des peripheren Schmerzes* beruht einerseits auf einem entzündungshemmenden Effekt und andererseits auf einer Blockade peripherer schmerzempfindlicher Chemorezeptoren. In diese Gruppe gehören *Pyrazolonderivate* (Aminophenazon-Pyramidon, Phenylbutazon-Butazolidin, Indomethazin-Indozid), *Azethylsalizylsäurepräparate* (Acidum Salizylicum - Aspirin) und *Paraaminophenole* (Phenazetin). Dabei vermögen z.B. Azethylsäure und Indomethazin bei Vorliegen eines Entzündungsschmerzes die spezifische Wirkung bestimmter Schmerzsubstanzen (Bradykinin) zu verringern und die sensibilisierende Wirkung anderer Stoffe (Prostaglandine) zu hemmen. Je nach der Art des Schmerzes kommt auch eine Kombinationsbehandlung mit *Kortisonen, Antihistaminika* und hohe Dosen von *Vitamin* B_{12} und *Vitamin B-Komplex* in Frage. Eine Dämpfung der nozizeptiv ausgelösten Schmerzreflexe im Rückenmark ist dem *Morphin* und *morphinähnlichen Substanzen* eigen, doch haben diese Substanzen auch eine Wirkung auf höhere Zentren (Formatio reticularis, Thalamus, Hypothalamus und Limbisches System), wobei es sich um eine

Hemmung cholinerger und adrenerger Mechanismen handelt, die eine sedative Wirkung des Morphins nach sich zieht. Wegen ihrer Nebenwirkungen und der Suchtgefährdung sind Morphine und morphinähnliche Substanzen für eine länger dauernde Behandlung abzulehnen, weshalb als Ersatz sogenannte *Morphinantagonisten* angeboten werden, bei denen Nebenwirkungen und Suchtgefahr nicht so ausgeprägt sein sollen (Pentazocin-Fortral).
Aufgrund der aufgezeigten Komplexität des chronischen Schmerzgeschehens mit seinen psychoreaktiven Veränderungen einerseits und den damit verbundenen Verschiebungen im Schlafablauf andererseits ist der Einsatz von solchen *Psychopharmaka* nötig, welche eine günstige Beeinflussung des affektiven Schmerzerlebnisses und der vegetativen Dysregulation sowie eine schlafnormalisierende Wirkung besitzen (*Antidepressiva, Neuroleptika, Tranquilizer*). In erster Linie ist hier dem *Amitryptilin* (Tryptizol, Saroten) der Vorzug zu geben, welches neben einem stimmungsaufhellenden und anxiolytischen Effekt auch eine gute schlafanstoßende Wirkung aufweist. In diesem Zusammenhang konnte gezeigt werden, daß Amitryptilin zu einer signifikanten Abnahme leichter Schlafstadien einerseits und zu einer signifikanten Zunahme tiefer Schlafstadien andererseits führt und außerdem die REM-Aktivität im Hinblick auf Zyklen und Gesamtmenge signifikant unterdrückt wird. Eine Unterdrückung des REM-Schlafes wird auch dem *Imipramin* (Trofranil) zugeschrieben, das außerdem eine Vermehrung der mittleren Schlafstadien bewirkt. Eine Zunahme der tiefen Schlafstadien ist auch unter bestimmten *Neuroleptika* zu beobachten, wobei *Chlorpromazin* (Largatil) und *Thioridazin* (Melleril) in diesem Zusammenhang zu nennen wären. Eine Abnahme des REM-Schlafes und eine Zunahme mittlerer Schlafstadien zeigen sich auch unter Tranquilizermedikation (*Meprobamat-Miltaun, Nitrazepam-Mogadan, Diazepam-Valium),* wobei die Tiefschlafstadien unverändert bleiben. Nachdem ähnliches Schlafverhalten unter *Barbituraten* auftritt, ist wegen der Nebenwirkungen der Barbiturate den Tranquillantien der Vorzug zu geben, oder auf *nicht barbitursäurehaltige Hypnotika* auszuweichen.
Zusammenfassend kann gesagt werden, daß den Schlafstörungen im Rahmen chronischer Schmerzzustände eine multifaktorielle Genese zugrunde liegt, wobei einem neurohumoralen und einem psychoreaktiven Mechanismus die größte Bedeutung zukommen. Dementsprechend ist bei der Behandlung chronischer Schmerzzustände nach einem Konzept vorzugehen, welches sowohl dem peripheren Schmerz, als auch seiner zentralen Verarbeitung sowie seiner psychodynamischen und vegetativen Wirkung Rechnung zu tragen hat.

Chronische Schmerzen, Schlafstörungen - Probleme aus der Sicht des Allgemeinarztes -

H. Pillau

In 81 % aller Hausapotheken finden sich Schmerzmittel als häufigstes Medikament.
Jeder 5. Bundesbürger vom Säugling bis zum Greis nimmt innerhalb von 14 Tagen einmal Schmerzmittel ein.
Schon allein der Kopfschmerz plagt etwa 10 % der Bevölkerung.
Diagnostik und Therapie des Schmerzes und der Schlafstörung gehören zu den häufigen Aufgaben des Allgemeinarztes, und das, obwohl gerade hier die Selbstmedikation und Laientherapie eine immense Rolle spielen. Der Thekenverkauf nicht rezeptierter Schmerz- und Schlafmittel ist groß.
Die Problematik für den Allgemeinarzt beginnt bei der Diagnostik. Die Erfüllung der Forderung, jeder Schmerz bedinge eine subtile Diagnostik, ist aus mehreren Gründen gar nicht möglich.
Subtile Diagnostik bedeutet beim Kopfschmerzpatienten z.B. immer die Zusammenarbeit mit dem Fach- oder Teilgebietsarzt. Mit der Überweisung aller unserer Kopfschmerzpatienten ließen sich alle Teilgebietsärzte auf Jahre blockieren. Aufgabe des Allgemeinarztes ist es also, nur die Patienten weiterzuleiten, bei denen die Wahrscheinlichkeit größer ist, daß durch eine weiterführende Diagnostik eine Ursache des Kopfschmerzes gefunden werden kann.
Die diagnostische Strategie muß schon durch die Anamnese eine bestimmte Richtung erfahren. BALINT hat bei der Diagnostik psychosomatischer Störungen davor gewarnt, so lange vergeblich nach organischen Ursachen zu fahnden, bis keine andere Diagnose als „psychosomatisch" übrig bleibt.
Ebensowenig können wir beim Kopfschmerz solange vergeblich röntgen, elektroenzephalieren und computertomographieren, bis nichts weiter übrig bleibt, als die Diagnose: funktioneller Kopfschmerz. Und es geht nicht nur darum, daß die technischen Möglichkeiten dazu gar nicht da wären, sondern auch um die Kosten und als Wichtigstes, den Patienten.
Für die Diagnostik der Schlafstörungen scheint das Problem weniger schwierig. Von einer weiterführenden Diagnostik erwartet

man weniger. Weiterführende Diagnostik kann nur dann eine Berechtigung haben, wenn auch ein therapeutischer Nutzeffekt zu erwarten ist.
Das bedeutet aber keineswegs diagnostische Lethargie. Bei dem Gespräch mit dem Patienten ergeben sich häufig überraschende Momente. Viele halten sich für schlaflos, obwohl sie kein einziges Mal die Kirchturmuhr haben schlagen hören. Wenige sind schlaflos, überbrücken die Zeit aber mit einem Roman. Die meisten aber leiden, wenn sie nicht die Zeit durchschlafen, die sie sich vorgenommen haben! Sicher ist bei der Schlafstörung das Erleben noch viel mehr von der Persönlichkeit abhängig als beim Schmerz. Viele Schlafstörungen haben ihre Ursache in den psychosozialen Bezügen des Patienten. Und gerade dies ist es, was der Allgemeinarzt bei Diagnostik und Therapie nutzen kann. Er kennt seine Patienten meist über Jahre hinweg, kennt die Familienangehörigen, den Arbeitsplatz, eben die psychosozialen Bezüge. Ich kenne von 2/3 meiner Patienten die Wohnung, obwohl die Praxis in der Großstadt liegt. Bei einer Erhebung in einer Allgemeinpraxis auf dem Land zeigte sich, daß dieser Kollege von über 85 % seiner Patienten die Wohnung und von über 90 % einen oder mehrere Angehörige kennt.
Eine große Zahl der Ursachen von Schlafstörungen können vom Allgemeinarzt meist selbständig eruiert werden. Auch noch kompensierte oder manifeste Herzleistungsminderungen, Rhythmusstörungen, Hypotonie und zerebrale Durchblutungsstörungen bieten therapeutische Ansatzpunkte und können vom Allgemeinarzt diagnostisch geklärt werden.
Ein Teil der Schlafstörungen sind mit einem abendlichen Spaziergang statt des Fernsehens, einem Glas Bier oder einer Tasse Kaffee, einem Digitalispräparat, einem Antihypotonikum oder autogenem Training zu beheben. Und damit ist ein Problem ausgesprochen, das sich so formulieren läßt:
Braucht man bei Schlafstörungen überhaupt ein Schlafmittel? und nicht: welches Schlafmittel!
Denn hat man erst einmal die Grenze überschritten, die durch Verordnung eines Medikamentes markiert wird, ist der Weg zurück meist verlegt.
Und das ist ja sowohl bei Schlafstörungen als auch bei chronischen Schmerzen das zentrale Problem. Die Therapie kennt fast nur eine Richtung. Mit der ersten Verordnung eines Medikamentes begibt man sich in eine Einbahnstraße mit den Wegmarken: Arzneimittelnebenwirkungen, -schäden, Gewöhnung, Mißbrauch und Abhängigkeit. Jede Verordnung bedeutet also harte Kriterien für Quantität und Qualität der Mittel unter dem aktuellen Druck des leiden-

den Patienten. Der immer wiederkehrende Anblick des Kranken beeinflußt die Entscheidung des Arztes gewiß stärker, als eine irgendwann in der Zukunft mögliche oder drohende Gefahr.
Aber auch hier ist eine Ausnahme wichtig. In der Diskussion um die Schmerztherapie beim unheilbaren Kranken und Sterbenden ist es unmenschlich, den Einsatz stärkster Mittel mit der Begründung abzulehnen, die Mittel könnten zur Sucht führen. Gemeint sind Patienten, bei denen man sicher sein kann, daß sie gestorben sein werden, noch bevor eine Sucht eingetreten sein kann. Bei allen anderen Patienten stehen uns Mittel zur Verfügung, um über lange Zeit ausreichend helfen zu können. Ausnahmen, und als Ausnahmen möchte ich sie ansehen, da sie in der Allgemeinpraxis sehr selten sind, sind chronische Schmerzen, die mit unseren Möglichkeiten nicht zu beheben sind. Dazu gehören z.B. Zosterschmerzen, Phantomschmerzen und wenige Karzinomkranke, die lange auf ihren Tod warten müssen.
Hier werden jetzt Methoden bekannt, die gute Behandlungsmöglichkeiten bieten. Die perkutane zervikale Chordotomie, Nervenblockade durch gezielte chemische Neurolyse oder die Elektrostimulation des Rückenmarkes durch neurochirurgische Elektrodenimplantation.
Und damit auch sofort neue Probleme für den Allgemeinarzt: Ich bin mir nicht ganz sicher, ob meine Fortbildung dem neuesten Stand entspricht, ob ich sofort weiß, welche Methode wofür gut ist. Und wenn ich es doch weiß, muß ich den Kollegen finden, der sie ausführt, einen Termin ergattern und den Patienten wohldosiert mit gebremstem Optimismus zum Eingriff motivieren.
In diesem Zusammenhang noch ein weiteres Problem, mit dem der Allgemeinarzt hin und wieder konfrontiert wird. Ist die Selbstkritik intakt, müssen wir uns eingestehen, daß unsere Therapie nicht immer ausreichend ist oder der Patient Phasen erlebt, in denen er der Schulmedizin skeptisch gegenüber steht.
In solchen Zeiten müssen wir taktvoll tolerieren, daß der Patient Heilmethoden ausprobiert, die von der Schulmedizin nicht gelehrt werden. Haben sie Erfolg, können wir uns glücklich schätzen und etwas dazulernen, haben sie keinen, kommt der Patient ohnehin wieder zu uns, und kann erwarten, daß wir jeden Kommentar unterlassen.
Chronische Schmerzen und Schlaflosigkeit sind Musterbeispiele dafür, daß wir häufig gar nicht heilen können, sondern nur notdürftig helfen, überbrücken, mildern. Im Gegensatz zum Teilgebietsarzt, dessen Ziel es ist, den Fall „abzuschließen", ist es Spezifität des Allgemeinarztes, seine Patienten lebenslang zu begleiten. In solchen andauernden wechselseitigen Beziehungen tritt manchmal

das Medikament in den Hintergrund, besonders wenn es nur mangelhaft wirkt und die „Droge Arzt“ das Medikament unterstützt oder seine Wirkung sogar potenziert. Hier kann sich zeigen, daß Heilkunde weniger sein kann, als Heilkunst. Das persönliche Engagement für diesen Beruf kann bei der Behandlung chronischer Schmerzen und der Schlaflosigkeit ein Teil des Therapieerfolges sein.

Die Betreuung chronisch Kranker, Sterbender, bei denen sich Schmerz und Schlaflosigkeit verbündet haben, fordert neben medizinischem Können vor allem menschliche Qualitäten. Können wir Schmerz und Schlaflosigkeit nicht beseitigen, ist es Aufgabe, sie erträglicher zu machen: ein ärztliches Problem!

Aus der Universitäts-Nervenklinik und Poliklinik
der Universität Würzburg
(Direktor: Prof. Dr. O. Schrappe)

Chronische Schmerzen, chronische Schlafstörungen - Einsatz von Schmerz- und Schlafmitteln -

O. Schrappe

Kein Mensch kann heute noch Chemie, Pharmakologie, Indikationen, Ähnlichkeiten und Unterschiede der Wirkungsweise, weder Risiken und Kontraindikationen noch rationelle Verschreibungsmengen und Preise aller im Handel befindlichen Medikamente , die allein oder in Kombination mit anderen Pharmaka hypnotisch oder analgetisch wirken können, übersehen und in ihrer speziellen Anwendung beherrschen. „Weniger" bedeutet in dieser Situation „mehr", und ich rate dazu, hier wie beim Umgang mit Psychopharmaka zu verfahren, d.h. sich auf wenige Therapeutika und ihre Anwendungsprinzipien zu beschränken. Mit zunehmender Erfahrung wird deren Anwendung immer sicherer und erfolgreicher sein können. Der Einsatz des jeweils neuesten und vorgeblich fortschrittlichsten Medikaments ist jedenfalls in der Praxis ein ziemlich unrationelles Vorgehen.

Der Weg von der Klage und der Beschwerde des Patienten zum Symptom - und von dort zur Krankheit - kann hier weder für den chronischen Schmerz noch für die chronische Schlafstörung nachgezeichnet werden. Ein für beide Beschwerdebereiche gleichermaßen wichtiges, pathogenetisches Prinzip muß allerdings erwähnt werden, nämlich die gerade solchen Gesundheitsstörungen zugehörige Tendenz zur Selbstverstärkung durch Rückkoppelung, wodurch es fast zwangsläufig zur Bildung eines circulus vitiosus kommt. Bei derartigen, immer auf Zeit angelegten, prozeßhaft verlaufenden Vorgängen haben wir schließlich auf zahlreichen psychischen, psychosomatisch-vegetativen und somatischen Teilbereichen mit Interferenzen zu rechnen.

Auf dem *personal-psychischen Sektor* sind es beispielsweise Schwankungen der Widerstandsfähigkeit, der psychischen Resistenz und des Kompensationsvermögens, Vitalität und last not least Folgen neurotischer Auseinandersetzungen mit dem individuell einmaligen

biographisch-situativen Stellenwert des Schmerzes - von der weit zurückgreifenden Psychodynamik dieses Schmerzes und seines Erlebens als Konversionsresultat ganz zu schweigen bzw. von seiner Umformung zum Ausdrucks- und Kommunikationsvehikel.
Im *psychosomatisch-vegetativen Sektor* haben wir es überwiegend mit Tonusveränderungen der vegetativen Autoregulation zu tun, die bei vorgegebenem locus minoris resistentiae, aber auch ohne diese Voraussetzung, bis in Körperteile, Organe und - meist am leichtesten erkennbar - bis in die quergestreifte Muskulatur ausstrahlen können.
Im *somatischen Sektor* ist schließlich u.a. mit Toleranzentwicklung oder auch mit chronischen Intoxikationen zu rechnen, d.h. mit Sekundärprozessen im Gefolge der Schmerztherapie und der medikamentösen Behandlung der Schlafstörung, von denen wir wissen, daß sie paradoxe Phänomene in Gang setzen, also u.U. Schmerzen verstärken und Schlafstörungen unterhalten können.
Unter ganzheitlicher Betrachtung sollte man sich immer bewußt sein, daß ein Mensch, der Schmerzen hat, zugleich vom Schmerz ergriffen ist. Dabei ergibt sich ein merkwürdiges, dennoch wohl zentrales Problem, auf das u.a. BÜRGER-PRINZ (30) hingewiesen hat. Dem Schmerz, auch dem sogenannten chronischen Schmerz, eigne stets „das Moment des Neuen, Im-Augenblick-Erlebten", so daß der Mensch nicht nur fähig, sondern erstaunlicherweise nur zu bereit dazu sei, „jederzeit den Schmerz zu vergessen und ihn nicht in seine Lebensgeschichte einzubauen". In die Nähe von Angst gerückt, die zusammen mit Schmerz grundsätzlich „als Parameter für den Vitalzustand eines Menschen" gelten müsse, würden Angst und Schmerz dennoch Kontinuität im Sinne einer nicht abreißbaren Motivationskette garantieren und damit „nicht nur das individuelle Bewußtsein, sondern auch die Zeit" füllen. Ferner wies BÜRGER-PRINZ (30) auch darauf hin, daß ein Mensch, der vor Angst oder Schmerz außer sich sei, sich damit seiner Umwelt ausliefere. In Weiterentwicklung anthropologisch-psychologischer Sichtweisen hat WYSS (291) kürzlich erneut festgestellt, daß durch Schmerz die „selbstverständliche Identität mit dem tragenden Leib" verloren geht; denn „mit Schmerzen macht sich der Leib als von meinem Wollen unabhängiger Partner bemerkbar".
Die Richtigkeit dieser und ähnlicher Feststellungen erfahren wir in der so häufigen Entwicklung eines Schmerzsyndroms zur eigentlichen Schmerz*krankheit*, die ohne personal- und umgebungsbezogene Interaktionen nicht denkbar ist. Wir alle kennen Patienten, bei denen Schmerz*krankheit* zum Mittelpunkt ihres Lebens geworden ist und Schmerz alles Erleben occupiert, so daß sie sich kaum

noch anderen Lebensinhalten zuwenden können. Für ihre Umgebung sind sie nicht selten eine erhebliche Belastung. Für die behandelnden Ärzte aber stellen sie eine Crux dar, weil sie einer fortschrittsgläubigen Medizin, die alles und jedes für behandelbar hält, ihre eigene Ohnmacht gegenüber dem so alltäglichen Ereignis Schmerz immer aufs Neue demonstriert.
Solche Patienten sind natürlich hinsichtlich der Entwicklung von Arznei- und Schmerzmittelmißbrauch besonders gefährdet.
Warum manche von ihnen übrigens eindeutig das Opfer einer unsachgerechten Behandlung wurden, ist im Einzelfall oft schwer zu entscheiden. Über kurz oder lang gelten auch diese Patienten als Abnorme, Hysteriker oder Hypochonder. Eine erfolgreiche Entzugs- und Entwöhnungsbehandlung läßt manche schwerste Psychopathisierung und Neurotisierung verschwinden. Morphinkrankheit sollte heute nicht mehr vorkommen. An chronische Analgetika-Intoxikationen und deren Kombination mit Schlafmittel - und Tranquillantien-Abusus muß gedacht werden, wenn im Verlaufe von Schmerzkrankheiten eine bedeutende Wesensveränderung auftritt.

Schmerzbehandlung

Zur Schmerzbehandlung stehen mehrere Gruppen von Arzneimitteln zur Verfügung:
1. *Analgetika vom Typ des Morphins,* d.h. sogenannte stark wirksame Analgetika, die fast alle den besonderen Verschreibungsbedingungen der Btm.-Verschreibungs-VO vom 24.1.1974 unterliegen. Sie kommen im Rahmen unserer Fragestellung nur dann in Betracht, wenn beispielsweise im Endstadium einer voraussichtlich bald zum Tode führenden Malignomerkrankung sehr starke Schmerzen behandelt werden müssen.
2. *Schwach wirksame Analgetika,* die teilweise rezeptfrei in Apotheken erhältlich sind. Unter Einschluß der als Kopfschmerz- und Migränemittel angebotenen Präparate ist ihre Zahl ziemlich groß, und unter ihnen der Anteil von Mischpräparaten erheblich.
Die Mehrzahl enthält als Monosubstanz oder in unterschiedlichem Mischungsverhältnis:
Pyrazol- und Indol-Derivate (z.B. Aminophenazon)
Anilin-Derivate (z.B. Phenacetin und Paracetamol)
Salicylate,
Sedativa (vor allem Barbitursäure-Derivate),
Coffein und z.T. auch Codein.
Eine sehr gelungene Übersicht über diese Medikamente vermittelte JURNA (139), auf die ich hier verweisen möchte. Natürlich wirken

solche Präparate analgetisch, was jeder bei Zahnschmerz und anderen akuten Schmerzen am eigenen Leib erfahren kann. Unter bestimmten Umständen bewirken sie aber nichts anderes als lediglich Befindlichkeitsveränderungen, die allerdings vom Patienten als Schmerzlinderung erlebt werden. Mißbrauch im Sinne chronischer Anwendung überhöhter Dosis (auch als Ausdruck des Verlusts der Distanz zum Arzneimittel) kommt vor. Vor allem Phenacetin-haltige Analgetika können Kopfschmerzen, zu deren Behandlung sie häufig angewendet werden, verstärken und unterhalten.

3. *Es gibt nur ganz wenige, in gewisser Weise spezifische Analgetika*, zum Beispiel stellen Carbamazepin (Tegretal) oder Phenytoin (Zentropil, Phenhydan) für die Behandlung der Trigeminus- und anderer Neuralgien, sowie Serotonin- und Histaminantagonisten (Deseril, Sandomigran) für die Behandlung von Migräne und das BING-HORTON-Syndrom solche „Spezifika" dar. Die Zahl derartiger, für ganz bestimmte Schmerzsyndrome (und nur für sie!) einsetzbare Medikamente ist aber, wie gesagt, sehr gering.

4. *Neuroleptika und Antidepressiva*, deren analgetische Potenz viel zu wenig bekannt ist und ausgenutzt wird. Diese Potenz ist natürlich pharmakologisch auch nachweisbar (LEUTNER, 170, COPER, 46).

Es kann hier nicht der Ort sein, die möglichen Zusammenhänge zwischen Schmerz (-Erleben) und Depressivität (als Sammelbegriff für veränderte, gestörte Befindlichkeit) zu diskutieren. Aber die tägliche Erfahrung lehrt, daß Antidepressiva und Neuroleptika chronische Schmerzen im Sinne der Schmerz*krankheit* unter Umständen dramatisch zu bessern vermögen. Ohne Zweifel spielt dabei eine Rolle, daß die meisten derartigen Psychopharmaka vegetativ stabilisierend und z.T. auch muskelrelaxierend wirken, wodurch wirksam in die Schmerzspirale (BAROLIN (12), REISNER (223)) eingegriffen wird. Nach KIELHOLZ (142) sollen besonders diejenigen Psychopharmaka analgetisch nützlich sein, die auch in besonderem Maße anxiolytisch wirken. (Wir hatten oben auf die Nähe von Angst und Schmerz aufmerksam gemacht). Er erwähnt dabei besonders:

Amitriptylin (Laroxyl, Saroten, Tryptizol),
Chloprothixen (Taractan, Truxal) und
Laevomepromazin (Neurocil).

Nach unserer eigenen Erfahrung hat sich aber auch Clomipramin (Anafranil) und Desimipramin (Pertofran) durchaus bewährt, vor allem dann, wenn diese Medikamente parenteral zugeführt und gleichzeitig Neuroleptika in relativ niedriger Dosierung gegeben wurden. Jedenfalls haben wir mit intensiver parenteraler, meist mehrwöchiger, kombiniert neuroleptisch-antidepressiver Psychopharmakotherapie manche Schmerzkranke wesentlich bessern und in Einzelfällen vor bereits geplanten neurochirurgischen Eingriffen bewahren können.

Auch in der Praxis des Allgemeinarztes wird man von der potenzierenden Wirkungsweise der Neuroleptika-Antidepressiva-Kombinationsbehandlung mit großem Nutzen Gebrauch machen können. Individuell angepaßte Dosierung der Einzelsubstanzen ist dabei dringend notwendig, gleichzeitige psychotherapeutische Führung des Patienten unerläßlich. Es ist ein Kunstfehler, wenn - wie wiederholt erlebt - Patienten mit oralen Extremdosen von starken Neuroleptika behandelt werden und sich ansonsten selbst überlassen bleiben; womöglich ohne Rücksicht auf schwerwiegende Nebenwirkungen, wie sie durch die Einnahme von Benperidol (Glianimon) u.ä. hervorgerufen werden, das 400mal stärker neuroleptisch als Chlorpromazin (Megaphen) wirkt. Auch durch die gleichzeitige Verabreichung von Antiparkinsonmitteln ist nichts Entscheidendes gewonnen, denn ein solchermaßen neuroleptisch überrumpelter Patient leidet unter den Medikamentenwirkungen nicht weniger als er unter seinen Schmerzen litt.

Beispielsweise würde ich den Einstieg in die Neuroleptika-Thymoleptika-Behandlung chronischer Schmerzen mit folgender Medikation versuchen:

Sehr niedrig dosierte Gabe eines Depot-Neuroleptikum etwa alle 10-20 Tage, z.B. 10-15 mg Fluphenazin (ca. 1/2 ml Lyogen-Depot bzw. Dapotum D intraglutäal), kombiniert mit

Amitriptylin in einer Dosierung von 3-4 x 10-50 mg pro die (Laroxyl, Saroten oder Tryptizol) und im Bedarfsfall mit Chloprothixen (Truxal, Taractan) oder einem Benzodiazepin-Derivat (Librium, Valium, Tavor, Tranxilium, Adumbran, Demetrin).

Anstelle von Fluphenazin kann auch Laevomepromazin (Neurocil) oder ein anderes Phenothiazin-Präparat (z.B. die Kombination Megaphen und Atosil) mehrmals täglich gegeben werden, anstelle von Amitriptylin ein anderes trizyklisches Antidepressivum (Tofranil, Anafranil).

Einschleichende Behandlung ist notwendig, sachgerechte Überwachung und allgemeine ärztliche Betreuung des Patienten erforderlich, damit er die Behandlung annimmt, und ausreichende Kenntnis der Eigenarten der verwendeten Medikamente unerläßlich (sehr hilfreich insofern BENKERT/HIPPIUS, 18).

Behandlung von Schlafstörungen

Der Einsatz von Neuroleptika und Antidepressiva empfiehlt sich

auch vorrangig zur medikamentösen Behandlung von chronischen Schlafstörungen. Aber noch einmal muß darauf hingewiesen werden, daß beide - Schmerzkranke und Schlafgestörte - unbedingt zusätzlicher psychotherapeutischer Führung bedürfen.
Wir wissen, daß fast alle Schlafstörungen psychogen-funktioneller Natur sind. Neben symptomatischen Schlafstörungen müssen die Schlafstörungen im Rahmen endogener Psychosen differentialdiagnostisch abgeklärt werden, vor allem der endogenen und der vitalisierten, häufig im klinischen Gesamtbild larvierten Depression. Viele Schlafstörungen im Gefolge von Körperkrankheiten bessern sich häufig spontan bei erfolgreicher Therapie der Grundkrankheit; ein typisches Beispiel stellt die Herzinsuffizienz dar, welche den Nachtschlaf sehr beeinträchtigen kann. Nach genügender Digitalisierung kann der Patient meist sofort wieder wie gewohnt schlafen. Schlafstörungen bei Depressionen haben natürlich einen prinzipiell anderen Stellenwert als die funktionellen, oft exogenen, nicht selten aber auch neurotisch bedingten, im eigentlichen Sinne psychogenen Schlafstörungen. Die medikamentöse Behandlung weist dennoch eine ganze Reihe von Gemeinsamkeiten auf (s. später).
Es ist unmöglich, all das aufzuzählen, was dem Arzt als Schlafstörungen geklagt - fast möchte ich sagen präsentiert wird (FINKE (72) hat sich ausführlich dazu geäußert):
Unangemessener Anspruch auf ein nicht realisierbares Schlafpensum,
Fehlinterpretation von unerquicklichem (unruhigem) Schlaf als Schlaflosigkeit,
Erwartungen und Ängste hinter der Maske falscher Einschätzung der realen Schlafzeit u.v.a. mehr.
FINKE hat zu Recht darauf hingewiesen, daß in den meisten Fällen der Griff zum Rezeptblock nicht genügt. Vielmehr ist sorgfältige Beratung notwendig mit dem Ziel der allmählichen Umerziehung des Patienten mit Schlafstörungen zu einer anderen Einstellung dem eigenen Schlaf gegenüber und damit zur Entproblematisierung des Schlafes, wobei der Patient nicht selten erstaunt registriert, daß gelegentliche Schlafpausen durchaus auch akzeptiert werden können. Es hat sich aber in jüngster Zeit immer wieder gezeigt, daß mancher in subjektiver Sicht schlafgestörter Patient Schlaf zu bestimmter Nachtzeit und in genügender Menge wie eine Ware begehrt und verlangt, wobei er - wiederum ganz ähnlich wie beim Verlangen nach anderen Konsumgütern - ohne weiteres bereit ist, einen Kredit aufzunehmen, d.h. hier sich Schlaf unter Zuhilfenahme von Schlafmitteln „zu borgen". Man weiß wie das so geht; später wird mit einem neuen Kredit die alte Schuld beglichen, und

man erlebt immer wieder, daß sich in der Folgezeit der Patient auch „tagsüber in ein Gehäuse von Müdigkeit und Unfähigkeit" zurückzieht. Ich habe kürzlich bei der Erörterung von Medikamenten-Mißbrauch noch auf andere Faktoren hingewiesen, welche das „Angewöhnen" chronischen Medikamenten-Mißbrauchs begünstigen und als Indikator für die Anspruchshaltung des heutigen Menschen gelten können.
Entschließt man sich zur medikamentösen Behandlung von Schlafstörungen, sollte man vorher wenigstens zwischen Einschlaf- und Durchschlafstörungen differenziert haben.
Vor allem bei unkomplizierten Einschlafstörungen empfehlen sich die eigentlichen Schlafmittel, wobei es von untergeordneter Bedeutung ist, ob man barbitursäurehaltige oder barbitursäurefreie Medikamente einsetzt. Letztere sind weder besser noch besitzen sie andere Eigenheiten, deretwegen man sie den barbiturathaltigen Schlafmitteln vorziehen müßte. Man wird bei dieser Indikation natürlich kurzwirkende Barbiturate einsetzen, beispielsweise Hexobarbital (Evipan); aber auch für die vorübergehende Anwendung von Cyclobarbital (Phanodorm) gibt es im Falle sehr schwerer Schlafstörungen durchaus gute Gründe. Andere relativ kurzwirkende Barbiturate sind Propallylonal (Noctal), Amobarbital (Staurodorm) und Vinylbital (Speda). Als Einschlafmittel können ferner Chloralhydrat (Chloraldurat rot), Glutethimid (Doriden) sowie manche Tranquillantien (auch pflanzliche Präparate als die schwächsten Schlafmittel, die wir kennen) empfohlen werden.
Auf eine Negativliste gehören die jetzt nicht mehr im Freiverkauf in Apotheken erhältlichen Ureide (Abasin, Adalin, Bromural und Mirfudorm), weil sie Bromismus mit allen bekannten ernsten Folgen hervorrufen können (und bei Vergiftungen - Suizidversuche - schwerste Komazustände bedingen). Methaqualon (Revonal, Pro Dorm u.a.) kann ebenfalls nicht zur Dauerbehandlung von Schlafstörungen dienen, und Clomethiazol (Distraneurin) ist zwar ein wertvolles Medikament zur Behandlung von Delirien, Prädelirien und anderen zerebralorganisch bedingten Unruhe- und Verwirrtheitszuständen, aber eben kein Schlafmittel!
Bei Einschlaf- und auch bei Durchschlafstörungen (und zur Verbesserung der Schlafqualität) sollte man auf jeden Fall auch Neuroleptika, entweder allein oder in Kombination mit bestimmten Antidepressiva verordnen. Zwei Ziele sollen mit ihrer Anwendung erreicht werden:
1. Der Versuch, durch rechtzeitige Gabe von Neuroleptika die Schlafbereitschaft des Patienten zu fördern, und
2. durch richtige Antidepressivaanwendung unmittelbar vor dem Zu-Bett-Gehen den Schlaf zu harmonisieren und das morgendliche

Stimmungstief (depressiver Patienten) aufzufangen bzw. auszugleichen.

Es seien einige Dosierungsvorschläge aufgeführt:

a) 30-100 mg Thioridazin (1 Melleril ret. 30-1/2 Melleril ret. 200) etwa 2-3 Stunden vor der beabsichtigten Schlafenszeit, 25-75 mg Amitriptylin (1 Saroten ret. 25 bis 1 Saroten ret. 75)
oder
25-75 mg Maprotilin (1 Ludiomil 25 oder 50 oder 75) unmittelbar vor dem Zu-Bett-Gehen.

b) 30-50 mg (oder mehr) Chlorprothixen (2 Truxal 15 oder Taractan 15 bis 1 Truxal 50 oder Taractan 50) etwa 1 Stunde vor dem voraussichtlichen Schlafbeginn, eine Normaldosis eines Tranquillizer unmittelbar vor dem Zu-Bett-Gehen.

c) 25-100 mg Laevomepromazin (1 Neurocil 25-1/2 oder 1 Neurocil 100) 1 bis 2 Stunden vor dem Schlafengehen.

d) Je 25 mg Promethazin (1 Atosil) und Chlorpromazin (1 Megaphen) etwa 1 Stunde vor dem Zu-Bett-Gehen (wobei diese Dosis noch einmal 30 Minuten vor dem Zu-Bett-Gehen wiederholt werden kann),
bedarfsweise eine weitere Einschlafhilfe unmittelbar vor dem Hinlegen (z.B. ein pflanzliches Schlafmittel, oder etwa 10 Tropfen Nitrazepan (Mogadan)).

e) Besonders bei älteren und alten Patienten zu empfehlen: 20-80 mg Prothipendyl (1 Dominal 20, 1 Dominal forte 40 bzw. 1 Dominal forte 80) etwa 1/2-1 Stunde vor dem Zu-Bett-Gehen.

Diese Beispiele sind als Anregungen für das Erarbeiten eigener Medikamentenkombinantionen zu verstehen. Wegen aller Umstände, die dabei zu beachten sind, sei auf einen der Grundrisse psychiatrischer Pharmakotherapie (z.B. BENKERT/HIPPIUS) verwiesen.

Abschließend möchten wir noch einmal betonen, daß zwar bei fortgesetzter Neuroleptika- und Antidepressiva-Anwendung die Gefahr der Entwicklung von Gewöhnung und Abhängigkeit kaum besteht, daß aber trotzdem auch hier unter allen Umständen versucht werden muß, die Medikation zeitlich zu limitieren. Man beendet die Behandlung durch langsame Reduktion der Medikamente, die es glücklicherweise in verschiedenen Stärken gibt.

Auf die gezeigte Weise wird es Ihnen leichter und besser gelingen, die so verantwortungsvolle und eminent ärztliche Aufgabe der sachgerechten Hilfe für den durch Schmerz geplagten und unter Schlafstörungen leidenden Kranken zu erfüllen.

Aus der Universitäts-Nervenklinik Köln
(Direktoren: Prof. Dr. W. Scheid und Prof. Dr. A. Stammler)

Einsatz von Ataraktika

G. Huffmann

Vor nunmehr 25 Jahren, im Juli 1952, berichteten die französischen Psychiater J. DELAY und P. DENIKER (52) auf einem Kongreß in Luxemburg über eine „neurolytische Methode", die sie bei 38 Patienten mit Psychosen angewendet hatten (267). Es waren erste Erfolge mit dem Chlorpromazin (Megaphen). Es war die Geburtsstunde der modernen Psychopharmakotherapie und der Beginn eines therapeutischen Prinzips, das nicht nur das Gesicht der Psychiatrie verändert, sondern sich auch wesentlich auf die anderen Sparten der Medizin ausgewirkt hat.

Definition

Nach dem Schema von DELAY werden die *Psychopharmaka* in die Psycholeptika mit vorwiegend dämpfender, in die Psychoanaleptika mit vorwiegend anregender Wirkung und in die Psychodysleptika unterteilt, bei denen es zu Störungen der seelischen Funktionen kommt.

Wir haben es angesichts des gestellten Themas mit der erstgenannten Gruppe zu tun. Zu den *Psycholeptika* zählen neben den Hypnotika und den Neuroleptika die *Ataraktika.*

Ihre Bezeichnung leitet sich von dem griechischen Wort ataraxia ab, was mit Leidenschaftslosigkeit oder auch Gemütsruhe übersetzt wird (Tab. 1). In den englisch sprechenden Ländern hat das lateinische Wort tranquillitas (= Ruhe, Stille, Frieden) für die Bezeichnung Tranquilizer Pate gestanden. Man stellt den „minor tranquilizer" die „major tranquilizer" gegenüber, wie auch heute noch die Neuroleptika bezeichnet werden. Außerdem wird vielfach von Tranquillantien und auch Anxiolytika gesprochen, wenn der angstlösende Effekt hervorgehoben werden soll. Demgegenüber kommen in diesem Zusammenhang nur noch selten die sehr allgemeine Bezeichnung Psychorelaxantia oder der herkömmliche Begriff Psychosedativa zur Anwendung, womit besser die allein sedierenden Stoffe benannt werden.

Die Beschäftigung mit den verschiedenen Namensgebungen ist sinnvoll, weil wir damit ein Bild von der speziellen *psychotropen*

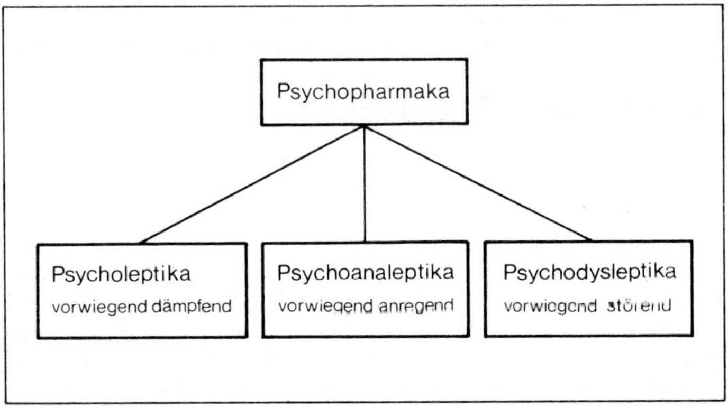

Abb. 1

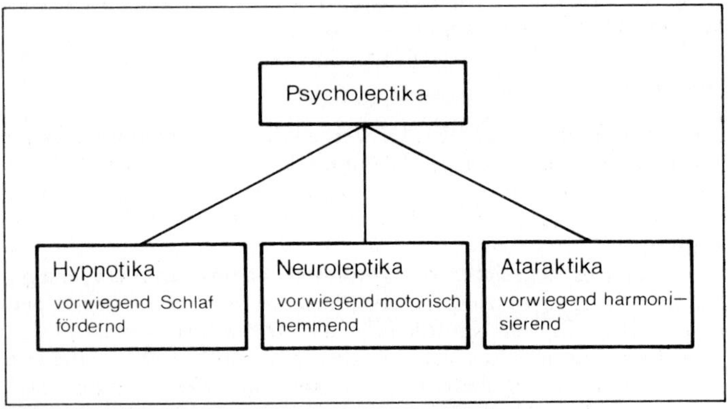

Abb. 2

Wirkung dieser Medikamentengruppe gewinnen. Vielleicht sollten wir noch den Zeitungsausdruck „Glückspillen" hinzufügen, um das ganze Spektrum der Wirkungen und damit der möglichen Indikationen, aber vielleicht auch schon der Gefahren dieser Stoffklasse zu umfassen. Ataraktika befreien von Unruhe, Aggression, Gereiztheit, Spannung und Angst. Sie bewirken eine Harmonisierung und erfüllen damit den „Ataraktika-Effekt" im engeren Sinne. Je nach Dosierung und Spezialität kommt es darüber hinaus mehr oder weniger zu schlafanstoßenden, antikonvulsiven und muskelrelaxierenden Erscheinungen.

Ataraktika

Herkunft des Wortes

ataraxia	= Leidenschaftslosigkeit, Gemütsruhe
atáraktos	= nicht verwirrt, immer gleich sein
tranquillitas	= Ruhe, Stille, Frieden

Synonyme

Tranquilizer, „minor tranquilizer", Tranquillantien, Anxiolytika, Psychorelaxantia, Psychosedativa

Tab. 1

Ataraktika 1

1. Carbaminsäure-Derivate

z.B.	Meprobamat	(Aneural, Cyrpon, Miltaun u.a.	: 200-1200 mg / Tg.)
	Phenprobamat	(Gamaquil	: 400-1200 mg / Tg.)

2. Diphenylmethan-Derivate

z.B.	Hydroxyzindihydrochlorid	(Atarax	: 30- 100 mg / Tg.)
	Hydroxyzinpamoat	(Masmoran	: 75- 200 mg / Tg.)

3. Tri- und tetrazyklische Ataraktika

z.B.	Benzoctamin	(Tacitin	: 20- 100 mg / Tg.)
	Opipramol	(Insidon	: 100- 300 mg / Tg.)

Tab. 2

Einteilung und Verbreitung

Das erste Pharmakon mit einem derartigen Effekt war das heute noch gebräuchliche *Meprobamat* (Tab. 2 u. 3). Neben diesem *Carbaminsäure-Derivat* ist aber auch schon im Jahre 1960 das *Chlordiazepoxid* (Librium) eingeführt worden, dessen chemische Struktur zu der Hauptgruppe der Ataraktika, den *Benzodiazepin-Derivaten,* zählt. Insgesamt werden nach strukturchemischen Gesichtspunkten meistens vier Hauptgruppen unterschieden (18,

4. Benzodiazepin-Derivate				
z.B.	Chlordiazepoxid	(Librium	:	10-150 mg/Tg.)
	Diazepam	(Valium	:	5- 60 mg/Tg.)
	Oxazepam	(Adumbran, Praxiten	:	15- 60 mg/Tg.)
	Medazepam	(Nobrium	:	10- 30 mg/Tg.)
	Lorazepam	(Tavor	:	3- 7,5 mg/Tg.)
	Dikalium-chlorazepat	(Tranxilium	:	10- 60 mg/Tg.)
	Prazepam	(Demetrin	:	10- 30 mg/Tg.)
	Bromazepam	(Lexotanil	:	1,5- 18 mg/Tg.)

Tab. 3

103, 281). Neben den beiden genannten Stoffklassen sind die nur noch geringe Verwendung findenden *Diphenylmethan-Derivate* und die *tri- und tetrazyklischen Ataraktika* zu erwähnen. Wenn auch die gemeinsamen Wirkungen die Zusammenfassung zu den Ataraktika veranlaßt haben, so sind die Spezialitäten untereinander nicht ohne weiteres gleichzusetzen. Besonders ist auf die unterschiedlichen Wirkmengen pro Einzeldosis und die jeweiligen Tagesmengen zu achten.
Die Vielzahl der entwickelten Medikamente und auch die Bemühungen um weitere ähnlich wirkende Substanzen lassen auf eine weite Verbreitung und Anwendung schließen. So geht aus statistischen Übersichten von der Abgabe psychotroper Pharmaka durch Apotheken hervor, daß die Ataraktika einen stets steigenden Anteil ausmachen (103). Während noch vor ungefähr 10 Jahren Analgetika und Hypnotika zu ca. 75 % und die Ataraktika zu etwa 12 % an den abgegebenen psychotropen Medikamenten beteiligt waren, stieg der Prozentsatz der Ataraktika in fünf Jahren auf über 20 % an, und dürfte heute noch deutlich darüber liegen. Ataraktika sind die am weitesten verbreiteten Psychopharmaka.

Pharmakologische und neurophysiologische Grundlagen

Nach pharmakologischen, neurophysiologischen, aber auch klinischen Beobachtungen unterscheiden sich die Ataraktika von den

Limbisches System

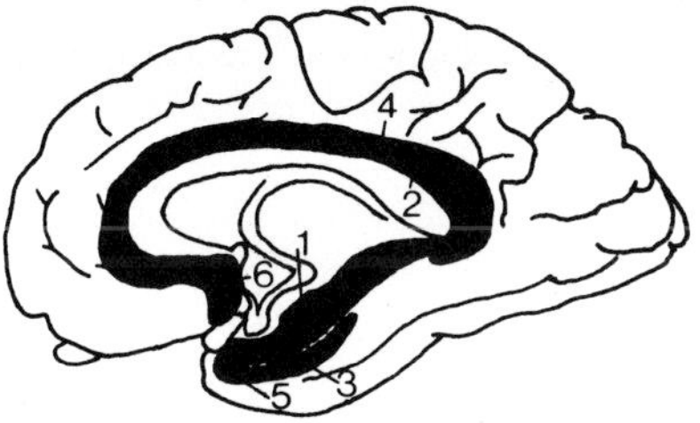

1 Hippocampus
2 Indusium griseum
3 Area entorhinalis
4 Gyrus cinguli
5 Nucleus amygdalae
6 Area septalis

(Nach K. AKERT und P. HUMMEL, 1963)

Abb. 3

Hypnotika und den Neuroleptika nicht etwa nur in quantitativer, sondern auch in qualitativer Hinsicht. Während die *Hypnotika* zu Narkose und zu einer Beeinträchtigung des Atemzentrums führen, fehlt dieser Effekt bei den Neuroleptika und den Ataraktika (213). Die Hypnotika dämpfen unmittelbar die Erregbarkeit der Formatio reticularis und erzwingen mit den Auswirkungen auf die Hirnrinde den Schlaf. Demgegenüber kommt die schlafanstoßende Wirkung der *Neuroleptika* wohl eher durch eine Abschirmung der Formatio reticularis zustande: Den Impulsen aus der Afferenz wird infolge einer Schwellenerhöhung der Übergriff erschwert, so daß von Deafferenzierung gesprochen werden kann.
Ataraktika lassen in niedriger Dosierung nur eine geringe Hemmwirkung auf die Formatio reticularis erkennen, und es mangelt ihnen entsprechend an einem hypnotischen Effekt. Ihr Angriffspunkt richtet sich möglicherweise gegen gewisse *thalamische Kerngebiete* und das *limbische System,* von dem man durch Reiz- und Ausschaltversuche weiß, daß seine Neurone an der *Gestaltung des affektiven Gesamtverhaltens* beteiligt sind. Darüber hinaus zeigen Ataraktika im Gegensatz zu den Neuroleptika keine kataleptische und - wenn überhaupt - auch wohl nur eine sehr geringe *extrapyramidale Wirkung.* Infolgedessen wird die motori-

Wirkungsspektren

Wirkungen	Hypnotika	Neuroleptika	Ataraktika
harmonisierend	∅	(+)	+++
schlafanstoßend	+++	+	+
motorisch hemmend	∅	+++	(+)
antipsychotisch	∅	++	∅
muskelrelaxierend	∅	∅	+
antikonvulsiv	+	∅	+

Tab. 4

sche Aktivität entscheidend weniger beeinträchtigt. Andererseits fehlt ihnen weitgehend eine antipsychotische Valenz (Tab. 4). Ihr Einfluß auf die biogenen Amine des Gehirns, die bei den Antidepressiva und den Neuroleptika zur Grundlage wichtiger Hypothesen über die therapeutisch relevanten Wirkungen geführt haben, ist noch im wesentlichen unbekannt (18).
Als Eigenart einiger Ataraktika muß die *Hemmung polysynaptischer spinaler Reflexe* angesehen werden. Es kommt dadurch zu einer mäßigen Muskelrelaxierung, die therapeutisch bei einer spastischen Tonuserhöhung und bei Beuge- und Streckreflexsynergien genützt werden kann, die sonst jedoch manchmal auch als störende Nebenwirkung registriert wird. Einen breiten therapeutischen Einsatz finden einige Ataraktika auf Grund ihrer deutlichen *antikonvulsiven Potenz,* die den Neuroleptika wiederum fehlt.

Indikationen

Der große Wirkungskreis hat zu einem festen Indikationsbereich der Ataraktika in allen klinischen Fachgebieten geführt.

1. Psychovegetative Allgemeinstörungen

In erster Linie werden *psychovegetative* Allgemeinstörungen behandelt (280), die in jeder ärztlichen Praxis einen bedeutenden Raum einnehmen. Vor dem Einsatz der Medikamente ist nach der Herkunft der Störungen zu fahnden (Tab. 5). Oft liegen akute oder chronische interne Krankheiten zugrunde. Dann wieder manifestieren sich primär psychische Störungen in dieser unspezi-

Wegweiser für den Einsatz von Ataraktika

1. Ursache der Erkrankung ermitteln,
2. andere therapeutische Maßnahmen bedenken,
3. Auswahl der Spezialität nach vorherrschenden Symptomen,
4. gezielter oder bewußt begleitender Einsatz,
5. einmalige oder kurmäßig begrenzte Verordnung,
6. ärztliche Kontrolle bei jeder Weiterverschreibung,
7. Verhütung von Mißbrauch und Sucht.

Tab. 5

fischen Form. Oder es handelt sich um eigenständige Erkrankungen des neurovegetativen Systems wie etwa die Migräne oder andere umschriebene Schmerzsyndrome. Im psychischen Bereich stehen meist erhöhte Reiz- und Erregbarkeit, Labilität der Stimmungen, rasches Ermüden und Konzentrationsschwäche im Vordergrund der angegebenen Beschwerden, im körperlichen hören wir immer wieder von Schwindel, vasomotorischem Kopfschmerz, vermehrtem Schwitzen, Tachykardien und pektanginösen Beschwerden sowie Verdauungs-, sexuellen und Schlafstörungen.
Bei allen genannten Symptomen stehen die Ataraktika *nicht* am Anfang des therapeutischen Konzepts. Vielmehr sollte zunächst über eine Korrektur der Lebensweise, über sportliche Betätigungen und physikalische Behandlungsmaßnahmen gesprochen werden. Auch handelt es sich oft um Syndrome, bei denen psychotherapeutische Verfahren im weitesten Sinne das Kernstück der Behandlung darstellen können. Dann aber sind die Ataraktika einmalig oder in kurmäßig begrenzter Verordnung einzusetzen. Sie können gezielt allein oder bewußt andere Mittel begleitend unter ärztlicher Kontrolle gegeben werden und stellen so weder „Notbehelf" für unterlassene andere stabilisierende Maßnahmen dar, noch können sie „nur" als Hilfsmittel abgewertet werden.

2. Anaesthesiologie und Intensivtherapie

In der Anästhesiologie und bei der Intensivtherapie dienen die Ataraktika u.a. der *Prämedikation* sowie der Bekämpfung des neurogenen Schocks und der *postoperativen Schmerzen* (115). Sie potenzieren die Wirkung von Narkotika, Analgetika und auch von Muskelrelaxantien; sie ermöglichen durch sinnvolle Kombination das Einsparen der für die Narkose notwendigen Pharmaka und verringern ihre Toxizität. Überdies ist der *antiemetische Effekt* einiger Ataraktika zur Behandlung der postoperativen Nausea nicht selten nützlich. Ferner mag die angst- und spannunglösende Wirkung manchem Patienten schwierige psychologische Situationen auf der Abteilung für Intensivtherapie erleichtern.

3. Operative und konservative Fachgebiete

Gleiche Indikationen haben die Ataraktika in der Gynäkologie und in allen anderen operativen Fächern gefunden. Auch in der *Schwangerschaft,* etwa bei der Behandlung der Hyperemesis gravidarum, zur medikamentösen *Erleichterung der Geburt* und bei der *Therapie der Gestosen* werden sie mit Erfolg eingesetzt (161). In der Inneren Medizin und in der Kinderheilkunde mit besonderem Schwerpunkt bei *kardiologischen Problemen* geht es in erster Linie wieder um die Therapie der psychovegetativen Allgemein- und Organstörungen, aber auch z.B. um die günstige Beeinflussung eines *erhöhten Blutdruckes,* um die notwendige Ruhigstellung *bei Infektionen* und um die Linderung *kindlicher Ängste.* Die Dermatologen wissen überdies von eindrucksvollen Erfolgen bei *allergischen Erkrankungen* und schätzen den Einsatz der Ataraktika zur Dämpfung eines quälenden *Juckreizes.*

4. Neurologie und Psychiatrie

Bei den Patienten mit neurologischen Krankheitsbildern nimmt die oft schwierige Behandlung der akuten und vor allem der chronischen *Schmerzen* einen besonderen Raum ein. Dabei gehen wir mit den Ataraktika vorwiegend den „seelischen Anteil des Schmerzes“ an. Die Schmerzverarbeitung zum angst- und unlustbetonten Erlebnis und die Entstehung vegetativer Begleitreaktionen können unterdrückt werden (66). So geben auch *Schlafstörungen* einmal die Indikation für den Einsatz von Ataraktika ab, wenn die emotionale Dämpfung bereits genügt, um den Schlaf anzustoßen.
Das haben wir besonders bei älteren Menschen erfahren, bei denen überdies Hypnotika und Neuroleptika oft schon in üblicher Dosierung zu unerwünschten Nebenwirkungen führen. Wenn die Verordnung nur niedrig genug ist, können die Ataraktika in der *Geriatrie* vielseitig verwendet werden. Bei manchen depressiven Syndromen macht sich ein stimmungsaufhellender Effekt günstig bemerkbar - so zum Beispiel beim Opipramol (Insidon), Prazepam (Demetrin) und Lorazepam (Tavor) (119). Das soll jedoch nicht bedeuten, daß sie als Basis-Antidepressiva etwa bei einer endogenen Depression geeignet seien.

Die Behandlung von *hirnorganischen Anfällen* im Kindesalter ist ohne Benzodiazepine nicht mehr denkbar (75). Es kommen vor allem *Nitrazepam* (Mogadan) und *Clonazepam* (Rivotril), also Substanzen, die wir nicht bei den Ataraktika aufgeführt haben, zur Anwendung. Stellen hier vor allem die verschiedenen kleinen nicht lokalisierten epileptischen Anfälle die Hauptindikation, so gilt die intravenöse Gabe von Diazepam (Valium) bei Kindern und Erwachsenen als Mittel der Wahl beim Status epilepticus.
Auch die *muskelrelaxierende Wirkung* der Benzodiazepin-Derivate eröffnet eine Reihe von Verabreichungsmöglichkeiten. Neben der spastischen Tonuserhöhung sind es alle Formen von schmerzhaften *Muskelverspannungen* wie auch die mannigfaltigen *Erkrankungen des Bewegungsapparates* in der orthopädischen und in der allgemeinmedizinischen Sprechstunde.
Neben den aufgezählten Indikationen ergeben sich in der Psychiatrie für die Ataraktika noch einige spezielle Einsatzmöglichkeiten. Wir verabreichen sie zusammen mit Neuroleptika zur *Verminderung der extrapyramidalen Nebenwirkungen.* Die häufig sehr einschneidende neuroleptische psychomotorische Blockade kann wesentlich gemildert, aufgelockert und harmonisiert werden.
Bei akuten *Alkohol- und Medikamentenintoxikationen* können die von Unruhe, Angst und Exzitation geprägten Syndrome erfolgreich angegangen werden. Während der monatelangen *Entziehungsbehandlung Suchtkranker* (150) haben sich besonders jene Benzodiazepine bewährt, bei denen eine leichte antidepressive Wirkung mit gleichzeitig dämpfender Komponente beiträgt, die häufigen Abstinenz-Syndrome mit Schwunglosigkeit und periodischen Stimmungsschwankungen aufzuhellen und zu stabilisieren.

Mißbrauch, Sucht und Nebenwirkungen

Jede Psychopharmakotherapie alkohol- und medikamentenabhängiger Personen wirft die Gefahr der *Suchttransposition* auf. Aber selbst bei der Medikamentensucht wird eine erfolgversprechende Therapie zumindest zur *Unterstützung der sozio- und psychotherapeutischen Bemühungen* kaum noch ohne die Gabe psychotroper Substanzen durchführbar sein. So kommt es darauf an, durch den Wechsel der Medikamente, durch eine strenge zeitliche Begrenzung und die Berücksichtigung der unterschiedlichen suchterzeugenden Potenz der einzelnen Stoffe die Gefahr einer Verschiebung der Abhängigkeit im Auge zu behalten.
Während durch Neuroleptika und Antidepressiva auch nach jahrelangem Gebrauch wohl kaum einmal Abhängigkeiten entstehen, kann dies wohl nicht von den Ataraktika behauptet werden.

Immer wieder begegnen wir Patienten, die nach einer Weiterverschreibung eines Benzodiazepinderivates verlangen, nachdem sie einmal den angenehmen Effekt der Harmonisierung und der Entlastung kennengelernt haben. Ihr Widerstand gegen die nicht verordnete Medikamenteneinnahme wird geringer, und sie greifen schließlich bei jeder banalen Alltagsbelastung (125) zum Ataraktikum. Patienten mit einer derartigen psychischen Abhängigkeit haben wir mehrfach beobachtet, und auch körperliche Abhängigkeiten kommen selten vor (128). Es wurden ein Delir mit hirnorganischen Anfällen nach Entzug von Diazepam (Valium) (201) und eine Psychose nach Entwöhnung von Oxazepam (Adumbran, Praxiten) (256) beschrieben.

Neben dieser wohl folgenschwersten Komplikation beim Einsatz von Ataraktika stellen sich *Nebenwirkungen* bei älteren Patienten, aber auch bei Überdosierung und chronischen Intoxikationen ein. Die allgemein gut verträglichen Substanzen führen dann zu Müdigkeit, Konzentrationsschwäche und Apathie. Eine auftretende muskuläre Schwäche und auch eine Ataxie haben die *Kontraindikationen* bei der Myasthenia gravis und bei zerebralen und spinalen Ataxien zur Folge. Darüber hinaus muß an die *Potenzierung der Ataraktikawirkung* durch Alkohol, Opiate und Barbiturate erinnert werden. Alle behandelten Patienten sollten von der Gefahr einer möglichen Unverträglichkeit der Ataraktika mit Alkohol wissen. Grundsätzlich besteht ferner zumindest in der ersten Behandlungswoche eine *Einschränkung der Verkehrstüchtigkeit.*

Mit der Aufzählung der Gefahren und der Nebenwirkungen bei der Einnahme von Ataraktika möchten wir ihre Bedeutung für die ärztliche Therapie nicht schmälern. Aber ein therapeutisches Mittel kann sich unseres Erachtens nur dann zum wahren Nutzen auswirken, wenn seine Verordnung mit hoher Verantwortung geschieht. Dabei wird unser kritischer Blick durch nichts intensiver geschärft als durch das Erleben nachteiliger und vielleicht auch noch iatrogener Folgen. Wir möchten deshalb unsere Ausführungen mit einer knappen Kasuistik beenden:

Eine 29-jährige Friseurmeisterin (Kr.Bl.Nr. 1196/75) kommt allein in die Klinik. Sie ist unruhig, ängstlich gestimmt und läuft auf und ab. Sie ist verschwitzt, zittrig und bietet das Bild eines beginnenden Delirs.

Die Patientin war 3 Jahre zuvor schon einmal stationär behandelt worden, und es hatten Herzjagen, Angst- und Beklemmungsgefühle, Schlaflosigkeit und eine Mundtrockenheit bestanden. Da sie von ungewöhnlicher Anspannung bei der selbständigen Leitung einer Friseurfiliale und Belastungen in ihrer Ehe berichtete, glaubte

man nach wochenlanger Beobachtung an die Folgen einer zu asthenischen und hypochondrischen Verhaltensweisen neigenden Persönlichkeitsstruktur. Nur das EEG wies bereits auf vermehrte Ermüdungsphänomene, auf einen möglicherweise vorhandenen Medikamenteneffekt hin.
Jetzt, angesichts bedrohlicher körperlicher Symptome, gibt die Patientin zu, seit Jahren täglich bis zu 8 Tabletten Lorazepam (Tavor) zu 2,5 mg eingenommen zu haben. Der behandelnde Nervenarzt hat seit einigen Tagen das Ataraktikum abgesetzt, und ausgeprägte Entziehungserscheinungen treten auf. Die delirante Symptomatik klingt rasch ab, aber Angst- und Unruhezustände, raptusartiges Toben, wobei sich die Patientin hinwirft, strampelt und schreit, sich zu würgen versucht und eine Fensterscheibe zertrümmert, halten noch 6 Wochen lang an. Das Lorazepam war bei der ersten stationären Behandlung von uns und in der Zwischenzeit von mehreren Ärzten ausdrücklich verordnet worden.

Zusammenfassung

Ataraktika zählen zu den Psycholeptika unter den Psychopharmaka. Ihre psychotrope Wirkung beruht auf einer Harmonisierung mit Befreiung von Unruhe, Aggression, Gereiztheit, Spannung und Angst: „Ataraktika-Effekt“ im engeren Sinne. Sie unterscheiden sich von den Hypnotika und den Neuroleptika nicht nur in quantitativer, sondern auch in qualitativer Hinsicht. Ihr Angriffspunkt richtet sich vorwiegend gegen das limbische System, und es fehlt ihnen weitgehend eine antipsychotische Valenz.
Zu den Indikationen zählen vor allem die mannigfaltigen psychovegetativen Allgemeinstörungen. Ferner wird u.a. bei jeder Schmerzbekämpfung ihre die Analgetika potenzierende Wirkung genützt. Weitere Verabreichungsmöglichkeiten ergeben sich infolge schlafanstoßender, antikonvulsiver und muskelrelaxierender Potenzen. So hat die ungewöhnliche Verbreitung dieser Medikamentengruppe auch zu Mißbrauch und Sucht geführt. Daher gehören die gezielte oder bewußt begleitende Gabe, die kurmäßig begrenzte Verordnung und die ärztlich kontrollierte Weiterverschreibung zum Wegweiser für den Einsatz von Ataraktika.

Die Stellung von Dikaliumclorazepat in der modernen Tranquilizer-Therapie unter besonderer Berücksichtigung der abendlichen Einmaldosis (Tranxilium® 20)

J. Schoenemeyer

Zusammenfassung

Der Wirkstoff Dikaliumclorazepat (Tranxilium 5 und 10 sowie Tranxilium 20) hat sich nach registrierten Untersuchungen aus nahezu allen Fachgebieten bei über 20.000 Patienten seit 1969 weltweit in Klinik und Praxis hervorragend bewährt. Die nachgewiesene Sonderstellung von Dikaliumclorazepat unter den Benzodiazepinen ergibt sich aus der quantitativen Umwandlung zu Nordiazepam. Diesem Metaboliten wird von vielen Untersuchern die höchste anxiolytisch-ataraktische Wirkung zugeschrieben. Die Pharmakokinetik von Dikaliumclorazepat ermöglicht die Verabreichung einer abendlichen Einmaldosis, wofür sich besonders Tranxilium 20 eignet. Nach Schlafanbahnung und schlafschützender Wirkung in der Nacht hält der anxiolytische Effekt am folgenden Tage ohne Sedierung an. Die abendliche Einmaldosis erlaubt darüber hinaus eine einfache, leicht zu handhabende Dosierung.

Zur Wirkung der Ataraktika im engeren Sinne (i.e.S.)

H. H. WIECK hat bereits auf der 3. Fortbildungsveranstaltung in Neurologie und Psychiatrie für niedergelassene Ärzte aller Fachgebiete 1975 in Erlangen prononziert auf die Notwendigkeit der Differentialtherapie mit Psychopharmaka hingewiesen (306). Diese Forderung hat er später vielfach in Fortbildungsvorträgen, auch für Tranquillantien, aufgestellt (281). Er befindet sich hier in Übereinstimmung mit LEUTNER, der ebenfalls feststellte, daß im Wirkungsprofil dieser psychotrop wirkenden Pharmaka durchaus unterschiedliche „Leiteffekte" charakteristisch sind (170). Das wird durch die unterschiedlichen Wirkungsprofile von Clonazepam als Antiepileptikum, Flurazepam sowie Nitrazepam als Hypnotika unterstrichen (281). Bei Diazepam wird die ausgeprägte muskelrelaxierende Wirkung klinisch genützt (170). Alle diese Substanzen kommen aus der Reihe der Benzodiazepine, so daß sich die lange vorherrschende Meinung, Benzodiazepin sei gleich Benzodiazepin, die Wirkung sei lediglich eine Dosisfrage, heute nicht mehr halten läßt.

WIECK hat den Begriff der Ataraktika neu deffiniert. Während zu Beginn der Ära der Tranquillantien das Wort Ataraktikum lediglich als Synonym für Tranquilizer verwandt wurde, vertritt er heute die Auffassung, daß Ataraktika (i.e.S.) die neuen Benzodiazepine sind, die im Laufe des letzten Dezenniums für die Therapie zur Verfügung gestellt wurden.

Zu Tranxilium schreibt er hierzu:

„Die meisten Autoren rechnen es zu den Tranquillantien; doch wirkt es gegenüber den bisherigen Substanzen dieser Stoffklasse nicht nur beruhigender und entspannender, sondern es gleicht die jeweiligen neurovegetativen Entgleisungen wieder aus. Dadurch werden einerseits Angst-, Spannungs- und Erregungszustände aufgelöst, andererseits durch Abfangen der funktionsmindernden Störfaktoren die Erlebnisfähigkeit und damit der Einfallsreichtum, das Denkvermögen, die Entscheidungsfähigkeit und die affektive Ansprechbarkeit verbessert. Die Rhythmik im vegetativen System wird ebenfalls ausgeglichen. Dieses besondere Wirkungsspektrum von Dikaliumclorazepat (Tranxilium) könnte u.E. dazu veranlassen, die ataraktische Wirkung i.e.S. von der Tranquillantienwirkung im allgemeinen abzugrenzen."(280)

Seine nun über 7jährige Erfahrung mit Dikaliumclorazepat (Tranxilium) läßt ihn die Wirkung von Tranxilium in Kurzform als „ataraktisch" charakterisieren (281), wie dies auch von anderen Autoren bestätigt wird (280, 281, 296, 297, 298, 302, 303, 304). Die Ataraxie wird als Behandlungsziel neben krankengymnastischen und physikalischen Maßnahmen sowie einer Regelung der Lebensgewohnheiten, vor allem bei psychovegetativen Allgemeinstörungen, aber auch bei der Behandlung gastro-intestinaler, kardialer, renaler und hepatischer Grundprozesse angestrebt. Auch bei den häufig somatisierten Konfliktsituationen bieten Ataraktika eine ausgezeichnete Möglichkeit, die gestörte Erlebnisfähigkeit wieder zu normalisieren und damit überhaupt erst den Patienten für psychotherapeutische Maßnahmen empfänglich zu machen (280, 281, 296).

Hier sei ein kurzer historischer Rückblick erlaubt. Als erster Philosoph hat DEMOKRIT von Abdera (ca. 460/70 - ca. 380 v. Chr.) die Ataraxie als erstrebenswert erkannt. DEMOKRIT und auch PLATON verlegen die „Glückseligkeit" in die Seele. Glückseligkeit nennt DEMOKRIT Wohlgemutheit und Wohlfahrt und Harmonie, auch Gleichgewicht (Ataraxie), zitiert bei WIECK (280).

Mit Tranxilium läßt sich das Behandlungsziel der Ataraxie erreichen. Aufgrund der klinischen Erfahrungen wird Tranxilium und Tranxilium 20 eine antinozizeptive Wirkung zugeschrieben, wobei der Begriff antinozizeptiv nicht im rein neurophysiologischen Sinne verstanden werden soll, sondern alle störenden Reize einzubeziehen sind.
Dadurch wird die gesamte nozizeptive Aktivität in besonderen zerebralen Funktionssystemen - z.B. in der Formatio reticularis und im Limbischen System - abgefiltert. Tranxilium und Tranxilium 20 wirkt demnach protektiv auf das Erleben ein, ohne es zu dämpfen (280, 303, 307).

Pharmakologische und pharmakokinetische Aspekte

Auf die pharmakologischen und toxikologischen Untersuchungen sind wir bereits früher eingegangen (303). Hervorgehoben soll heute nochmals der Metabolismus und die Pharmakokinetik von Dikaliumclorazepat (Tranxilium) werden, die eine Sonderstellung unter den bisher untersuchten Benzodiazepinen begründen. Viele Untersucher schreiben im internationalen Schrifttum dem Metaboliten Nordiazepam die stärkste anxiolytisch-ataraktische Wirkung unter den Benzodiazepin-Metaboliten zu (18, 280, 296, 297, 298, 300, 302, 303, 304, 305, 307). Dikaliumclorazepat wird als einziges Benzodiazepin schnell und quantitativ im Magenmilieu zu Nordiazepam umgewandelt und gilt als dessen Präkursor (296, 298, 299, 301, 303, 305). Die weitere Verstoffwechselung erfolgt langsam zu Oxazepam und die Ausscheidung als Glukuronat des Oxazepam.

Tranxilium und Tranxilium 20 in Klinik und Praxis

Über 250 Untersucher aus nahezu allen Fachgebieten (Pharmakologie, Psychiatrie und Neurologie, Neurophysiologie, Neurochirurgie, Neuroradiologie, Innere Medizin, Kardiologie, Gastroenterologie, Nephrologie, Pulmologie, Geriatrie, Chirurgie, Anästhesie, Gynäkologie und Geburtshilfe, ORL, Pädiatrie sowie Allgemeinmedizin) haben im internationalen Schrifttum die überzeugende ataraktisch-anxiolytische Wirksamkeit sowie die ausgezeichnete Verträglichkeit der Wirksubstanz von Tranxilium - Dikaliumclorazepat - bestätigt. Ausgewertet wurden die Behandlungsergebnisse an mehr als 20.000 stationär und ambulant behandelten Patienten. Die Befunde wurden durch kontrollierte Studien, Doppel-Blindversuche und Cross-over-Doppelblinduntersuchungen bestätigt und durch psychopathometrische Tests, EEG-Untersuchungen und Auswertung evozierter Potentiale gesichert.
Als Resümee dieser Untersuchungen kann gesagt werden, daß Nor-

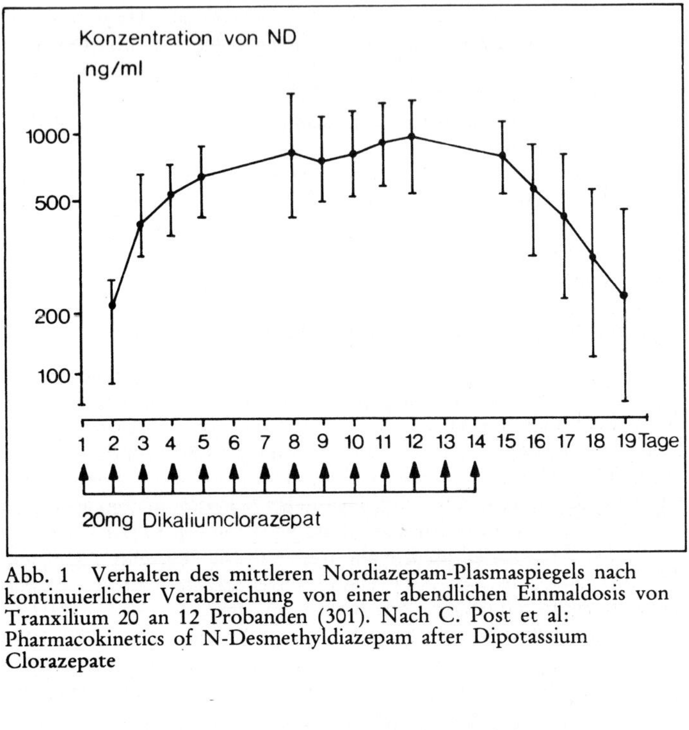

Abb. 1 Verhalten des mittleren Nordiazepam-Plasmaspiegels nach kontinuierlicher Verabreichung von einer abendlichen Einmaldosis von Tranxilium 20 an 12 Probanden (301). Nach C. Post et al: Pharmacokinetics of N-Desmethyldiazepam after Dipotassium Clorazepate

diazepam oder Substanzen, die äquivalente Nordiazepam-Spiegel - Tranxilium und Tranxilium 20 - erzielen, die beste Wirkung bei Angstzuständen haben und auch Schlaflosigkeit, die durch psychovegetative Allgemeinstörungen hervorgerufen wird, hervorragend beseitigen (300).

Aufgrund der Pharmakokinetik von Dikaliumclorazepat hat sich besonders die abendliche Einmaldosis von 20 mg Dikaliumclorazepat in Form von Tranxilium 20 bewährt.

Bei einer Einmaldosis von Tranxilium 20 kommt es zu einem steady state des Nordiazepam-Plasmaspiegels, der bei ca. 800 ng/ml liegt. Der Plasma-Nordiazepam-Spiegel fällt nach Absetzen des Präparates kontinuierlich ab (Abb.).

Nach der Auswertung von Untersuchungen an über 2.500 Patienten hat der nachgewiesene Langzeiteffekt einer abendlichen Einmaldosis von Tranxilium 20 eine wesentliche Vereinfachung der Therapie gebracht.

Zielsymptome	Häufigkeit Patienten	Beseitig. Anzahl	%	bzw. Rückgang Anzahl	%	Gesamtbesserung %
Angstgefühle	1.125	677	60,1	418	37,2	97,3
Unruhe	1.412	822	58,2	544	38,5	96,7
Schlafstörungen	1.488	1.100	73,9	345	23,2	97,1
Organbezogene Symptome						
Herz-Kreislauf						
Stenokardie	773	455	58,9	298	38,6	97,5
Tachykardie	745	435	58,4	293	39,3	97,7
ziehende Schmerzen mit Ausstrahlung i.d.li. Arm	554	340	61,4	200	36,1	97,5
Schweregefühl i.d. Extremitäten	474	250	52,7	205	43,2	95,9
Paraesthesien	461	257	55,7	186	40,4	96,1
Kältegefühl i.d. Extremitäten	387	176	45,5	183	47,3	92,8
Magen-Darm						
Magenschmerzen	388	265	68,3	111	28,6	96,9
Druck und Völlegefühl	641	331	51,6	284	44,8	96,4
Meteorismus	499	186	37,3	276	55,3	92,6
Obstipation	339	89	26,2	198	58,4	84,6
Aufstoßen	420	228	53,0	181	42,1	95,1
Sodbrennen	258	129	50,0	116	45,0	95,0
rezidivierende Durchfälle	135	67	49,6	55	40,8	90,4

Tab. 1 Behandlungserfolg bei den geklagten Beschwerden mittels Selbstbeurteilung und ärztlicher Globalbeurteilung nach einer durchschnittlichen Behandlungsdauer von 6 Wochen mit einer abendlichen Einmaldosis von Tranxilium 20.
Schlafstörungen sprachen meist wesentlich früher (nach wenigen Tagen) auf die Behandlung an

„Der Patient wird von der Notwendigkeit der über den Tag verteilten Einnahme eines Tranquillantiums befreit und akzeptiert während der Behandlung schnell die regelmäßige Einnahme einer Einmaldosis vor dem Schlafengehen. Nach zuverlässiger und rasch einsetzender Schlafinduktion am Abend hält die anxiolytische Wirkung von Tranxilium 20 am folgenden Tag ohne Sedierung an (305)."

Diese Feststellungen von SKUPIN und FRANZKE wurden durch eine multi-center-Studie in Deutschland mit Tranxilium 20 bei niedergelassenen Ärzten aller Fachrichtungen, insbesondere durch Allgemeinärzte und Internisten, voll und ganz bestätigt.

In der Bundesrepublik Deutschland wurde die Wirksamkeit (Tab. 1) und Verträglichkeit von Tranxilium 20 an 1.744 Patienten überprüft. Ferner interessierte die Frage, in welchem Umfange die Patienten am folgenden Tag den Wunsch hatten, weitere Tranquillantien zu erhalten. Die Mehrzahl der mit Tranxilium 20 behandelten Patienten, nämlich 1.175, waren weiblich, gegenüber 569 männlichen Patienten. Die meisten Patienten waren zwischen 40 und 65 Jahre alt.

81% der mit Tranxilium 20 behandelten Patienten akzeptierten die abendliche Einmaldosis voll und ganz und äußerten nicht den Wunsch, über den Tag, der der Einnahme folgte, weitere Tranquillantien zu erhalten.

Verträglichkeit

Die Verträglichkeit von Tranxilium 20 war bei 88,4% der Patienten ausgezeichnet. Lediglich einige Patienten klagten über geringe Morgen- oder Tagesmüdigkeit in den ersten 3 - 5 Tagen der Behandlung. Nur in 0,9% der Fälle mußte Tranxilium 20 vor Ende der Behandlung wegen stärkerer Müdigkeitserscheinungen abgesetzt werden.

Andere Nebenwirkungen treten nicht auf. Abhängigkeit (Sucht) oder Gewöhnung wurden bisher nicht beobachtet. Tranxilium und Tranxilium 20 ist mit anderen Substanzen beliebig kombinierbar (303, 305).

Obwohl Untersuchungen von DUREMAN und NORRMAN sowie von PATAY und Mitarb. in entsprechenden Blindversuchen - auch bei bis zu 3 Stunden andauernden Fahrversuchen - keine Beeinträchtigung der Reaktionsfähigkeit ergeben haben, empfiehlt sich Vorsicht in den ersten Tagen der Behandlung.

Im Hinblick auf die Fahrtüchtigkeit hat es sich bewährt, möglichst vor einem arbeitsfreien Wochenende - etwa am Freitagabend - mit der Psychopharmaka-Behandlung zu beginnen und Fahrverbot für die folgenden Tage zu erteilen. Am Montag kann der Patient in der Sprechstunde oder auch durch das Telefon über seine Befindlichkeit berichten. Daraufhin wird die Frage der Verkehrseignung und der Arbeitsfähigkeit von Fall zu Fall entschieden (280, 307).

Indikationsgebiete der Ataraktika (Auswahl) nach WIECK
Psychovegetative Allgemeinstörungen
Nicht psychotische depressive Zustände
Angstzustände
Schmerzzustände
Schlafstörungen
Besondere Situationen in der Klinik, z.B.
Myokardinfarkt
Prä- und postoperative Situationen
Besondere Situationen in der Praxis, z.B.
Klimakterische Beschwerden
Psychosexuelle Störungen
Myogelosen
Bandscheibenerkrankungen
Postkommotionelle Beschwerden

Tab. 2

Wie oben schon beschrieben, kann Tranxilium und Tranxilium 20 allein oder in Kombinationsbehandlung bei psychogenen Störungen mannigfaltiger Art und bei organischen Grundprozessen mit Erfolg eingesetzt werden.
Eine Auswahl der Indikationsgebiete für Tranxilium und Tranxilium 20 ergibt sich aus Tabelle 2.
Als Dosierung haben sich 3 x 1 Kapsel Tranxilium 5 oder 5 mg morgens, 5 mg mittags, 10 mg abends bzw. in vielen Fällen 1 Kapsel Tranxilium 10 oder 20 am Abend vor dem Schlafengehen bewährt (307).
Bei der ambulanten Behandlung, besonders von Kindern und betagten Personen, sollte man nicht mit höheren Dosen beginnen. Hier muß die Dosierung individuell angepaßt werden.
Gerade bei den älteren Personen, die möglicherweise unter einer zerebralen Hypoxidose mit Psychovegetativen- oder Schlafstörungen leiden, haben sich zusätzliche Gaben von Tranxilium hervorragend bewährt.

BRACHARZ (296) stellte zu diesem Komplex fest:
„Die gute Verträglichkeit und die zuverlässige ataraktische Wirkung, zusammen mit der Möglichkeit einer einfachen, leicht zu handhabenden Applikation als Einmal/24-Stunden-Dosierung lassen Tranxilium 20, speziell auch bei Anwendung im geriatrischen Bereich, als sicheres Pharmakon erscheinen.“
Hierfür spricht auch die Nichtteilbarkeit der einzelnen Kapseln zu 5, 10 und 20 mg, die zwar eine individuelle Dosierung erlauben, dem Arzt aber auch in der Medikation eine straffe ärztliche Führung ermöglichen.

Ein neues Antidepressivum für die Praxis

E. Radmayr

Für den niedergelassenen Arzt der Allgemeinmedizin oder der Inneren Medizin zählen immer noch jene Patienten zu den größten Problemen, bei denen trotz mannigfaltiger Beschwerden kein pathologischer Organbefund erhoben werden kann. Wir wissen, daß diese psychosomatischen Erkrankungen zum Teil den Organneurosen, zu einem erheblichen Teil aber den sogenannten „larvierten Depressionen" zuzuordnen sind.

Diagnostische und therapeutische Probleme

Kriterien, die sich auch in der Praxis bei gebotener Ökonomie zur Differentialdiagnose solcher Devitalisierungsprozesse eignen, sind unserer Erfahrung nach folgende sieben Punkte:
Familienanamnese
Persönlichkeitsentwicklung
Aktualität des Beschwerdenkomplexes
Tagesschwankung
Ablenkbarkeit
Stimmungslage („elan vital")
Nichtansprechen auf organisch orientierte Therapie.
Nach den grundlegenden biochemischen Arbeiten, Erkenntnissen und Theorien von BIRKMAYER (23) und anderen scheinen wir uns bei der Behandlung dieser Devitalisierungsvorgänge mit einem Antidepressivum weitgehend einer echten kausalen Therapie zu nähern. Das Problem bisher war nur, daß besonders in der Anfangsphase der Therapie mit den üblichen Antidepressiva erhebliche Nebenwirkungen auftraten (z.B. Müdigkeit, Zunahme der inneren Unruhe, Mundtrockenheit, Tremor und kardiovaskuläre Nebeneffekte wie stenokardische Beschwerden, Kopfschmerzen, Schwindel oder Tachykardien und Repolarisationsstörungen im EKG). Diese führen gerade bei dieser sensiblen Patientengruppe oftmals zu Schwierigkeiten, entweder zur insuffizienten Unterdosierung, zur unregelmäßigen Einnahme oder gar zum Abbruch der Therapie.
Welche Forderungen müssen wir niedergelassenen Ärzte an ein Antidepressivum stellen, damit wir endlich auch diese große Patientengruppe der psychosomatischen Erscheinungen mit Vital-

verlust wirklich suffizient und - wie wir glauben - bereits weitgehend kausal behandeln können?
Ein solches Präparat muß
- gut verträglich sein, das heißt möglichst geringfügige oder gar keine Begleiterscheinungen verursachen;
- darf keine Schädigung des Blutbildes und der Leber bewirken;
- muß mit anderen Medikamenten, die möglicherweise während der antidepressiven Behandlung aus anderen Gründen notwendig werden (zum Beispiel interkurrente Erkrankungen), gut kombinierbar sein (keine Inkompatibilitätserscheinungen).

Neue therapeutische Perspektiven

Als ECKMANN (62) in Graz über die klinischen Untersuchungen mit dem neuen Antidepressivum Nomifensin (im Handel als Alival) berichtet hat, ist uns besonders ein Satz aufgefallen: „... daß in den bisherigen Versuchen keine Nebenwirkungen psychischer, vegetativer und/oder motorischer Art beobachtet werden konnten!" Damit schien es mit dem neuen Antidepressivum möglich zu sein, die skizzierten Schwierigkeiten mit den auftretenden Begleiterscheinungen und Nebenerscheinungen zu vermeiden.
Unsere im folgenden gegebene Aussage stützt sich auf Untersuchungen bei einem Patienten-Kollektiv von 100 Personen. Bei 50 Patienten dauerte die Behandlung acht Wochen und bei den anderen 50 wurde die Therapie aus bestimmten Gründen auf über sechs Monate ausgedehnt. Wir sprechen deshalb hier von einer Zwei-Monate-Gruppe und von einer Sechs-Monate-Gruppe.
Kein Einschleichen notwendig, da kaum Nebenwirkungen auftreten.
Alival eignet sich nach Angaben der Herstellerfirma zur Behandlung aller Formen von Depressionen, einschließlich von psychosomatischen Erkrankungen, die im Rahmen eines solchen Devitalisierungsprozesses aufgetreten sind.
Während bei praktisch allen anderen Antidepressiva besonders wegen der anticholinergen Wirkung meist ein Einschleichen notwendig ist, haben wir Alival durchweg bei unseren Patienten vom ersten Tag an mit 3 x 25 mg, das heißt mit einer Tagesdosis von 75 mg, dosiert.
Leichte psychorelaxierende Wirkung in der Anfangsphase der Therapie.
Trotz der chemisch monomorphen Struktur, Alival ist ein Tetrahydroisochinolin-Derivat, hat man im klinischen Gebrauch den Eindruck einer Zwei-Phasen-Wirkung: Alival wirkt schon in den ersten Tagen leicht psychorelaxierend, was sich insbesonders

auf das oftmals recht vehemente Vorbringen der psychosomatischen Beschwerden sehr günstig auswirkt. Im Laufe der ersten Behandlungswoche distanzieren sich die Patienten mehr und mehr von ihrer klagsamen, oftmals fast hypochondrisch vorgebrachten Symptomatik und verlieren vor allem die ängstliche, oft phobische Verarbeitung der empfundenen Beschwerden.

Rasches Abklingen der psychosomatischen Beschwerden

Patienten, die bei der ersten Untersuchung Druckgefühl oder Stechen über dem Herzen, fallweise belastungsunabhängiges Herzjagen oder Herzstolpern, meist sogar nur bei Ruhe oder nächtlich auftretend, angaben, projizierten trotz wiederholter negativer Organuntersuchungen (einschließlich EKG usw.) diese Beschwerden sehr dezidiert in die Angst vor einem Herzinfarkt.
Gegen Ende der ersten Behandlungswoche berichteten diese Patienten wohl fallweise noch über Herzsensationen, aber sie ließen sich beruhigen und distanzierten sich von ihrer ursprünglich pessimistischen, depressiven Interpretation.
Patienten mit nahrungsunabhängigen, gastrointestinalen Beschwerden, Völlegefühl, Appetitlosigkeit, wechselhafter Obstipation und Diarrhoe, neigen dazu, insbesondere auch wegen des dadurch auftretenden Gewichtsverlustes, trotz aller negativen klinischen und Röntgenuntersuchungen ihr Leiden doch, stark angstgefärbt, mit „Krebs" zu interpretieren (Karzinophobie).
Auch diese Patienten haben sich gegen Ende der ersten Behandlungswoche von dieser Interpretation meist schon distanziert und ihre - da organisch nicht indizierte - sinnlose, sogar manchmal quälende Diät, aufgegeben und sich einer normalen Kost bedient. Im weiteren Verlauf sahen wir besonders bei dieser Patientengruppe eine Gewichtsnormalisierung.
Besonders quälend und therapeutisch hartnäckig waren nach unseren früheren Erfahrungen psychogene Panalgesien oder lokalisierte Schmerzen im Rahmen dieses Syndroms, die lokalisierten Schmerzen meist in Form der sogenannten psychogenen Cephalea, manchmal von migränoidem Charakter oder aber in Form des sogenannten psychogenen Zervikalsyndroms oder Schulter-Arm-Syndroms. Besonders bei der Cephalea war die Interpretation mit „Kopf-Tumor" bei unseren ängstlichen Patienten sehr häufig vertreten.
Diese Patientengruppe wiederum konnte schon in der ersten

Woche weitgehend von den bis dahin üblicherweise genommenen Schmerzmitteln losgelöst werden oder deren Dosis jedenfalls deutlich einschränken.

War also in der Anfangsphase der Therapie mit Alival eine leicht psychorelaxierende Wirkung zu beobachten, so zeigte sich durchschnittlich in der zweiten Behandlungswoche eine deutliche Vigilanzsteigerung, die oftmals dazu führte, daß die Patienten jene Tätigkeiten, die sie in den letzten Wochen des depressiven Verstimmungszustandes aufgegeben hatten, wieder aufnahmen, daß sie mehr aktive Zuwendung gegenüber der Umgebung und Umwelt zeigten, daß sie aufgeschlossener, zugänglicher und dadurch besser ablenkbar wurden.

Wiederaufnahme der Arbeit meist schon nach der zweiten Behandlungswoche möglich.

Kamen Patienten in arbeitsunfähigem Zustand zu uns, so nahmen sie im Durchschnitt Mitte bis spätestens Ende der zweiten Behandlungswoche mit Alival ihre Arbeit wieder auf. Besonders für diesen Umstand, der ja meist auch die Benützung eines Kraftfahrzeuges einschließt, ist die Tatsache bedeutungsvoll, daß Alival kaum Begleiterscheinungen verursacht und nach unserem gesamten bisher vorliegenden Erfahrungsgut auch das Lenken von Kraftfahrzeugen nicht beeinträchtigt. Selbstverständlich haben wir bei einer so wichtigen und entscheidenden Frage zunächst einmal die Wirkung des Medikamentes individuell bei jedem Patienten in den ersten Tagen beobachtet, bis wir ihm erlaubt haben, ein Kraftfahrzeug zu lenken.

Normalisierende Wirkung auf Pulsfrequenz, Blutdruck und Körpergewicht.

Die aufgetretenen Nebenwirkungen waren geringfügig und beeinträchtigten das Wohlbefinden des Patienten nicht wesentlich. Wir hatten in unserem gesamten untersuchten Krankengut keinen Fall, bei dem aufgrund von Begleiterscheinungen das Absetzen des Medikamentes oder auch nur eine Dosisreduktion notwendig geworden wäre.

Gerade der praktizierende Arzt weiß, wie unangenehm es ist, wenn ein Patient, bei dem eben mit einer Behandlung begonnen worden ist, nach einigen Tagen erneut in die Sprechstunde kommt und darüber klagt, daß er seit Beginn eben dieser Behandlung zusätzlich zu seinen ursprünglichen Beschwerden auch noch andere Beschwerden dazubekommen habe. Veränderungen der Pulsfrequenz oder des Blutdruckes, seien sie auch an sich geringfügig und unbedeutend, verschlechtern oft das Allgemeinbefinden dieser ohnehin labilen Patienten so sehr, daß man früher auch bei sonst sehr gut wirksamen Psychopharmaka das Präparat wechseln oder die The-

rapie gar abbrechen mußte - wenn dies der Patient nicht schon von sich selbst aus getan hatte.
Bei Alival war die durchschnittliche Pulsfrequenz der Sechs-Monate-Gruppe vor Behandlungbeginn 82,8 Schläge pro Minute mit einer Abweichung von 11,2 Schlägen. Nach sechs Monaten war der durchschnittliche Wert der Pulsfrequenz 75,3 mit einer Abweichung von nur 2,5. Das heißt, daß das Medikament nicht nur keine Veränderung der Pulsfrequenz verursacht, sondern daß darüber hinaus die vegetativ fehlgesteuerten labilen Werte im Laufe der Behandlung haben stabilisiert werden können.
Eine ähnliche stabilisierende Beobachtung machten wir bei den Blutdruckwerten: Der durchschnittliche systolische Blutdruck bei der Sechs-Monate-Gruppe vor der Behandlung war 145,1 mm Hg mit einer Abweichung von 22,4; nach der Behandlung war der durchschnittliche systolische Blutdruck 140 mm Hg aber nurmehr mit einer Abweichung von 15,3. Beim diastolischen Blutdruck gab es ähnliche Zahlen: anfangs durchschnittlich 78,4 (mit einer Abweichung von 11,4), Abschluß: durchschnittlich 72,7 mm Hg (mit einer Abweichung von 3,7).
Nach meinen Erfahrungen fasse ich dies auf als eine Normalisierung jener Werte vor der Behandlung, die ängstlich-vegetativ oder auch nur analog der gesteigerten Pulsfrequenz erhöht gewesen sind.
Dasselbe trifft auch für das Körpergewicht zu, das im Durchschnitt von 66,2 kg (bei einer Abweichung von 7,3) nach sechs Monaten auf 67,1 kg (bei einer Abweichung von 7,2) gestiegen ist. Auch hier handelt es sich weitgehend um eine Normalisierung des vor der Behandlung im Krankheitsverlauf aufgetretenen Gewichtsverlustes.

Kombination mit anderen Medikamenten möglich

Wesentlich scheint mir zu sein, daß das generell kontrollierte Blutbild, die Leberfunktionsproben und der Harnbefund keine pathologischen Veränderungen erfahren haben.
Bei manchen Fällen ist es - so sehr wir auch versuchen, mit möglichst wenig Arzneimitteln auszukommen - unvermeidlich. Alival auch noch mit anderen Medikamenten zu kombinieren. In unserer Sechs-Monate-Gruppe mußten 7 Fälle zusätzlich Neuroleptika bekommen, 3 Fälle zusätzliche andere Psychopharmaka, 9 Fälle zusätzlich Kreislaufmittel, 19 Fälle hatten zusätzlich eine Verordnung von Kontrazeptiva und 14 Fälle eine zusätzliche Verordnung von Cardiaca.
Aus der Erfahrung mit diesen Fällen heraus können wir sagen, daß sich Alival mit all diesen Medikamenten einwandfrei hat kombinieren lassen und daß keine Inkompatibilitätserscheinungen aufgetreten sind.

Alles in allem: Psychosomatische Erkrankungen sind jetzt in der Praxis leichter zu behandeln.

Obwohl wir alle längst gewußt haben, insbesondere seit den Arbeiten von BIRKMAYER (22) auf theoretisch-biochemischem Gebiet und von WALCHER (276) auf klinisch-praktischem Gebiet, daß wir für einen Großteil der psychosomatischen Erkrankungen, die einen hohen Prozentsatz unserer täglichen Klientel ausmachen, als ätiotrope Therapie Antidepressiva hätten einsetzen sollen, ist dies in der Praxis wegen der oftmals damit verbundenen Begleiterscheinungen und Komplikationen auf große Schwierigkeiten gestoßen. Dies hat immer wieder dazu geführt, daß solche Patienten schließlich „nur" mit Tranquilizern behandelt worden sind, was wohl scheinbar vorübergehend eine Abdämpfung der diversen Symptome ermöglicht, zweifellos aber dazu geführt hat, daß der eigentliche Grundprozeß weitergegangen ist.

LEVIN (171) formulierte daher sehr treffend: „Alival entkräftet jene Argumente, die zu Tranquilizern und nicht zu Antidepressiva greifen ließen."

In der Tat können wir bestätigen, daß sich Alival in der Praxis ganz besonders eignet, psychosomatische Erkrankungen und auch andere Verlaufsformen von Depressionen zu behandeln, ohne daß man dabei jene Begleiterscheinungen und Schwierigkeiten sieht, die bei anderen Antidepressiva oftmals zur insuffizienten Dosiseinschränkung oder gar zum Abbruch der Behandlung zwingen.

Chronische Schizophrenie

Aus der Landesnervenklinik Salzburg
(Direktor: Prof. Dr. G. Harrer)

Pharmakotherapie der chronischen Schizophrenie

G. Harrer

Die Schizophrenie ist eine relativ häufige Erkrankung. Von ihr sind ungefähr zehnmal mehr Menschen betroffen als von der Multiplen Sklerose oder der Parkinson'schen Krankheit. Sie ist auch gegenüber Hirntumoren rund 100 mal so häufig (HARRER, 112). In der BRD dürfte etwa eine halbe Million Menschen eine Veranlagung zu schizophrenen Erkrankungen haben bzw. zeitweise oder auch chronisch schizophren erkranken. Von diesen Personen befinden sich nur etwa drei Prozent langfristig, d.h. länger als fünf Jahre, in stationärer psychiatrischer Behandlung. Seit der Einführung der Psycho-Pharmaka-Behandlung dürfte aber fast jeder zweite schizophren Erkrankte in der BRD mindestens einmal in seinem Leben in einem psychiatrischen Krankenhaus behandelt worden sein, wobei sich rückblickend im Laufe der Jahre die Zahl der stationären Wiederaufnahmen bis auf das Dreifache erhöhte. Sieht man von der nicht geringen Zahl jener Schizophrener ab, die als verschrobene, skurrile Sonderlinge in ihrer eigenen Welt leben und nicht den Weg zum Psychiater fanden, und lassen wir die unberücksichtigt, die ihn auch nicht zu finden brauchten, so bleiben genug schizophren Erkrankte übrig, die einer langfristigen oder gar dauernden Behandlung bedürfen.

Die Pharmakotherapie mit Neuroleptika stellt fraglos die wirksamste Form der Behandlung Schizophrener dar. Denn sie ist die Voraussetzung für den Einsatz der flankierenden psycho- und soziotherapeutischen Maßnahmen. Neuroleptika vermögen nämlich nicht nur die akute produktiv-psychotische Symptomatik günstig zu beeinflussen, sondern auch die Rückfallquote bei chronisch Schizophrenen wesentlich zu senken.

Dies konnten z.B. CAFFEY und Mit. (32) zeigen, die bei chronischen Schizophrenen nach lang durchgeführter Therapie Neuroleptika durch Placebo-Gabe ersetzten. Die Autoren beobachteten bei völligem Ersatz der Mittel durch Placebos bei 45 Prozent und nach stärkerer Reduzierung der ursprünglichen Medikamentendosis bei 15 Prozent der Patienten Rückfälle.

Hingegen konnten sie im gleichen Beobachtungszeitraum bei unveränderter Weitergabe der Neuroleptika nur bei 5 Prozent der Erkrankten Rezidive registrieren. Zu einem ähnlichen Ergebnis gelangte 1970 LEHMANN (167). Während eines einjährigen Beobachtungszeitraumes konnte er im Falle eines Abbruchs der neuroleptischen Erhaltungsmedikation nach erfolgter sozialer Rehabilitation eine Rückfallquote von 50 Prozent feststellen, indessen nur eine solche von 10 Prozent, wenn eine kontinuierliche Therapie mit Neuroleptika durchgeführt wurde.
Die Langzeittherapie chronisch Schizophrener gehört naturgemäß mit in den Aufgabenbereich der praktizierenden Fach- und Allgemeinärzte. Die medikamentöse Einstellung erfolgt am besten stationär, wenn der Patient z.B. anläßlich eines akuten Schubes oder zum Zwecke der Neueinstellung bzw. der Umstellung auf ein anderes Präparat eingewiesen wird. Die Behandlung muß später nahtlos ambulant fortgesetzt werden. Dazu bedarf es einer intensiven Zusammenarbeit zwischen Patient, Angehörigen, Klinikarzt, praktizierendem Facharzt und Allgemeinarzt.
Die Hauptschwierigkeit dieser Nachbehandlung liegt erfahrungsgemäß vor allem im Unvermögen des Kranken wie auch seiner Angehörigen, die Notwendigkeit einer Langzeitbehandlung einzusehen, ebenso in der mangelnden Bereitschaft, gegebenenfalls auch gewisse Nebenwirkungen in Kauf zu nehmen. Die Einsicht ist vor allem dann erschwert, wenn der Patient keine gröberen psychischen Auffälligkeiten mehr zu bieten scheint und wieder seiner beruflichen Tätigkeit nachzugehen vermag. Vielfach werden die Medikamente aber auch aus purer Nachlässigkeit nicht eingenommen. Insgesamt ergeben sich für den Arzt sehr oft Zweifel an der regelmäßigen Einnahme der verordneten Medikamente.
So hatten nach einem Bericht von MÜLLER (197) von 51 seiner Patienten, die innerhalb eines Jahres nach der Entlassung erneut stationär aufgenommen werden mußten, nur 10 Prozent die verordneten Medikamente wirklich regelmäßig eingenommen. Nicht viel anders liegt das Problem beispielsweise bei Tuberkulosekranken. Nach Untersuchungen von WILLCOX und Mit. (285) nehmen etwa 40 Prozent die ihnen verordneten Tuberkulostatika nicht regelmäßig ein.
Angesichts dieser Schwierigkeiten ergeben sich nun durch die Einführung der Depot- und Langzeitneuroleptika neue therapeutische Möglichkeiten. Schon in den wenigen Jahren ihrer Anwendung führten sie zu einer zum Teil beachtlichen Senkung der Rückfallquote bei chronisch Schizophrenen. Ohne Zweifel setzt ihre Anwendung entsprechende Kenntnisse des behandelnden Arztes über die Dosierung und Handhabung, über die Vorteile und

Gefahren des einzelnen Depot- und Langzeitneuroleptikum voraus.
Größtenteils handelt es sich um Psychopharmaka, die bereits seit vielen Jahren bekannt sind und ihre Bewährungsprobe bei der Therapie chronisch Schizophrener längst bestanden haben. So wurden Retard-Formen oral einzunehmender Präparate geschaffen. Die Resorption wird durch eine entsprechende galenische Zubereitung soweit verzögert, daß man im allgemeinen mit der Einnahme von nur einer Tablette pro Tag auskommt. Ein derartiges Medikament ist z.B. das Fluphenazin-Retard (Lyogen-Retard) oder das Thioridazin-Retard (Melleril-Retard).
Bei den parenteral zu applizierenden Präparaten wird die neuroleptische Wirksubstanz an einen Trägerstoff gebunden, der nur eine verlangsamte, sukzessive Freigabe aus einem intramuskulär oder subkutan gesetzten Depot zuläßt. In dieser Weise wirkt z.B. das Fluphenazindecanoat (Dapotum-D, Lyogen-Depot) oder das Flupenthixol-Decanoat (Fluanxol-Depot).
Die Langzeitneuroleptika im engeren Sinne, z.B. das oral zu verabreichende Pimozide (Orap) und das Penfluridol (Semap) sowie das intramuskulär zu injizierende Fluspirilene (Imap) werden aufgrund der substanzeigenen Eigenschaften nur sehr langsam von der Hirnsubstanz aufgenommen und stark verzögert aus dem Gehirn ausgeschieden, ohne daß es zu einer zerebralen Metabolisierung kommt. Das therapeutische Management bei der Verordnung der bereits genannten Retard-Präparate erscheint relativ problemlos. Im allgemeinen braucht lediglich die Zahl der Einzeldosen verringert zu werden. Meist wird infolge der 24-Stunden-Wirkung eine Tablette morgens oder abends genügen.
Probleme verschiedener Art ergeben sich jedoch bei der Verabreichung der injizierbaren Depot-Präparate. Bei einem Präparat, das nur etwa alle drei bis vier Wochen injiziert zu werden braucht, ergeben sich bezüglich der Dosierung naturgemäß gewisse Schwierigkeiten.
Ein einmal gesetztes Depot entfaltet seine Wirkung durch mehrere Wochen. Wir haben keine Möglichkeit, eine Änderung herbeizuführen, falls sich aus irgendeinem Grund (z.B. bei Überempfindlichkeit) eine Notwendigkeit dazu ergeben sollte. Schon aus diesem Grund wird es sich empfehlen, den Patienten zunächst auf das entsprechende Präparat ohne Depotwirkung einzustellen. Ebenso sollte man die Dosis des Depot-Präparates anfangs eher zu niedrig als zu hoch wählen und lieber vorübergehend den Nachteil einer zusätzlichen oralen Medikation in Kauf nehmen. Die Kranken sind deshalb rechtzeitig vor ihrer Entlassung auf das Langzeitneuroleptikum umzustellen.

Grundsätzlich sind für eine gleichstarke Wirkung beim Depot-Präparat wesentlich geringere Mengen notwendig als bei oraler Medikation. So braucht der Patient z.B. unter Dapotum-D nur mit einem Achtel der oralen Dosis Fluphenazin belastet zu werden (KINZLER 144). Darin liegt ohne Zweifel ein gewichtiger Vorteil der Therapie mit Depot-Neuroleptika. Nach Untersuchungen von COLE (45) könnte die Wirkstoffeinsparung damit zusammenhängen, daß bei oraler Gabe ein Teil des Präparates sofort in der Leber abgebaut wird.
Zur Frage der Streckung des Applikationsintervalles z.B. von zwei auf drei Wochen durch Inkaufnahme entweder einer Überdosierung oder einiger neuroleptisch unterschwellig dosierter Tage am Ende jedes Intervalles hat HAASE (103) eingehende Untersuchungen angestellt. Als durchschnittliche neuroleptische Schwellendosierung bei zweiwöchigen Intervallen ist für Fluphenazindecanoat (Dapotum-D, Lyogen-Depot) eine Dosis von 12,5 mg, beim Flupenthixol (Fluanxol-Depot) eine Dosis von 20 mg anzusehen, beim Fluspirilene (Imap) eine Dosis von 3 mg, beim oral applizierbaren Penfluridol (Semap) hingegen eine Dosis von 20 mg bei jeweils einwöchigem Applikationsintervall.
Bei voll remittierten, krankheitseinsichtigen Schizophrenen können nach HAASE (103) die Intervalle bei Fluspirilene (Imap) und Penfluridol (Semap) von einer auf zwei Wochen und beim Fluphenazin-Depot (Dapotum-D, Lyogen-Depot) sowie beim Flupenthixol (Fluanxol-Depot) von zwei auf drei Wochen ausgedehnt werden, ohne daß ein erhöhtes Rezidiv-Risiko zu befürchten wäre. Hingegen kann bei chronisch produktiven Schizophrenen eine derartige Intervallstreckung durch Inkaufnahme unterdosierter Tage aufgrund der erhöhten Rückfallgefahr nicht verantwortet werden. Nach WEISER (278) sprechen Nebenwirkungen in den ersten Tagen nach der Applikation eher für eine zu hohe Einzeldosis. Nebenerscheinungen im weiteren Verlauf sind eher auf ein zu kurzes Injektionsintervall zurückzuführen. Bei einigen Patienten wird am Tage nach der Injektion ein Anti-Parkinson--Mittel über einige Tage verabreicht werden müssen. Dauergaben lassen sich jedoch in der Regel vermeiden.
Während Fluphenazin und Flupenthixol neben ihrem ausgeprägten antipsychotischen Effekt infolge ihrer dämpfenden Wirkung auch Angstzustände, Aggressivität, Erregung und Hyperaktivität vermindern, fehlen dem Pimozide (Orap) weitgehend hypno-sedative Wirkungen. Es eignet sich somit vor allem für Fälle mit produktiver psychotischer Symptomatik ohne gleichzeitige Angstsymptome und ohne Aggressionstendenz. Entsprechendes gilt für das dem Pimozide chemisch nah verwandte Penfluridol (Semap). Fluspiri-

lene (Imap) ist ebenfalls ein sehr wirksames Antipsychotikum. Extrapyramidale Nebenerscheinungen kommen jedoch häufiger vor.

Angesichts dieser Wirkungsspektren läßt sich vor allem anfangs die Verordnung zusätzlicher Medikamente, insbesondere die Gabe stärker dämpfender Neuroleptika, Hypnotika, Tanquilizer und Anti-Parkinson-Mittel häufig nicht vermeiden. GROSS und KALTENBÄCK (98) empfehlen aufgrund ihrer Erfahrungen, ambulante Patienten und deren Angehörige darauf hinzuweisen, daß beim Flupenthixol (Fluanxol) und beim Fluphenazin (Dapotum-D, Lyogen-Depot) vor allem zwischen dem zweiten und fünften Tag, beim Fluspirilene (Imap) zwischen dem zweiten und vierten Tag nach der Injektion uncharakteristische Seiteneffekte auftreten können: ein allgemeines Gefühl der Unruhe, Waden- und Kieferschmerzen, eine angedeutete Akathisie, Müdigkeit und Sehstörungen. Diese Nebenwirkungen lassen sich durch Anti-Parkinson-Mittel sofort beseitigen.

Besonders wichtig ist im Verlaufe einer Langzeitbehandlung mit Depot- und Langzeitneuroleptika die Beachtung depressiver Verstimmungen. Wegen der sich ergebenden Suizidgefahr ist eine entsprechende Aufklärung der Angehörigen sowie eine sorgfältige Überwachung der Patienten unbedingt notwendig. Gegebenenfalls müssen zusätzlich Antidepressiva verordnet werden.

Überhaupt sollte das Augenmerk des Arztes wie des Patienten sowie seiner Angehörigen sorgfältig auf bestimmte, oft uncharakteristische, im Einzelfall jedoch meist recht konstante Vorboten eines neuen Schubes oder auch nur einer depressiven Verstimmung gerichtet werden. Gelingt es, diese „Vorläufer" des Psychoseschubes (EICKE 64) zu erfassen, so kann er vielfach durch eine rechtzeitige Dosiserhöhung oder eine Zusatzmedikation „aufgefangen" oder gegebenenfalls ein Suizid verhindert werden.

Die Einführung der Depot- und Langzeitneuroleptika bedeutet zweifellos einen wesentlichen Fortschritt in der Pharmakotherapie chronisch Schizophrener. Für den Kranken wird die Behandlung angenehmer und wirksamer. Dem Arzt erwachsen allerdings neue und verantwortungsvolle Aufgaben.

Stets sollte man sich jedoch dessen bewußt sein, daß die Behandlung einer so schweren Krankheit wie der Schizophrenie mehr erfordert als nur die Verordnung eines Medikamentes. In sehr sorgfältigen Untersuchungen wurde nachgewiesen, daß die Rückfallhäufigkeit auch weitgehend von den Familienverhältnissen abhängt, in die der Patient zurückkehrt. Ein Zuviel an emotionellem Engagement wirkt sich gleichermaßen negativ aus, begünstigt ein Rezidiv ebenso wie ein Zuviel an Kritik. Gelingt es in solchen

Fällen, den „Gesichtskontakt" einzuschränken, die Dauer des nahen Zusammenseins zwischen Eltern und Patient bzw. zwischen Ehepartner und Patient drastisch zu reduzieren, so nimmt auch die Rezidivgefahr in eklatantem Ausmaß ab. Nach einer Untersuchung von J.P. LEFF (165) an 125 schizophrenen Patienten betrug die Rückfallquote innerhalb von neun Monaten nach der Entlassung in Familien mit niedrigem emotionellen Engagement nur 13 %, bei hohem emotionellen Engagement hingegen 51 %. Dauerte der „Gesichtskontakt" pro Woche in diesen Familien mit hohem emotionellem Engagement insgesamt mehr als 35 Stunden, so kam es in 71 % zu Rückfällen; war er kürzer, ergab sich eine Rückfallrate von nur 28 %. Bei intensivem Gesichtskontakt kam es in 92 % zu Rezidiven, sofern die Patienten nicht unter Medikation standen. Unter neuroleptischer Behandlung gab es nur bei 55 % Rückfälle. Bei geringerem Gesichtskontakt kam es in 42 % der Fälle ohne Dauermedikation zu einem Rezidiv, dagegen mit Dauermedikation nur in 15 % der Fälle. Diese Zahlen mögen zeigen, wie medikamentöse, sozio- und psychotherapeutische Maßnahmen zusammenwirken müssen, um einen optimalen Therapieerfolg zu erzielen.

Aus der Abteilung für Psychiatrie/Neurologie
im Klinikum der Medizinischen Hochschule Lübeck
(Direktor: Prof. Dr. G. Huber)

Chronische Schizophrenie: Soziotherapie

G. Huber

Bei schizophrenen Erkrankungen ist die Somatotherapie eine notwendige, aber nicht zureichende Bedingung für ein optimales Behandlungsergebnis. Oft führt erst die Verbindung von Pharmakotherapie mit Sozio- und Psychotherapie zum bestmöglichen Resultat. Dies gilt jedenfalls für jene 78 % schizophrener Erkrankungen, die nicht vollständig ausheilen und in Form chronischer Psychosen oder uncharakteristischer reiner Residualzustände persistieren. Hier ist Soziotherapie im weiteren Sinne ein integrierender Bestandteil der Behandlung.

Rehabilitative Maßnahmen, die Somato- und Soziotherapie umfassen, erstreben die möglichst vollständige Wiedereingliederung des Kranken in Beruf und Familie. Die Psychopharmakotherapie ist hinsichtlich der Beseitigung der Psychose und der Inhibierung von psychotischen Rezidiven allein signifikant wirksam, ausschließliche Sozio- oder Psychotherapie dagegen unwirksam. Die Erfolge der Soziotherapie bei teilremittierten und chronischen Schizophrenen basieren auf der Pharmakotherapie (26).

Als wesentliche Prinzipien der Soziotherapie chronisch Schizophrener gelten die Förderung der verbliebenen Eigenaktivität und Kontaktfähigkeit. *Psychotherapie* bei Schizophrenien ist praktisch fast ausschließlich führende und stützende, supportive Psychotherapie auf lange Sicht. Soweit psychoanalytische Verfahren angewandt werden, ist nicht die Besonderheit der Methodik, sondern die andauernde Kommunikation und Beschäftigung mit dem Patienten und die Persönlichkeit des Therapeuten wirksam. Bis heute gibt es zwar eine Psychotherapie bei Schizophrenien, aber keine Psychotherapie der Schizophrenien. Statistisch fallen die seit FREUD, C. G. JUNG und BJERRE berichteten Erfolge mit ausschließlicher Psychotherapie nicht ins Gewicht; selbst mehrjährige Psychotherapie erreicht auch nach BENEDETTI und FROMM-REICHMANN bei chronisch Schizophrenen allenfalls soziale Heilungen, wie sie in 56% der Schizophrenen langfristig auch ohne Psycho- und Soziotherapie und spontan beobachtet

werden (G. HUBER, G. GROSS und R. SCHÜTTLER, 127). Nur ein Teil der nicht vollständig ausheilenden Schizophrenen bedarf einer Soziotherapie i.S. einer Arbeitsvorbereitung und berufsbezogenen Rehabilitation. Von den 56% langfristig sozial geheilten Bonner Schizophrenen waren nur bei 10% extramurale Rehabilitationsmaßnahmen zum Zuge gekommen. Bei einer großen Teilgruppe Schizophrener ist eine gewöhnlich ambulant und vom niedergelassenen Arzt durchzuführende *neuroleptische Erhaltungsmedikation in Verbindung mit supportiver Psychotherapie* die Methode der Wahl. Die vorhandenen Möglichkeiten werden hier noch keineswegs voll ausgeschöpft. Nur knapp 45% der behandlungsbedürftigen, zu Hause lebenden schizophrenen Kranken erhalten ärztliche Behandlung, die zudem oft nicht adäquat ist und zum Teil ohne Kenntnis der Diagnose erfolgt. Heute schon könnte die soziale Situation vieler Kranker durch sachgerechte Langzeittherapie erheblich verbessert werden.
Wesentlich ist die Herstellung und Aufrechterhaltung eines tragfähigen Kontaktes im Rahmen einer möglichst kontinuierlichen Arzt-Patient-Beziehung. Bei den krankheitseinsichtigen Patienten mit reinen Residuen, die ihre Störungen selbst wahrnehmen und darunter leiden, sind die Probleme der Behandlung nicht grundsätzlich anders als bei der Langzeittherapie körperlicher Erkrankungen, z.B. der Insulinbehandlung des Diabetikers. Dagegen lehnen Patienten mit chronischen Psychosen nicht selten die Behandlung aus psychotischen Motiven ab. Wenn es gelingt, das Vertrauen der Kranken zu gewinnen, was auch bei persönlichkeitsveränderten Kranken mit wahnbildenden Psychosen durchaus möglich ist, erfordert die langfristige Führung und Betreuung weniger Zeitaufwand.
Bei der Förderung von Eigenaktivität und Realitätskontakt kommt es darauf an, die *richtige Mitte zwischen Über- und Unterstimulation* zu finden und Anregung und Aktivierung quantitativ und qualitativ angemessen zu dosieren. Die sog. Minussymptome, Affekt-, Antriebs- und Kontaktminderung, und die mehr subjektiven Äußerungen der reinen Potentialreduktion werden, wie die neuere Rehabilitationsforschung nachwies, durch soziale Stimulation verringert, durch fehlende Anregung, z.B. in einem kustodial-passivierenden Krankenhausmilieu, verstärkt. Umgekehrt treten die produktiv-psychotischen Symptome, die Neigung zu psychotischen, wahnhaft-halluzinatorischen Rezidiven, häufiger bei sozialer Überstimulation auf. Die Toleranzschwelle für den Stress des Alltagslebens ist herabgesetzt: Teilremittierte Schizophrene sind für unspezifische und ubiquitäre Belastungen und Schwankungen des sozialen Umfeldes überempfindlich (WING, 287 ; G. HUBER,

123). Die psychotische Rezidive auslösenden Situationen sind unspezifische psychische oder somatische Anlässe. Auch über längere Zeit hinweg einwirkende Faktoren, z.B. das enge Zusammenleben mit Angehörigen, können ein Rezidiv auslösen. Der chronisch Schizophrene ist riskiert durch zu geringe wie durch zu intensive Stimulation und zwar unabhängig davon, ob er in psychiatrischen Institutionen, in Heimen, Tageskliniken, beschützenden Gemeinschaften oder zu Hause lebt. Intensive Gefühlsprovokation durch erotische Kontakte, heftige Spannungen in der Familie, überforcierte Rehabilitationsmaßnahmen oder Gruppentherapie sind häufig Auslöser psychotischer Rezidive und suizidaler Handlungen. Die Suizidrate ist mit 5% sehr hoch; das Suizidrisiko ist weit mehr durch Überstimulation als durch Unterstimulation bedingt.

Der Autismus, die Neigung zu sozialem Rückzug und zur Einhaltung einer gewissen Distanz sind zum Teil sekundär und Ausdruck von Selbstschutz- und Abwehrmaßnahmen gegenüber der hohen Vulnerabilität in Gefühlsbeziehungen und den kognitiven Basisstörungen. Die erhöhte Vulnerabilität für unspezifischen Stress ist vermutlich biologisch-neurobiochemisch bedingt. Psychopharmaka wirken über eine Erhöhung der Toleranzschwelle für unspezifischen Stress sekundärpräventiv.

Die durch Überstimulation auslösend wirkende Faktoren liegen im Bereich des Überkontrollierens, Dominierens und Kritisierens, der Überfürsorglichkeit und der Intensität der Gefühlsbeziehungen. Da abgesehen von diesen recht allgemeinen Hinweisen eine Spezifität fehlt, ist eine gezielte soziale Prävention kaum möglich.

Weil Unterstimulation die Minussymptome verstärkt, Überstimulation die psychotische Rezidivneigung begünstigt, bewegt sich der Kranke auf einem schmalen Grat zwischen zwei unterschiedlichen Gefahrenzonen. Deswegen muß Wahrung eines Gleichgewichtes zwischen sozialer und arbeitsmäßiger Über- und Unterstimulation ein wesentliches Ziel der Soziotherapie sein. Für den Arzt wie für die Angehörigen kommt es darauf an, die richtige Dosis der Stimulation und das richtige Maß zwischen Kommunikation und Distanz zu finden. Dies ist für die oft zu protektiven und involvierten Angehörigen noch schwieriger als für den Therapeuten. Unterstimulation, die die Minussymptome verstärkt und in den Anstalten zu sekundären Behinderungen, zum *Institutionalismus* führt, hat bei nichthospitalisierten Patienten dieselben negativen Effekte. Institutionalismus kommt also auch im häuslichen Milieu vor. Der Patient akzeptiert nicht notwendige Einschränkungen, gibt sich mit seinem Dasein so wie es ist zufrieden und wünscht nicht mehr anders zu leben. Die Rolle des Patienten

ersetzt viele oder alle anderen, die er eigentlich noch hätte ausfüllen können.
Aufgrund der Erkenntnisse der modernen Rehabilitationsforschung sind heute gegenüber den sog. sozioemotionalen Methoden der Soziotherapie *moderne Formen der Arbeitstherapie* in den Vordergrund gerückt. Psychodynamische Verfahren, Übergangseinrichtungen und Sozialarbeit können den Rehabilitationserfolg nicht verbessern, wenn intensive arbeits- und berufsbezogene Rehabilitationsprogramme fehlen. Eine patientenzentrierte, klar strukturierte, dem normalen Arbeitsleben angepaßte industrielle Arbeitstherapie und berufsbezogene Rehabilitation mit angemessenen Belohnungssystemen ist allen anderen Verfahren, auch hinsichtlich der sozialen Adaptation, überlegen (G. HUBER, 124; McDONALD und MILES, 186; HÄFNER, 105; SÜLLWOLD, 262; u.a.). Dabei ist Staffelung der rehabilitativen Maßnahmen, arbeitstherapeutische Vorbereitung mit abgestufter Belastung günstig; Forcierung kann zu psychotischen Rezidiven führen. Für Patienten, die nicht mehr in den freien Arbeitsmarkt einzugliedern sind, sind beschützende Arbeitsplätze und Behindertenwerkstätten bereitzustellen, für Kranke, die keine oder keine geeigneten Angehörigen haben, beschützte Wohnmöglichkeiten. Solche gestaffelten *beschützenden Möglichkeiten im Wohn- und Arbeitsbereich* sind für die Konsolidierung des Rehabilitationserfolges wichtig. Auch die moderne Arbeitstherapie beruht zum Teil auf den Prinzipien des operanten Konditionierens durch Lernen am Erfolg und ist insoweit Verhaltenstherapie. Sie gewinnt erst durch ihre Patientenzentrierung, die Ausrichtung auf industrielle und berufsbezogene Rehabilitation, Verlagerung in den extramuralen Bereich, Bereitstellung beschützender Arbeits- und Wohnmöglichkeiten und eine leistungsgerechte Entlohnung ihre jetzige Bedeutung.
Erst in den letzten Jahren begann man damit, auch die *reinen Residuen* Schizophrener in die Rehabilitationskonzepte einzubeziehen. Diese Zustände sind nicht mehr schizophren im konventionellen Sinne und entsprechen eher einem hirnorganisch determinierten pseudoneurasthenischen Syndrom. Ohne Kenntnis der Anamnese ist eine Diagnose nicht möglich. Die fundierenden dynamischen und kognitiven Basisstörungen sind oft schon Jahre und Jahrzehnte vor der psychotischen Erstmanifestation, in den Prodromen und Vorpostensyndromen nachweisbar. Hierher gehören z.B. Störungen der expressiven und rezeptiven Sprache, Gedanken- und motorische Interferenz, Automatismenverlust oder Wahrnehmungsveränderungen (SÜLLWOLD, 262; G. GROSS und G. HUBER, 97, 95, 127). Die Patienten mit reinen

Residuen, die häufiger sind als charakteristisch schizophrene Defektpsychosen, können lernen, wie weit sie sich hinsichtlich Leistung und sozialer Interaktion belasten dürfen. Weil die Basisstörungen nicht ohne weiteres im Verhalten deutlich werden, muß für ihre Erkennung die fast immer vorhandene Selbstwahrnehmung der Kranken genutzt werden. Selbstwahrnehmung und Sich-zu-sich-selbst-verhalten-können ermöglichen es, die Basisstörungen und sekundäre soziale Behinderungen durch *Verhaltenstraining* bei geringer affektiver Stimulation gezielt anzugehen. Potentiell symptomprovozierende Faktoren, z.B. zu intensive Stimulation oder neue, unübersichtliche und verwirrende Situationen oder Zeitdruck sind zu vermeiden. Bei Beachtung der Basisdefizienzen, die interindividuell variieren und durch eine ständige intraindividuelle Fluktuation gekennzeichnet sind, ergeben sich Ansatzpunkte für Übungsprogramme und die Auswahl individuell geeigneter Arbeitsplätze. Kognitive Störungen von Sprachverständnis und Sprechen können durch tägliches Üben von Texten verbessert werden; oft sind ähnlich wie bei Hirnorganikern, Programme zur Wiederauffrischung des Wortschatzes, von Kenntnissen und Fertigkeiten sinnvoll. In vielen Fällen von Verhaltensstörungen, die in Basisdefizienzen wie Störung der selektiven Aufmerksamkeit oder Automatismenverlust begründet sind, müssen selbst einfache Abläufe, wie Waschen, Anziehen und Verlassen des Hauses, wieder eingeübt werden. Für die Patienten mit reinen Residuen ist angemessenes Verhalten im Leistungs- und sozialen Bereich stets mit einer ungleich größeren Anstrengung verbunden als für Gesunde. Daher sind Rückzugsreaktionen, die Dekompensationen inhibieren, oder eine von den Patienten selbst vorgenommene Begrenzung der täglichen Arbeitszeit zu tolerieren.
Der Wert *sozioemotionaler und psychodynamischer Verfahren* für die Rehabilitation Schizophrener wird heute kritischer und differenzierter betrachtet. Dies gilt für analytische Einzelpsychotherapie, Gruppenpsychotherapie, Familientherapie und für ein globales Konzept psychosozialer Aktivierung i.S. der „therapeutischen Gemeinschaft“. Für keine dieser zum Teil sehr aufwendigen Methoden gibt es einen Nachweis besserer Ergebnisse gegenüber Spontanverläufen. Aber auch im Hinblick auf die neueren Erkenntnisse über die Basisstörungen und die erhöhte Anfälligkeit Schizophrener gegenüber emotionaler Überstimulation sind diese Verfahren in der Regel kontraindiziert.

Dagegen ist eine langfristig führende und stützende Psychotherapie nützlich. Eine solche *supportive Psychotherapie* mit regelmäßiger Beratung, die im allgemeinen auf konkrete Krankheits- und Lebensprobleme einschließlich der Medikamentenverordnung begrenzt bleibt, kann die intakten Persönlichkeitsanteile und die Fähigkeit zur Kontrolle psychotischen Erlebens stützen. Sie kann unter Berücksichtigung der Basisstörungen helfen, gefährdende Situationen zu erkennen, erste Anzeichen psychotischer Rezidive wahrzunehmen und angemessene Verhaltensweisen der Vermeidung oder frühzeitigen Bewältigung zu erlernen.

Hinsichtlich der *Gruppentherapie* sind die für neurotische Patienten geeigneten Formen von autozentrischer Gruppenpsychotherapie für Schizophrene auch angesichts des Suizidrisikos ungeeignet. Dagegen können Formen mit Zentrierung auf mehr oder minder neutrale Themen nützlich sein. Wie sonst ist auch hier zu fragen, was nützt und was die Risiken erhöht. Die Orientierung an gruppendynamischen Gesichtspunkten mit Einübung sozialer Interaktionen ist nur insoweit möglich, als die Besonderheiten des Zustandes es erlauben; dabei ist die Erziehung zu gegenseitiger Respektierung und die Wahrung der Realitätsbezüge und Trainings- und Leistungsaspekte unerläßlich.

Aufs Ganze gesehen gilt: Alle gefühlsintensiven psychodynamischen Verfahren sind kontraindiziert; langfristige supportive Psychotherapie ist angezeigt, doch ist auch sie in der Regel mit neuroleptischer Erhaltungsmedikation und, soweit erforderlich, moderner Arbeitstherapie zu kombinieren. Durch gezielte Psychopharmakotherapie können wir heute schon die Psychose beseitigen, das Risiko psychotischer Rezidive verringern und reine Residuen zum Teil kompensieren; auf diesem Fundament können supportive Psychotherapie und Soziotherapie wirksam werden. Bei dieser Sachlage ist die ambulante Behandlung nicht vollständig remittierter schizophrener Kranker vornehmlich eine Aufgabe des niedergelassenen Arztes.

Literaturverzeichnis

1. ACHESON, E. D.: The epidemiology of multiple sclerosis. In: McAlpine, D., Ch. E. Lumsden, E. D. Acheson (eds.) Multiple sclerosis - A Reappraisal. Linvingstone 1972.

2. ACHESON, E. D.: Epidemiology of Multiple Sclerosis. Br. Med. Bull. **33** (1977) 9-14.

3. ADAMS, C.W.M.: Pathology of Multiple Sclerosis: Progression of the Lesion. Br. Med. Bull. **33** (1977) 15-20.

4. AITA, J. A.: Neurologic manifestations of General disease. Thomas, 1964.

5. ALLEN, J. C., W. SHEREMATA, J. B. R. COSGROVE, K. OSTERLAND, M. SHEA: Cerebrospinal fluid T and B lymphocyte kinetics related to exacervations of multiple sclerosis. Neurology **26** (1976) 31-36.

6. ALTER, M., W. S. CENDROWSKI: Multiple Sclerosis and Childhood Infections. Neurology **26** (1976) 201-204.

7. ALTER, M., M. HAWSKE, K. E. ANDERSON, L. EMME, J. YMIS: Genetic Associations of the Multiple Sclerosis and HLA Determinants. Neurology **26** (1976) 31. 36.

8. ARBEITSKREIS für EPILEPTOLOGIE: Medikamentöse Langzeittherapie generalisierter Epilepsien. Königstein/Ts. 1975-1977.

9. ARKIN, A.: A clinical and pathological study of periarteriitis nodosa. Amer. J. Path. **6** (1930) 401.

10. BAKER, R. W. R., R. H. THOMSEN, K. J. ZILKA: Serum fatty acid in multiple sclerosis. Brit. Neurol. Neurosurg. Psychiat. **27** (1964) 408.

11. BARBEAU, et al.: Excretion of dopamine in diseases of basal ganglia. Science **133** (1961) 1706.

12. BAROLIN, G. S.: Über das Zusammenspiel psychischer und somatischer Faktoren beim Kopfschmerz. Fortschr. Neurol. Psychiat. **44** (1976) 597-614.

13. BAUER, H. J.: Discussion on Criteria for Diagnosis of Multiple Sclerosis. In: Davison, A. N., J. H. Humphrey, A. L. Liversedge et al. (eds.): Multiple Sclerosis Research. London 1975.

14. BAUER, H. J., V. ter MEULEN, H. KOPROWSKI, A. ARGYRAKIS, H. ORTHNER: Early steril autopsy in etiological studies on multiple sclerosis. J. Neurol. **208** (1975) 159-174.

15. BEGG, A. C., M. A. FALCONER, M. Mc GEORGE: Myelography in lumbar intervertebral disk lesions. Brit. J. Surg. **34** (1946/47) 141.

16. BENINI, A.: Ischias ohne Bandscheibenvorfall. Huber, Bern 1976.

17. BENINI, A., M. T. LÜTHI, H. PINKEPANK: Physikalische Therapie der Lumboischalgien. Schweiz. Rundschau für Medizin **62** (1973) 787-793.

18. BENKERT, O., H. HIPPIUS: Psychiatrische Pharmakotherapie. 2. Aufl. Springer, Berlin-Heidelberg-New York 1976.

19. BERG, O., B. KÄLLEN: Studies of experimental allergic encephalomyelitis and multiple sclerosis with aid of glial cell culture. Acta Neurol. Scand. **41** (1965) 625.

20. BERRY, R. J.: Genetical factors in the aetiology of multiple sclerosis. Acta Neurol. Scand. **45** (1969) 459.

21. BIAMINO, G.: Vergleichende Untersuchungen über die kardiovaskuläre Wirkung von trizyklischen Antidepressiva sowie von Nomifensin (Alival®). Eine In-vitro- und In-vivo-Studie. Schattauer, Stuttgart 1977.

22. BIRKMAYER, W.: Experimentelle Ergebnisse über die Kombinationsbehandlung des Parkinson-Syndroms mit L-Dopa und einem Decarboxylasehemmer (Ro 4-4602). Wiener Klin. Wschr. **81** (1969) 677.

23. BIRKMAYER, W., P. RIEDERER: Depression und Antidepressiva aus biochemischer Sicht. Schattauer, Stuttgart 1977.

24. BORNSTEIN, M. B.: The immunpathology of demyelinative disorders examined in organotypic cultures of mammalian central nerve tissue. In: Zimmermann, H. M. (Hrsg.): Progress in neuropathology. Grune & Stratton 1973.

25. BRONISCH, F. W.: Erkrankungen im Bereich der oberen Halswirbelsäule aus klinisch-neurologischer Sicht. Med. Welt **25** (N. F.): 1741-1748 (1973).

26. BROWNE, Th. R., K. J. PENRY: Benzodiazepines in the Treatment of Epilepsy. Epilepsy (Amst.) **14** (1973) 277-310.

27. BRÜGGER, A.: Über vertebrale, radikuläre und pseudoradikuläre Syndrome. In: Vertebrale Syndrome. Geigy, Basel 1960.

28. BUDDE, G.: Zur Problematik der Beurteilung eines Therapieerfolges bei schubförmig verlaufender Multipler Sklerose am Beispiel der immunsuppressiven Langzeittherapie mit Azathioprin bei 35 Patienten. Dissertation, Würzburg 1975.

29. BÜCH, H. P., U. BÜCH: Hypnotika und Sedativa, Pharmakotherapie bei Schlafstörungen und Erregungszuständen. In: W. Forth, D. Henschler, W. Rummel (Hrsg.): Allgemeine und spezielle Pharmakologie und Toxikologie. Wissenschafts-Verlag, Mannheim, Wien 1975.

30. BÜRGER-PRINZ, H.: Zur Psychologie des Schmerzes. Nervenarzt **2** (1951) 376-380.

31. CACAL, N.: Masern-Immunglobulin gegen multiple Sklerose. Rev. Roum. Virol. **10** (1973) 81.

32. CAFFEY et al.: J. chron. Dis. 17, 347 (1964) Zit. nach W. J. Eicke 1966.

33. CALLAGHAN, N., B. KEARNEY, W. C. LOVE: Dietary intake of linoleic acid in multiple sclerosis and other disease. J. Neurology **36** (1973) 668.

34. CHAMPBELL, R. C., P. H. NEWMANN: J. Bone Jt. Surg. **53 B** (1971) 575.

35. CARLSSON, A.: The occurence, distribution and physiological role of catecholamines in the nervous systems. Pharmac. Rev. **11** (1959) 490.

36. CASPARY, E. A.: Humoral Factors involved in Immune Processes in Multiple Sclerosis and Allergic Encephalomyelitis. Br. Med. Bull. **33** (1977) 50-53.

37. CASTAIGNE, P., F. LHERMITTE, E. SCHULLER et al.: Oligoclonal aspect of gamma globulins in CSF: Diagnostic Value. In: Field, E. J., T. M. Bell, P. R. Carnegie (eds.): Multiple Sclerosis. Amsterdam, London 1972.

38. CEREGHINO, J.J., J. T. BROCK, J. C. van METER, J. K. PENRY, L. D. SMITH, B. G. WHITE: Carbamazepine for epilepsy. Neurology (Minneapolis) **24** (1974) 401-410.

39. CHUSID, J. G.: Nervensystem. In: K. Huhnstock, W. Kutscha (Hrsg.): Diagnose und Therapie in der Praxis. Springer Berlin-Heidelberg-New York 1972.

40. CLAUSEN, J., J. MOLLER: Allergic encephalomyelitis induced by brain antigen after deficiency in polyunsaturated fatty acids during myelination. Acta Neurol. Scand. **43** (1967) 375.

41. CLAUSSEN, J., I. B. HANSEN: Fatty acid in multiple sclerosis. Acta neurol. Scand. **46** (1970) 1.

42. CLEMENS, R.: Die Behandlung des Parakinson-Syndroms. Dtsch. med. Wschr. **101** (1976) 420.

43. CLOWARD, R. B.: Clin. orthop. **27** (1963) 51.

44. COHEN, S.: Radioimmunoassay of Myelin Basic Protein in the Spinal Fluid. N. Engl. J. Med. **295**, (1976) 1455-1457.

45. COLE, J. O. et al.: Fluphenazine enanthate in community mental health in the United States. In: Ayd, F. J. jr. (Ed.): The future of pharmacotherapy. New drug delivery systems. Baltimore 1973.

46. COPER, H.: Psychopharmaka. Pharmakotherapie von Psychosen und psychoreaktiven Störungen. In: W. Forth, D. Henschler, W. Rummer (Hrsg.): Allgemeine und spezielle Pharmakologie und Toxikologie. Wissenschafts-Verlag, Mannheim, Wien, 1975.

47. COYER, A. B., M. J. H. M. CURWEN: Brit. med. J. I (1955) 705-5707, zit. Zinn 1972.

48. CRAIN, S. M.: Development of "organotypic" bioelectric activities in central nervous tissue during maturation in culture. Int. Rev. neurobiol. **9** (1966) 1.

49. CRISP, E. J.: Manipulation of the spine. In: S. Licht (ed.): Massage, Manipulation and Traction. Licht, New Haven Conn. 1960.

50. DEAN, G.: In: Davison, A. N., J. H. Humphrey, A. L. Liversedge et al. (eds.): Multiple Sclerosis Research. Elsevier Publ. Comp., Amsterdam-New York 1975.

51. DEGKWITZ, R., W. H. SCHAEFER: Zur Klinik der generalisierten Boeck'schen Sarkoidose mit intracerebralen Herden. Nervenarzt **36** (1965) 70-72.

52. DELAY, J., P. DENIKER: 30 cas de psychoses traités par la cure prolongée et continué de 4568 R. P. Ann. mêd.-psychol. **110** (1952) 364.

53. DELMOTTE, P., L. DEMONTY: Biochemical Findings in Multiple Slerosis. II. A Detailed Study of Serum IgG, IgA, IgM Levels of 772 MS Patients compared with 226 Neurological Controls. J. Neurol. **221** (1976) 135-142.

54. DIECKMANN, H.: Die vertebragenen und autochthonen Erkrankungen des Rückenmarks und seiner Wurzeln. Therapiewoche **19** (1969) 1243-1252.

55. DONALDSON, I. M., E. A. ESPINER: Disseminated Lupus Erythematosus presenting as Chorea gravidarum. Arch. Neurol. **25** (1971) 240-244.

56. DOOSE, H., H. HELMCHEN, E. KETZ, H. KÜNKEL, A. MATTHES, G. OBERHOFFER, H. PENIN, F. RABE, D. SCHEFFNER, U. VOIGT: Modern Methods of Assessing Anti-Epileptic-Drugs (Results with carbamazepin). Pharmakopsychiat. 30 (1970) 227-232.

57. DRACHMANN, D. A., W. C. DAVISON, K. K. MITTAL: Histocompatibility (HL-A) Factors in Familial Multiple Sclerosis. Arch. Neurol. **33** (1976) 406-413.

58. DREYER, R.: Die Pharmakotherapie der Epilepsien. Acta clinica **12** Geigy, Basel 1970.

59. DUPONT, B.: Histocompatibility-linked immune responsiveness in autoimmune diseases and possible implications for immunostimulatory therapy. In: Davison, A. N., J. H. Humphrey, A. L. Liversedge et al. (eds.): Multiple Sclerosis Research. London 1975.

60. DUUS, P.: Die Einengung der Foramina intervertebralia infolge degenerativer Wirbelsäulenprozesse als Ursache von neurologischen Schmerzzuständen im Bereich des Schulter- und Beckengürtels sowie der Extremitäten. Nervenarzt **19** (1948) 489-503.

61. DUUS, P., G. KALAU: Welche pathogenetische Bedeutung hat der Bandscheibenvorfall im Bereich der Lendenwirbelsäule? Brun's Beiträge zur klinischen Chirurgie, **180** (1950) 1-26.

62. ECKMANN, F.: Klinische Untersuchungen mit dem Antidepressivum Nomifensin. In: W. Walcher (Hrsg.): Zur Systematik, Provokation und Therapie depressiver Psychosen. Hollinek, Wien, 1974.

63. EHRINGER, H., O. HORNYKIEWICZ: Verteilung von Noradrenalin und Dopamin (3-Hydroxytyramin) im Gehirn des Menschen und ihr Verhalten bei Erkrankungen des extrapyramidalen Systems. Klin. Wschr. **38** (1960) 1236.

64. EICKE, W. J.: Langzeittherapie schizophrener Psychosen. In: Kranz, H. und N. Petrillowitsch (Hrsg.): Probleme der pharmakopsychiatrischen Kombinations- und Langzeitbehandlung. Karger, Basel/New York 1966.

65. ERBSLÖH, F., A. PUTZIG: Nil nocere! Rückenmarks- und Kaudaläsionen als Therapieschäden nach paravertebralen Injektionen. Münch. med. Wschr. **12** (1959) 517-521.

66. ESTLER, C.-J.: Allgemeine medikamentöse Schmerztherapie. In: R. Frey, H. H. Wieck (Hrsg.): Schmerztherapie heute. Aesopus, Milano, Lugano, München 1974.

67. FEISE, G., G. PAAL: Zur Therapie des Parkinson-Syndroms mit L-Dopa allein und in Kombination mit einem Decarboxylasehemmer. Nervenarzt **45** (1974) 126.

68. FERMAGLICH, J., E. STREIB, T. AUTH: Chorea associated with systemic Lupus Erythematosus Treatment with Haloperidol. Arch. Neurol. **28** (1973) 276-277.

69. FIELD, E. J., T. M. BELL, P. R. CARNEGIE (Eds.): Multiple sclerosis - progress in research. North-Holland Publ. Comp. Amsterdam-London 1972.

70. FIELD, E. J., B. K. SHENTON, G. JOYCE: Specific laboratory test for diagnosis of multiple sclerosis. Brit. med. J. **9** (1974) 412.

71. FIELD, E. J., B. K. SHENTON, H. J. MEYER-RIENECKER: Mixed Lymphocyte Reaction in Multiple Sclerosis. Acta Neurol. Scand. **54** (1976) 181-191.

72. FINKE, J.: Funktionelle Schlafstörungen. Psycho **2** (1976) 457-463.

73. FISCHER, P.: Anwendung verschiedener Beurteilungskriterien für ein MS-Patientenkollektiv unter einer immunsuppressiven Therapie mit Azathioprin. Dissertation, Würzburg 1976.

74. FISCHER, P.-A.: Parkinson-Syndrom. Möglichkeiten und Grenzen der modernen medikamentösen und physikalischen Behandlung in Klinik und Praxis. Med. Welt **25** (N.F.): 1865 (1974).

75. FÖRSTER, CH.: Anwendung von Psychopharmaka in der Kinderheilkunde. Therapiewoche **26** (1976) 3808-3817.

76. FOG, T.: Scoring system for neurologic impairment in multiple sclerosis. Acta Neurol. Scand. **41** (1965) 551.

77. FOG, T.: Clinical Course of Multiple Sclerosis. 73 Cases with Computer Design. Acta Neurol. Scand. **46** Suppl. 47 (1970) 9-172.

78. FRASER, K. B.: Multiple Sclerosis: A Virus Diseases? Br. Med. Bull. **33** (1977) 34-39.

79. FRICK, E.: Grundzüge der Neuroallergie. In: Brendel, W., E. Hopf (Hrsg.): Autoimmunerkrankungen, Klinik und Therapie. Schattauer, Stuttgart 1969.

80. FRICK, E.: Zur Pathogenese entzündlicher Nervenkrankheiten. Über die Bedeutung immunkompetenter Zellen. Fortschr. Med. **87** (1969) 1191.

81. FRICK, E.: Ätiologie, Pathogenese und Therapie der Multiplen Sklerose. - Neuere Forschungsergebnisse. In: Bronisch, F. W. (Hrsg.): Multiple Sklerose. 3. Aufl. Enke, Stuttgart 1975.

82. FRICK, E.: Zur immunsuppressiven Behandlung der Multiplen Sklerose. Nervenarzt **47** (1976) 424-428.

83. FRICK, E., H. ANGSTWURM, G. STRAUSS: Immunsuppressive Behandlungsergebnisse mit Azathioprin und Antilymphozytenglobulin. Münch. med. Wschr. **116** (1974) 2105.

84. FRICK, E., H. STICKL: Lymphozytentransformation bei multipler Sklerose: Untersuchungen mit Liquor cerebrospinalis, Immunglobulinen und encephalitogenem Protein. Klin. Wschr. **46** (1968) 1066.

85. FRICK, E., H. STICKL: Zur Pathogenese der Multiplen Sklerose. Fortschr. Med. **94** (1976) 1019.

86. FRICK, E., H. STICKL, K.-H. ZINN: Lymphozytentransformation bei multipler Sklerose. Nachweis einer Sensibilisierung gegen basisches Markscheidenprotein. Klin. Wschr. **52** (1974) 238.

87. FRÖSCHER, W., M. EICHELBAUM, R. GUGLER, H. PENIN: Carbamazepin (Tegretal®) - Monotherapie unter Plasmaspiegelkontrolle. Jahrestagung Dtsch. Sektion d. Internat. Liga geg. Epilepsie, Düsseldorf 1976.

88. FRÖSCHER, W., W. GEHLEN: Medikamentöse Therapie der Epilepsien. Indikationen, Dosierung und Nebenwirkungen der wichtigsten Antiepileptika. Arznei-telegramm **6** (1976) 41-45.

89. GÄNSHIRT, H.: Streß und Schlaf. In: H. Lechner, S. Scrinzi (Hrsg.): Streß und Nervensystem. Banaschweski, München 1975.

90. GASTAUT, H.: Die Diagnose der Epilepsien. Münch. med. Wschr. **116** (1974) 45.

91. GERGELY, J.: Immunoglobuline und Immunopathien. Fischer, Stuttgart 1975.

92. GLOVER, J. R.: Acute low back pain in the working man. In: The painful back from youth to age. The Arthritis and rheumatism Council, London 1972 zit. Zinn 1972.

93. GÖB, A., S. STOTZ: Der Kreuzschmerz - Differentialdiagnose und operative Behandlung. Münch. med. Wschr. **116** (1974) 273-280.

94. GONSETTE, R. E., L. DEMONTY, P. DELMOTTE: Intensive immunosuppression with cyclophosphamide in multiple sclerosis. J. Neurol. **214** (1977) 173-181.

95. GROSS, G., G. HUBER: Sensorische Störungen bei Schizophrenien. Arch. Psychiat. Nervenkr. **216** (1972) 119.

96. GROSS, G., G. HUBER, R. SCHÜTTLER: Verlaufsuntersuchungen bei Schizophrenen. In: G. Huber (Hrsg.): Verlauf und Ausgang schizophrener Erkrankungen. Schattauer, Stuttgart, New York 1973.

97. GROSS, G., G. HUBER, R. SCHÜTTLER, I. HASSE-SANDER: Uncharakteristische Remissionstypen im Verlauf schizophrener Erkrankungen. In: G. Huber (Hrsg.): Ätiologie der Schizophrenie. Bestandsaufnahme und Zukunftsperspektiven. Schattauer, Stuttgart, New York 1971.

98. GROSS, H., E. KALTENBÄCK, H. PFOLZ: Fünfjährige Erfahrungen mit depot-neuroleptischer Langzeittherapie bei schizophrenen Psychosen. In: Solms-Rödelheim, W. und H. Gross: Probleme der Langzeittherapie mit Depot-Neuroleptika. Fakultas Verlag Wien 1975.

99. GROTE, W.: Neurochirurgie. Thieme, Stuttgart 1975.

100. GRÜNINGER, W., H. G. MERTENS: Über die immunsuppressive Langzeitbehandlung der Multiplen Sklerose mit Azathioprin. Exc. Medica **296** (1973) 148.

101. GUGLER, R., M. EICHELBAUM, W. FRÖSCHER, H. PENIN: Bioverfügbarkeit von Phenytoin unter Dauertherapie, Jahrestagung Dtsch. Sektion d. Internat. Liga gegen Epilepsie, Düsseldorf 1976.

102. GUSEO, A.: Morphological Signs as Indications of Function of Cells in the Cerebrospinal Fluid. J. Neurol. **212** (1976) 159-170.

103. HAASE, H.-J.: Therapie mit Psychopharmaka und anderen psychotropen Medikamenten. 3. Aufl. Schattauer, Stuttgart, New York 1976.

104. HACKETT, E. R., R. D. MARTINEZ, P. F. LARSON, R. M. PADDISON: Optic neuritis in systemic lupus erythematosus. Arch. Neurol. **31** (1974) 9-11.

105. HÄFNER, H.: Rehabilitation Schizophrener. Wissensstand, Folgerungen für die Praxis und für eine Theorie der Schizophrenie. In: G. Huber (Hrsg.): Therapie, Rehabilitation und Prävention schizophrener Erkrankungen. Schattauer, Stuttgart, New York 1976.

106. HÄMATOLOGISCHE TAFELN: Leukozyten bei Lupus erythematodes. Tafel 49, Abb. 370 u. 371, Sandoz 1972.

107. HAIRE, M.: Significance of Virus Antibodies in Multiple Sclerosis. Brit. Med. Bull. **33** (1977) 40-44.

108. HALLEN, O.: Klinische Neurologie. Springer, Berlin-Heidelberg, New York 1975.

109. HALPERN, B., P. BAKOUCHE, CH. MARTIAL-LASFARGUES: Destruction des cellules nerveuses cultivée, "in vitro" par les lymphocytes de malades atteints de sclérose en plaques. Presse méd. 77 (1969) 2103.

110. HAMASHIMA, Y.: Immunihistopathology. Thieme, Stuttgart 1976.

111. HARMON, P. H.: Verh. Dtsch. Orthop. Ges. 52. Kongr. (1965) 362.

112. HARRER, G.: Hauptkapitel der modernen Neurologie. Banaschewski, München-Gräfelfing 1968.

113. HARVEY, A. M.: Polyarteriitis. In: Cecil L. R., R. f. Loeb (Eds.): A Textbook of Medicine. Saunders, Amsterdam 1959.

114. HELMCHEN, H., L. DIEHL: Antiepileptische Langzeitmedikation. Pharmakokinetik - Klinische Begleitwirkungen. Karger, Basel 1975.

115. HENSCHEL, W. F.: Zur Anwendung von Psychopharmaka in der Anästhesiologie. In: H.-J. Haase (Hrsg.): Therapie mit Psychopharmaka und anderen psychotropen Medikamenten. 3. Aufl. Schattauer, Stuttgart, New York 1976.

116. HILLER, F.: Die Zirkulationsstörungen des Rückenmarks und Gehirns. In: Bumke, O., O. Foerster (Hrsg.): Handbuch d. Neurologie, Bd. XI, S. 433, Springer, Berlin 1936.

117. HIRSCH, C.: J. Bone Jt. Surg. **47 A** (1965) 991.

118. HIRSCH, C., M. ROSENCRANTZ, I. WICKBOM: Lumbar myelography with water-soluble contrast media. Acta radiol. Diagn. **8** (1969) 54.

119. HOFFMANN, H.: Antidepressive Wirkung von Tavor in Verbindung mit einem Thymoleptikum. Neurol. Psychiat. **2** (1976) 186-187.

120. HOHMANN, D.: Z. Orthop. **112** (1974) 761.

121. HOHMANN, G.: Orthopädische Technik. Enke, Stuttgart 1958.

122. HOWES, R. G., I. C. ISDALE: Rheumatism. Phys. Med. **11** (1971) 72-77. zit. Zinn 1972.

123. HUBER, G.: Zur Frage der Reversibilität im Verlauf von Psychosen. In: B. Pauleikhoff (Hrsg.): Situation und Persönlichkeit in Diagnostik und Therapie. Karger, Basel 1968.

124. HUBER, G. (Hrsg.): Therapie, Rehabilitation und Prävention schizophrener Erkrankungen. Schattauer, Stuttgart, New York 1976.

125. HUBER, G.: Psychiatrie. Systematischer Lehrtext für Studenten und Ärzte. 2. Aufl. Schattauer, Stuttgart, New York 1976.

126. HUBER, G.: Langzeittherapie der Schizophrenie in der Praxis. Med. Welt **28** (N. F.): 213-217 (1977).

127. HUBER, G., G. GROSS, R. SCHÜTTLER: Konsequenzen der Verlaufsuntersuchungen für die Therapie und Rehabilitation der Schizophrenien. In: G. Huber (Hrsg.): Therapie, Rehabilitation und Prävention schizophrener Erkrankungen. Schattauer, Stuttgart, New York 1976.

128. HUFFMANN, G.: Psychiatrische und neurologische Probleme um Medikamenten-Mißbrauch und -Sucht. Saarl. Ärztebl. **30** (1977) 108-117.

129. HUMPHREY, J. H., R. G. WHITE: Kurzes Lehrbuch der Immunologie. Thieme, Stuttgart 1971.

130. IDELBERGER, K.: Schulterschmerz und Schultersteife. Münch. med. Wschr. **117** (1975) 373-382.

131. JANZ, D.: Die Epilepsien. Spezielle Pathologie und Therapie. Thieme, Stuttgart 1969.

132. JANZEN, R., W. D. KEIDEL, A. HERZ, C. STREICHELE: Schmerz. Grundlagen - Pharmakologie - Therapie. Thieme, Stuttgart 1972.

133. JEFFERSON, M.: Sarcoidosis of the nervous system. Brain **80** (1957) 540-546.

134. JERSILD, C., T. FOG, G. S. HANSEN, M. THOMSEN, A. SVEIGAARD, B. DUPONT: Histocompatibility determinants in multiple sclerosis, with special reference to clinical course. Lancet I (1973) 1221.

135. JERSILD, C., G. S. HANSEN, A. SVEIGAARD, T. FOG, M. THOMSEN, B. DUPONT: Histocompatibility Determinants in Multiple Sclerosis, with special references to clinical course. Lancet **2** (1973) 1221-1224.

136. JOCHHEIM, K. A., F. LOEW, A. RÜTT: Lumbaler Bandscheibenvorfall - Konservative und operative Behandlung. Springer, Berlin, Göttingen, Heidelberg 1961.

137. JOHNSON, R. T.: Summary of the Virological Data supporting the Viral Hypothesis for Multiple Sclerosis. In: Davison, A. N., J. H. Humphrey, A. L. Liversedge, W. McDonald, J. S. Porterfield (Eds.): Multiple Sclerosis Research. Elsevier Publ. Comp. Amsterdam - New York, 155-183, 1975.

138. JOVANOVIC, N. J.: Der Schlaf. Neurophysiologische Aspekte. Barth, München 1969.

139. JURNA, J.: Analgetika. Schmerzbekämpfung. In: W. Forth, D. Henschler, W. Rummel (Hrsg.): Allgemeine und spezielle Pharmakologie und Toxikologie. Wissenschafts-Verlag, Mannheim, Wien, Zürich 1975.

140. KAESER, H. E.: Rückenschmerzen nicht-radikulären Ursprungs. In: H. Lechner, J. Kugler, D. Fontanari (Hrsg.): Chronische Schmerzzustände in Neurologie und Psychiatrie. Hippokrates, Stuttgart 1976.

141. KELLGREN, I. J., J. S. LAWRENCE, I. AIFKEN-SWAN: Ann. rheum. Dis. **12** (1953) 5-15.

142. KIELHOLZ, P.: Diagnostik und Therapie der psychogenen Schmerzen. In: R. Janzen, W. D. Keidel, A. Herz, C. Streichele (Hrsg.): Schmerz. Thieme, Stuttgart 1972.

143. KIELHOLZ, P.: Nosologische Einteilung der Depressionen und deren Hauptsymptome. Schattauer, Stuttgart 1977.

144. KINZLER, E.: Erfahrungen mit dem Depot-Neurolepticum Dapotum D. Therapiewoche **21**, 2672 (1971).

145. KLIER, W.: Laboruntersuchungen in Blut und Liquor bei Langzeitbehandlung mit Azathioprin. Dissertation, Würzburg 1975.

146. KOLLMANNSBERGER, A., F. LEHETA, B. MACKERT: Schmerzsyndrome im Nacken-, Schulter-, Armbereich. Münch. med. Wschr. **114** (1972) 2029-2034.

147. KRAUSE, D.: Haltungsfehler und ihre krankengymnastische Behandlung. Therapiewoche **21** (1971) 2913-2918.

148. KRAYENBÜHL, H.: Rückenmark und Diskushernien. In: G. Brandt, H. Kunz, R. Nissen (Hrsg.): Intra- und postoperative Zwischenfälle, ihre Verhütung und Behandlung. Thieme, Stuttgart 1974.

149. KRUSE, R. (Hrsg.): Epilepsie - Therapie-Indikation - Neue Antiepileptika - Therapie-Resistenz. Thieme, Stuttgart 1971.

150. KRYSPIN-EXNER, K.: Psychopharmakotherapie Suchtkranker. Therapiewoche **26** (1976) 3868-3878.

151. KRZEMIEN, K.: Untersuchungen über liquorcytologische Veränderungen unter oraler Azathioprin-Behandlung sowie unter intrathekaler Amethopterin-Zufuhr. Dissertation, Würzburg 1976.

152. KUGLER, J.: Spondylogene Neuralgien der oberen WS-Bereiche. In: H. Lechner, J. Kugler, D. Fontanari (Hrsg.): Chronische Schmerzzustände in Neurologie und Psychiatrie. Hippokrates, Stuttgart 1976.

153. KUHLENDAHL, H.: Schleudertrauma und Überstrekkungsverletzung. In: E. Trostdorf, H. Stender (Hrsg.): Wirbelsäule und Nervensystem. Thieme, Stuttgart 1970.

154. KUHLENDAHL, H., K. LINDEMANN: Die Erkrankungen der Wirbelsäule. Enke, Stuttgart 1953.

155. KUNERT, W.: Wirbelsäule, vegetatives Nervensystem und innere Organe. Enke, Stuttgart 1963.

156. KUNERT, W.: Wirbelsäule und innere Medizin. 2. Aufl. Enke, Stuttgart 1975.

157. KUNZE, St., W. SCHIEFER: Kontrastmitteldiagnostik beim lumbalen Bandscheibenvorfall. Dtsch. med. Wschr. **97** (1972) 245.

158. KURZTKE, J. F., Th. L. AUTH, G. W. BEEBE, L. T. KURLAND, B. NAGLER, M. D. NEFZGER: Survival in Multiple Sclerosis. Tans. Am. Neurol. Ass. **94** (1969) 134-139.

159. KUTT, H., J. K. PENRY: Usefulness of Blood Levels of Antiepileptic Drugs. Arch. Neurol. **31** (1974) 283-288.

160. LAMOUREUX, G., R. JOLLICOEUR, N. GIARD, M. St. HILAIRE, F. DUPLANTIS: Cerebrospinal fluid proteins in multiple sclerosis. Neurology **25** (1975) 537-546.

161. LATERRE, E. C., A. CALLEWAERT, J. F. HEREMANS, Z. SFAELLO: Electrophoretic morphology of gamma globulins in cerebrospinal fluid of multiple sclerosis and other diseases of the nervous system. Neurology **20** (1970) 982-990.

162. LAURITZEN, CH.: Die Anwendung von Psychopharmaka in Gynäkologie und Geburtshilfe. Therapiewoche **26** (1976) 3792-3796.

163. LECHNER, H.: Zur Perception des Schmerzes. In: H. Lechner, J. Kugler, D. Fontanari (Hrsg.): Die kranialen und zervikobrachialen Neuralgien. Serie: Aktuelle Probleme in der Psychiatrie, Neurologie, Neurochirurgie. Huber, Bern 1973.

164. LECHNER, H., J. KUGLER, D. FONTANARI (Hrsg.): Chronische Schmerzzustände in Neurologie und Psychiatrie. Hippokrates, Stuttgart 1976.

165. LEFF, J. P.: Die Angehörigen und die Verhütung des Rückfalls. In: Kasching, H. (Hrsg.): Die andere Seite der Schizophrenie. Urban & Schwarzenberg München-Wien-Baltimore 1977.

166. LEHETA, F., E. KAZNER, A. KOLLMANNSBERGER: Zur Therapie zervikaler Wurzelkompressionssyndrome. Fortschr. Med. **91** (1973) 725-731.

167. LEHMANN, H. E.: The philosophy of long-acting medication in psychiatry. Dis. nerv. Syst. **31** (1970) 9.

168. LEHRICH, J. R., B. G. ARNASON: Histocompatibility Types and Viral Antibodies. Arch. Neurol. **33** (1976) 404-405.

169. LEIBOWITZ, U., M. ALTER: Multiple Sklerosis. Clues to its cause. North-Holland Publ. Comp. Amsterdam-London 1973.

170. LEUTNER, V.: Zum Wirkungsprofil der Tranquilizer und Breitband-Psychopharmaka. In: Wieck, H. H. (Hrsg.): Psychopharmaka in der Hand des Allgemeinarztes. Schattauer, Stuttgart, New York 1976.

171. LEVIN, L.: Neurotische Depressionen. Schattauer, Stuttgart 1977.

172. LIEBERMANN, A. et al.: Treatment of Parkinsons disease, with Bromocriptine. New. Engl. J. Med. **295** (1976) 1400.

173. LOEW, F., K. A. JOCHHEIM, R. KIVELITZ: Klinik und Behandlung der lumbalen Bandscheibenschäden. In: H. Olivecrona, W. Tönnis (Hrsg.): Handb. d. Neurochirurgie, Bd. 7/I, S. 164, Springer, Berlin-Heidelberg-New York 1969.

174. LOVE, J. G.: Removal of the protruded intervertebral discs without laminectomy. Proc. Mayo Clin. **14** (1939) 800.

175. LUMSDEN, CH. E.: The clinical immunology of multiple sclerosis. In: McAlpine, D., Ch. E. Lumsden, E. D. Acheson (eds.): Multiple sclerosis - A reappraisal. Livingstone 1972.

176. MacLEAN: Mortality and Dysability in Multiple Sclerosis. JAMA **146** (1951) 1367.

177. MALAMUD, N.: Atlas of Neuropathology. Univ. Calif. Press 1957.

178. MALSCH, U.: Zur Frage der peripheren anticholinergen und akuten psychotropen Wirkung von Alival. Schattauer, Stuttgart 1977.

179. MARQUART, K.: Z. Orthop. **112** (1974) 758.

180. MATTHES, A.: Epilepsie. Diagnostik und Therapie für Klinik und Praxis. 2. Aufl., Thieme, Stuttgart 1975.

181. MAXEINER, St. R., J.R. McDONALDS, J.W. KIRKLIN: Muscle biopsy in the diagnosis of periarteriitis nodosa. Surg. Clin. N. Amer. **32** (1952) 1225-1233.

182. MAYOCK, R. L., P. BERTRAND, C. E. MORRISON, J. H. SCOTT: Manifestations of sarcoidosis: Analysis of 145 patients with a review of nine series selected from the literature. Amer. J. Med. **35** (1963) 67.

183. McALPINE, D.: Clinical Studies. In: McAlpine, D., Ch. E. Lumsden, E. D. Acheson (eds.): Multiple Sclerosis - A reappraisal. Livingstone 1972.

184. McDONALD, W. I.: What is Multiple Sclerosis? Clinical criteria. In: Davison, A. N., et al. (eds.): Multiple Sclerosis Research. Elsevier Publ. Comp. Amsterdam - New York 1975.

185. McDONALD, W. I., A. M. HALLIDAY: Diagnosis and Classification of Multiple Sclerosis. Brit. Med. Bull. **33** (1977) 4-8.

186. McDONALD, L., D. G. MILES: Evaluation of works as therapy for psychiatric patients. Final report. U. S. Publ. Health Service Grant Nr. 5 ROIMH 14820/04. Fort Logen Mental Health Center.

187. MERTENS, H. G., G. HERTEL: Immunsuppressive Behandlung von Myasthenie und Polymyositis Med. Welt **24** (N. F.) 955 (1973).

188. MERTENS, H. G., M. LURATI: Immunsuppressive Behandlung der Polymyositis. Dtsch. med. Wschr. **100** (1975) 45.

189. MERTIN, J., R. HUNT: Influence of polyunsaturated fatty acids in survival of skin allografts and tumor incidence in mice. Proc. Nat. Acad. Sci. USA **73** (1976) 928.

190. MERTIN, J., C. J. MEADE: Relevance of fatty acids in multiple sclerosis. Br. Med. Bull. **33** (1977) 67.

191. MEULEN ter, V., H. KOPROWSKI, Y. IWAKASI, Y. M. KÄCKELL, D. MÜLLER: Fusion of cultures multiple sclerosis brain cells with indicator cells: Presence of nucleocapsids tures multiple sclerosis brain cells with indicator cells: Presence of nucleocapsides and virions and isolation of parainfluenceatype virus. Lancet I (1977) 7766.

192. MEYER-RIENECKER, H., B. HITZSCHKE: Ätiopathogenetische Probleme der Multiplen Sklerose. Nervenarzt **45** (1974) 133-141.

193. MICKEL, H.S.: Multiple sclerosis. A new hypothesis. Perspectives in Biology and Medicine. Spring 1975.

194. MILLAR, J. H. D., J. K. ZILKA, M. J. S. LANGMAN, H. PAYLINGWRIGHT, A. D. SMITH, J. BELIN, R. H. S. THOMPSON: Double-blind trial of linoleate supplementation of diet in multiple sclerosis. Brit. med. J. **1** (1973) 765.

195. MORSCHER, E.: Orthopäde **1** (1972) 189-201.

196. MORSCHER, G.: Z. Orthop. **112** (1974) 763.

197. MÜLLER, P.: Medikamentöse Langzeitbehandlung Schizophrener - Theoretische Vorstellungen und Realität. In: Chronische endogene Psychosen. 6. Bad Kreuznacher Symposion 1973. Stuttgart 1973.

198. MUMENTHALER, M.: Neurologie. 4. Aufl. Thieme, Stuttgart 1973.

199. MUNDINGER, F., T. RIECHERT: Die stereotaktischen Hirnoperationen zur Behandlung extrapyramidaler Bewegungsstörungen (Parkinsonismus und Hyperkinesen) und ihre Resultate. Fortschr. Neurol. Psychiat. **31** (1963) 1-120.

200. MYAMOTO, R., J. E. WALKER, A. H. GINSBERG, J. S. BURKS, K. McINTOSH, H. KEMPE: Antibodies to Vaccinia and Measles Viruses in Multiple Sclerosis Patients. Arch. Neurol. **33** (1976) 414-417.

201. NERENZ, K.: Ein Fall von Valium-Entzugsdelir mit Grandmal-Anfällen. Nerverarzt **45** (1+74) 384-386.

202. NORRIS, H. N., jr., M. J. AGUILAR, Ch. E. HARMAN: Virus-like particles in a case of vasculitis with brain tumor. Arch. Neurol. **26** (1972) 212-217.

203. OGER, J. F., B. G. W. ARNASON, S. H. WRAY, J. Ph. KISTLER: A study of B and T cells in multiple sclerosis. Neurology **25** (1975) 444-447.

204. OLSSON, J.-E., H. LINK: Immunglobulin abnormalities in multiple sclerosis. Arch. Neurol. **28** (1973) 392.

205. ORTHNER, H., R. ROSSNER: Chronisch recidivierender Lupus erythematodes visceralis mit akut tödlicher zentralnervöser Exacerbation. Dtsch. Z. Nervenheilk. **187** (1965) 1-24.

206. OTTO, H., E. W. STRAHL, E. LÖHR, W. GROTE, W. SCHUMACHER: Bedeutung der lumbalen Myelographie mit Dimer-X in der Diagnostik von Bandscheibenvorfällen. Dtsch. med. Wschr. **101** (1976) 1872-1876.

207. PENIN, H.: Wirkung und Indikation eines neuen Antiepilepticums. Dtsch. med. Wschr. **89** (1964) 1683-1690.

208. PENIN, H.: Die moderne ambulante Behandlung der Epilepsien. Med. Klin. **60** (1965) 392-396.

209. PENIN, H.: Die Epilepsie-Therapie im Erwachsenenalter. Therapiewoche **17** (1967) 171-176.

210. PETERS, G.: Klinische Neuropathologie. Thieme, Stuttgart 1970.

211. PETTE, H., P. E. BECKER: Zur Symptomatologie und Pathogenese der Neuritis lumbosacralis. Dtsch. med. Wschr. **84** (1959) 101-106.

212. PLETSCHER, A. et al.: Cerebral accumulation and metabolism of ^{14}C-Dopa after selective inhibition of peripheral decarboxylase. J. Pharmacol. Exp. Ther. **161** (1968) 14.

213. PÖLDINGER, W.: Kompendium der Psychopharmakotherapie. Wissenschaftlicher Dienst „Roche", 2. Aufl., Grenach/Baden 1971.

214. POLSTER, J., H. HOEFER: Z. Orthop. **112** (1974) 753.

215. POSER, W., S. POSER, G. RITTER: Pharmakotherapie der Epilepsien. Internist **18** (1977) 101-107.

216. PRINEAS, J. W., C. S. RAINE: Electrone Microscopy and immunoperoxydase studies of early multiple sclerosis lesions. Neurology **26** (1976) 29-32.

217. PUFF, K. H.: Kreuz- und Beinschmerzen. Internist **7** (1966) 127-138.

218. RAINE, C. S., J. M. POWERS, K. SUZUKI: Acute multiple Sclerosis. Confirmation of „paramyxovirus-like“ intranuclear inclusions. Arch. Neurol. **30** (1974) 39.

219. REDDY, M. M., K. O. GOH: B and T Lymphocytes in Man. III. B, T „null“ lymphocytes in multiple sclerosis. Neurology **26** (1976) 997-999.

220. REISCHAUER, F.: Lumbago, Ischialgie und Brachialgie in ihrer Bedeutung zur Bandscheibe. Langenbecks Arch. klin. Chir. **267** (1951) 418-437.

221. REISCHAUER, F.: Wirbelsäulen- und Bandscheibenschäden. Röntgenbild und Wirklichkeit in der Therapie. Therapiewoche **8** (1957/59) 130-139.

222. REISNER, H.: Epileptische Manifestationen. Collegium Publicum, veranst. v. Senat für ärztl. Fortbildung in Wien, 31.1.1976, Boehringer Mannheim, Wien Informationsmappe.

223. REISNER, H.: Beziehungen psychomotorischer Reaktionsweisen zur Schmerzbeeinflussung durch Psychopharmaka. In: Birkmayer, W. (Hrsg.): Anfall, Verhalten, Schmerz. Huber, Bern, Stuttgart, Wien 1976.

224. REISNER, H.: Die Indikationen zur chirurgischen Behandlung der mechanischen Ischias. Neurol. Psychiat. **3** (1977) 126-130.

225. REISNER, H., L. KUNERTH: Die Pathogenese des Ischiasleidens. Forschung und Praxis, Probleme des ärztlichen Gutachtens. Hollinek, Wien 1963.

226. REYES, M. G., R. FRESCO, S. CHOKROVERTY: Virus-like particles in granulomatous angiitis of the central nervous system. Neurology **26** (1976) 797-799.

227. REYNOLDS, E. H., D. CHADWICK, A. W. GALBRATH: One drug (Phenytoin) in the treatment of epilepsy. Lancet I (1976) 923-926.

228. RINNE, U. K.: Neurologische Manifestationen der Sarkoidose. Dtsch. Z. Nervenheilk. **191** (1967) 245-256.

229. RITTER, G.: Medizinsoziologische Aspekte der Epilepsie (Versuch einer Synopsis). Fortschr. Neurol. Psychiat. **44** (1976) 151-181.

230. ROGGATZ, J.: Zur Therapie des lumbalen Bandscheibenvorfalles. Med. Klin. **64** (1969) 1340-1342.

231. ROSE, A. S., J. W. KUZMA, J. F. KURTZKE u. Mitarb.: Cooperative study in the ecaluation of therapy in multiple sclerosis: ACTH vs Placebo Final report. Neurology (Minneapolis) **20** (1970) 1.

232. ROSS, A., A. SCHRADER: Ischias - Neurale Muskelatrophie. Arch. orthop. Unfall-Chirurgie **78** (1974) 160-167.

233. RUCKELSHAUSEN, M. C.: Z. Orthop. **33** (1976) 103. zit. Störig 1972.

234. RYBERG, B.: Complement Fixing Antibrain Antibodies in Multiple Sclerosis. Acta Neurol. Scand. **54** (1976) 1-12.

235. SALETU, B.: Psychopharmaka, Gehirntätigkeit und Schlaf. Karger, Basel 1976.

236. SCHEFFNER, D., Ch. LIPINSKI: Die Epilepsien im Kindesalter. Internist **18** (1977) 71-75.

237. SCHEID, W.: Lehrbuch der Neurologie. 3. Aufl. Thieme, Stuttgart 1963.

238. SCHIEFER, W.: Multiple Sklerose als Fehldiagnose aus neurochirurgischer Sicht. In: Bronisch, F. W. (Hrsg.): Multiple Sklerose. 3. Aufl. Enke, Stuttgart 1975.

239. SCHMORL, G., H. JUNGHANNS: Die gesunde und kranke Wirbelsäule im Röntgenbild und Klinik. Thieme, Stuttgart 1953.

240. SCHRAPPE, O.: Die chronische Morphinintoxikation. Fortschr. Neurol. Psychiat. **27** (1959) 354-360.

241. SCHRAPPE, O.: Mißbrauch von Medikamenten. Versuch einer Charakterisierung des Phänomens. Suchtgefahren **21** (1975) 81-91.

242. SCHULLER, E., N. DELASNERIE, G. DELOCHE, M. LORIDAN: Multiple Sclerosis: A Two-Phase Disease? Acta Neurol. Scand. **49** (1973) 453-460.

243. SCHULTE, W. (Hrsg.): Epilepsie und ihre Randgebiete in Klinik und Praxis. Lehmann, München 1964.

244. SCHULTE, W.: Der Anfallskranke und die Gesellschaft. In: W. Schulte (Hrsg.): Epilepsie und ihre Randgebiete in Klinik und Praxis. Lehmann, München 1964.

245. SCHUMACHER, G. A.: The Demyelinating Diseases. In: Baker, A. B., L. H. Baker (eds.): Clinical Neurology. Harper and Row Hagerstone, Maryland 1972.

246. SCHWAB, R. S. et al.: Amantadine in the treatment of Parkinsons disease. J. Amer. med. Ass. **208** (1969) 1168

247. SEIDEL, K., T. BERTRAM: Z. Orthop. **112** (1974) 867.

248. SEIL, F. J., A. L. LEIMAN, J. M. KELLY III: Neuroelectric Blocking Factors in Multiple Sclerosis an Normal Human Sera. Arch. Neurol. **33** (1976) 418-422.

249. SIEGFRIED, J.: Die Parkinson'sche Krankheit und ihre Behandlung. Springer, Wien, New York 1968.

250. SILBERBERG, D. H., A. M. LATIES: Increased intracranial pressure in disseminated lupus erythematosus. Arch. Neurol. **29** (1973) 88-90.

251. SILVERSTEIN, A., M. M. FEUER, L. E. SILTZBACH: Neuroligic Sarcoidosis. Arch. Neurol. (Chic) **12** (1965) 1-11.

252. SIMON, D., J. K. PENRY: Sodium Di-N-Propylacetate (DPA) in the Treatment of Epilepsy. Epilepsia **16** (1975) 549-573.

253. SOYKA, D.: Kurzlehrbuch der klinischen Neurologie. Schattauer, Stuttgart - New York 1970.

254. STAMMLER, A.: Neurologische Symptome bei der Periarteriitis nodosa. Fortschr. Neurol. Psychiat. **18** (1950) 606-622.

255. STEINBERG, V. L., R. M. MASON: Ann. Phys. Med. **V** (1959) 37-47. zit. Zinn 1972.

256. STEINBRECHER, W., H. SOLMS: Sucht und Mißbrauch. 2. Aufl. Thieme, Stuttgart 1975.

257. STJERNHOLM, R. L., E. F. WHEELOCK, S. van der NOORT: A lymphotoxic Factor in M. S. Serum. J. Reticulendothel. Soc. **8** (1970) 334-341.

258. STOCHDORPH, O.: Schmerz- und Entstehungsmechanismen. Nervenärztl. Kolloquium, München 16.2.1972.

259. STÖRIG, E.: Differentialdiagnose des Kreuzschmerzes. Diagnostik **5** (1972) 597-600.

260. STOLLREITER, L.: Der Anfallskranke und die Gesellschaft. In: Schulte, W. (Hrsg.): Epilepsie und ihre Randgebiete in Klinik und Praxis. Lehmann, München 1964.

261. SUCHENWIRTH, R. M.: Zur Klinik der Meningoencephalitis. Bernier-Boeck-Schaumann. Arch. Psychiat. Nervenkr. **204** (1963) 370-788.

262. SÜLLWOLD, L.: Uncharakteristische Basisstadien der Schizophrenie und deren Bedeutung für die Rehabilitation von Residualsyndromen. In: G. Huber (Hrsg.): Therapie, Rehabilitation und Prävention schizophrener Erkrankungen. Schattauer, Stuttgart, New York 1976.

263. SWANK, R. L.: Multiple Sclerosis. Twenty years low fat diet. Arch. Neurol. **23** (1970) 460.

264. TAEUBER, K.: Wirkungsbild von Nomifensin im pharmako-psychologischen Versuch, Schattauer, Stuttgart 1977.

265. Ter MEULEN, V., N. KOPROWSKI, Y. IWAKASI et al.: Fusion of cultures multiple sclerosis brain cells with indicator cells: Presence of nucleocapsids and virions and isolation of parainfluenzatype virus. Brit. med. J. **1** (1973) 765.

266. Ter MEULEN, V., J. B. ZABRISKIE: A suppression of cellular immunity in patients with multiple sclerosis. J. Exp. Med. **138** (1973) 1591-1596.

267. THIELE, W.: Kursus der Psychopharmakotherapie. In: Haller H. (Hrsg.): Schriften zur ärztlichen Praxis. Banaschewski, München-Gräfelfing 1969.

268. TOURTELOTTE, W. W.: Interaction of local central nervous system immunity in the spread of M. S. demyelination. In: Wofgram, F. (ed): Multiple Sclerosis. Immunology, Virologie and Ultrastructure. Academic Press, New York, London 1972.

269. TOURTELOTTE, W. W.: What is Multiple Sclerosis? Laboratory Criteria for Diagnosis. In: Davison, A. N., et al. (eds.): Multiple Sclerosis Research. Elsevier Publishing Comp. Amsterdam, New York 1975.

270. UMBACH, W., H. TEIRICH-LEUBE: abc für Parkinson-Kranke. Thieme, Stuttgart 1970.

271. UTERMOHLEN, V., J. B. ZABRISKIE: A suppression of cellular immunity in patients with multiple sclerosis. J. Exp. Med. **138** (1973) 1591-1596.

272. Van der NOORTS, S., L. R. STJERNHOLM: Lymphotoxic Activity in M. S. Serum. Neurology **21** (1971) 783-793.

273. VETTER, G.: Das unspezifische Schmerzsyndrom des Bewegungsapparates. Dtsch. Ärztebl. **40** (1976) 2509-2511.

274. VÖLLER, G. W.: Parkinson-Fibel. Fischer, Wolfenbüttel 1975.

275. WAGENHÄUSER, F. J.: Die Rheuma-Morbidität. Huber, Bern 1969.

276. WALCHER, W.: Die larvierte Depression und ihre Behandlung in der psychiatrischen Praxis. Schattauer, Stuttgart 1977.

277. WARTENBERG, R.: Neuritis, sensible Neuritis, Neuralgie. Thieme, Stuttgart 1959.

278. WEISER, B.: Die neuroleptische Depot-Behandlung chronischer Psychosen mit Fluphenacin Decanoat. Wien. med. Wschr. **123** (1973) 227.

279. WELLAUER, J.: Die Myelographie mit positiven Kontrastmitteln. Thieme, Stuttgart 1961.

280. WIECK, H. H.: Neurologie und Psychiatrie in der Praxis. 3. durchges. Aufl., Schattauer, Stuttgart - New York 1976.

281. WIECK, H. H.: Ataraktika in Klinik und Praxis. Bremer Ärzteblatt **1** (1977) 15-22.

282. WIEDERHOLT, W. C., R. G. SIEKERT: Neurological manifestations of sarcoidosis. Neurology (Minneap.) **15** (1965) 1147-1154.

283. WILD, K. v.: Erkrankungen der Wirbelsäule und des Schädels als Ursache neurologischer Affektionen. In: G. Bodechtel (Hrsg.): Differentialdiagnose neurologischer Krankheitsbilder. 3. Aufl., Thieme, Stuttgart 1974.

284. WILD, K. v.: Symptom Ischias und neurale Muskelatrophie. In: Schiefer, W., H. H. Wieck (Hrsg.): Spinale raumfordernde Prozesse. Perimed-Verlag Dr. med. D. Straube, Erlangen 1976.

285. WILLCOX, P.-R. G., R. GILLAU, E. H. HARE: Do psychiatric Out - Patients take their drugs? Brit. med. J. **2** (1965) 720.

286. WILTBERGER, B. R.: J. Bone Jt. Surg. **39 A** (1957) 284.

287. WING, J. K.: Eine praktische Grundlage für die Soziotherapie bei Schizophrenie. In: Huber, G. (Hrsg.): Therapie, Rehabilitation und Prävention schizophrener Erkrankungen. Schattauer, Stuttgart, New York 1976.

288. WISNIEWSKI, H. M.: Immunopathology of Demyelinating in Autoimmune Diseases and Virus Infections. Brit. Med. Bull. **33** (1977) 54-59.

289. WOLFGRAM, F.: Chemical theories of the demyelination in multiple sclerosis. In: Wolfgram, F., G. W. Ellinson, J. G. Stevens, J. M. Andrews (Eds.): Multiple Sclerosis, Immunology, Virology and Ultrastructure. Acad. Press. New York - London 1972.

290. WÜTHRICH, R.: Die Epidemiologie der multiplen Sklerose. Akt. neurol. **3** (1976) 17.

291. WYSS, D.: Beziehung und Gestalt. Vandenhoeck & Ruprecht, Göttingen 1973.

292. ZABRISKIE, J. B.: Cell mediated immunity to viral antigens in multiple sclerosis. In: Davison, A. N., J. H. Humphrey, A. L. Liversedge et al. (eds.): Multiple Sclerosis Research, 132-142, London 1975.

293. ZINN, W. M.: Die konservative Behandlung des Kreuzschmerzes. Z. Orthop. **1** (1972) 177-184.

294. ZOLLINGER, H. U.: Pathologische Anatomie II. Spezielle Pathologie. Thieme, Stuttgart 1976.

295. ZYSNO, E. A.: Differentialdiagnose des multilokulären Rückenschmerzes. Pathophysiologie und Klinik. In: P. v. Christoffel (Hrsg.): Moderne Medizin. Boehringer, Mannheim.

296. BRACHARZ, H.: Die Anwendung von Dikalium-clorazepat als 24 Stunden Tranquilizer bei angst- und unruhebetonten Krankheitsbildern. Therapiewoche **25** (1975) 3430.

297. BORELLI, S., H. GEHRKEN: Dikalium-clorazepat bei chronisch juckenden Dermatosen - insbesondere bei atypischer konstitutioneller Neurodermitis. Münch. med. Wschr. **117** (1975) 911-912.

298. CURRY, S.: Concentration-effect relationships with major and minor tranquilizers. Clin. Pharmacol. Ther. **16** (1974) 192-197.

299. FRANZKE, H. G., W. BLECHACZ: Klinische Erfahrungsberichte über Tranxilium 20. Der informierte Arzt **4** (1976) 1-3.

300. NICHOLSON, A. N. et al.: Effect of N-Desmethyldiazepam (Nordiazepam) and a Precursor Potassium Clorazepate, on Sleep in Man. Br. J. clin. Pharmac. **3** 429-438.

301. POST, C. et al.: Pharmacocinetics of N-Desmethyldiazepam in Healthy Volunteers after Single Daily Doses of Dipotassium Clorazepate. Psychopharmacol. **53** (1974) 388-392.

302. ROBIN, . et al.: Clinical and biochemical comparison of clorazepate and diazepam. Psychological Med. **4** (1974) 388-392.

303. SCHOENEMEYER, J.: Tranxilium - Tranquilizer mit ausgeprägter anxiolytischer Wirkung. In: H. H. Wieck (Hrsg.): Psychopharmaka in der Hand des Allgemeinarztes. Schattauer, Stuttgart 1976.

304. SKUPIN, G., H. G. FRANZKE: Die Stellung von Dikaliumclorazepat (Tranxilium) in der Therapie psychovegetativer Syndrome. Med. Klin. **70** (1975) 1279-1283.

305. SKUPIN, G., H. G. FRANZKE: Tranxilium 20 (Dikaliumclorazepat) als 24 Stunden Tranquilizer. Med. Welt **26** (N. F.): 956-959 (1975).

306. WIECK, H. H. (Hrsg.): Psychopharmaka in der Hand des Allgemeinarztes. Schattauer, Stuttgart 1976.

307. WIECK, H. H.: Lehrbuch der Psychiatrie. Zweite, völl. neubearb. Aufl. Schattauer, Stuttgart 1977.

Autorenverzeichnis

BAUER, H. J., Prof. Dr., Direktor der Neurologischen Universitätsklinik, von-Siebold-Straße 5, 3400 Göttingen

BESINGER, U., Dr., Neurologische Universitätsklinik mit Poliklinik der Technischen Universität Möhlstraße 28, 8000 München 80

BÖCKER, F., Prof. Dr., Direktor d. Nervenkrankenhauses, Cottenbacherstraße 23, 8580 Bayreuth

GEISSLER, H., Dr., Pharmakologisches Institut im Fachbereich Biochemie und Pharmazie der Universität, Robert-Mayer-Straße 7, 6000 Frankfurt/Main

HARRER, G., Prof. Dr., Direktor der Landesnervenklinik, Ignaz-Harrer-Straße 79, A - 5090 Salzburg

HOHMANN, D., Prof. Dr., Direktor der Orthopädischen Klinik und Poliklinik der Universität, Rathsberger Straße 57, 8520 Erlangen

HUBER, G., Prof. Dr., Direktor der Abteilung Psychiatrie/ Neurologie im Klinikum der Medizinischen Hochschule, Ratzeburger Allee 160, 2400 Lübeck

HUFFMANN, G., Prof. Dr., Universitäts-Nervenklinik und Poliklinik, Josef-Stelzmann-Straße 9, 5000 Köln 41

KUGLER, J., Prof. Dr., Nervenklinik der Universität, Psychiatrische Klinik, Nußbaumstraße 7, 8000 München 2

LECHNER, H., Prof. Dr., Direktor der Universitäts-Nervenklinik, Auenbruggerplatz 22, A - 8036 Graz

MERTENS, H. G., Prof. Dr., Direktor der Neurologischen Universitätsklinik, Josef-Schneider-Straße 10, 8700 Würzburg

MUTSCHLER, E., Prof. Dr. Dr., Direktor d. Pharmakologischen Instituts im Fachbereich Biochemie und Pharmazie der Universität Robert-Mayer-Str. 7/9, 6000 Frankfurt/Main

OTT, E., Dr., Universitäts-Nervenklinik, Auenbruggerplatz 22, A - 8036 Graz

PENIN, H., Prof. Dr., Komm. Direktor d. Universitäts-Nervenklinik, Annaberger Weg, 5300 Bonn-Venusberg

PILLAU, H., Priv.-Doz. Dr., Arzt für Allgemeinmedizin, Lehrbeauftragter an der Med. Fakultät der Universität München, Wasserburger Landstraße 225, 8000 München 82

RADMAYR, E., Dr. med., Arzt f. Allgemeinmedizin Bahnhofstraße 26, A - 6850 Dornbirn

REISNER, H., Prof. Dr., Direktor der Neurologischen Universitätsklinik, Lazarettgasse 14, A - 1097 Wien

ROSS, A., Dr., Neurologische Klinik mit Poliklinik der Universität, Klinikum Großhadern, Marchioninistraße 15, 8000 München 70

SCHIEFER, W., Prof. Dr., Direktor der Neurochirurgischen Universitätsklinik, Krankenhausstraße 12, 8520 Erlangen

SCHOENEMEYER, J., 7918 Illertissen/Bayern

SCHRADER, A., Prof. Dr., Direktor der Neurologischen Klinik und Poliklinik der Universität, Klinikum Großhadern, Marchioninistraße 15, 8000 München 70

SCHRAPPE, O., Prof. Dr., Direktor der Universitäts-Nervenklinik und Poliklinik, Füchsleinstraße 15, 8700 Würzburg

SOYKA, D., Prof. Dr., Direktor der Abteilung Neurologie im Klinikum der Universität, Niemannsweg 147, 2300 Kiel

STEINBRECHER, W., Prof. Dr., Direktor der Neurologischen Klinik im Krankenhaus Bremen-Ost, Osterholzer Landstraße 51, 2800 Bremen

STRUPPLER, A., Prof. Dr., Direktor der Neurologischen Klinik mit Poliklinik der Technischen Universität, Möhlstraße 28, 8000 München 80